商务部国际贸易经济合作研究院国家高端智库丛书

十年·大道至诚

中国推动"一带一路"经贸合作回顾与展望

商务部国际贸易经济合作研究院
"一带一路"经贸合作研究所　编著

中国商务出版社
·北京·

图书在版编目（CIP）数据

十年·大道至诚：中国推动"一带一路"经贸合作回顾与展望/商务部国际贸易经济合作研究院"一带一路"经贸合作研究所编著 . —北京：中国商务出版社，2023.9（2024.2 重印）

ISBN 978-7-5103-4768-9

Ⅰ.①十… Ⅱ.①商… Ⅲ.①"一带一路"—对外经贸合作—研究—中国 Ⅳ.① F125

中国国家版本馆 CIP 数据核字（2023）第 154759 号

十年·大道至诚——中国推动"一带一路"经贸合作回顾与展望

SHINIAN·DADAO ZHICHENG

——ZHONGGUO TUIDONG "YIDAIYILU" JINGMAO HEZUO HUIGU YU ZHANWANG

商务部国际贸易经济合作研究院
"一带一路"经贸合作研究所　编著

出　　　版：中国商务出版社

地　　　址：北京市东城区安外东后巷 28 号　邮编：100710

责任部门：发展事业部（010-64218072）

责任编辑：刘玉洁

直销客服：010-64515210

总 发 行：中国商务出版社发行部（010-64208388　64515150）

网购零售：中国商务出版社淘宝店（010-64286917）

网　　　址：http://www.cctpress.com

网　　　店：https://shop595663922.taobao.com

邮　　　箱：295402859@qq.com

排　　　版：北京嘉年华文图文制作有限责任公司

印　　　刷：北京九州迅驰传媒文化有限公司

开　　　本：787 毫米 × 1092 毫米　　1/16

印　　　张：19.75　　　　　　字　　数：287 千字

版　　　次：2023 年 9 月第 1 版　　印　　次：2024 年 2 月第 2 次印刷

书　　　号：ISBN 978-7-5103-4768-9

定　　　价：88.00 元

本书编委会

主　　任：顾学明

副 主 任：张　威

顾　　问：陈文敬

执行主编：祁　欣

编　　委：宋琍琍　苑　希　孟　寒　孙腾飞

　　　　　肖雨濛　邱　实　耿泽群　胡超元

　　　　　杨田力　刘　娴

前　言

善合者众，善行者远。

十年前，国家主席习近平在出访中亚和东南亚国家期间，先后提出共建"丝绸之路经济带"和"21世纪海上丝绸之路"的重大倡议，得到国际社会高度关注。十年来，我们与共建国家一道，见证了"一带一路"朋友圈扩大至152个国家、32个国际组织的速度，见证了亚洲基础设施投资银行、丝路基金从无到有的突破，见证了中巴经济走廊的顺利推进、中老铁路的平稳运营、比雷埃夫斯港的再创辉煌等，见证了中国与共建国家在疫情之下的休戚与共，见证了普通民众因"一带一路"而改写的命运。

十年间，以"和平合作、开放包容、互学互鉴、互利共赢"为核心的丝路精神为更多国家所认同。

十年间，中国在"一带一路"沿线国家承包工程新签合同额由2013年的715.7亿美元升至2022年的1296.2亿美元，年均增长6.1%；完成营业额由654.0亿美元升至849.4亿美元，年均增长2.6%。

十年间，中国与"一带一路"沿线国家货物贸易额由2013年的超1万亿美元升至2022年的近2.1万亿美元，累计超13万亿美元，年均增长近8%，占同期货物贸易总值的比重从25%升至32.9%。

十年间，中欧班列开行数量从2013年的80列快速发展到2022年的1.6万列，增长200倍，去程品类从最初只运输重庆本地生产的电子产品扩大到全国各地的汽车配件及整车、化工、机电、粮食等5万余种，回程品类从早期木材、汽车及零配件等逐步拓展到机电产品、食品、医疗器械、机械设备、酒类等，实现双向多样化发展。

十年间，中国企业对"一带一路"沿线国家非金融类直接投资由115.9亿美元升至209.7亿美元，占中国非金融类对外直接投资总额的比重由12.5%升至18.7%；"一带一路"沿线国家对华直接投资金额由2013年的89.2亿美元增至2022年的137亿美元。

十年间，亚洲基础设施投资银行成为仅次于世界银行的全球第二大国际多边开发机构；丝路基金已累计签约以股权投资为主的各类项目超60个；人民币国际支付份额由2013年的0.6%提升至2022年2.2%；中资金融机构在共建国家提供的金融服务涵盖信贷、担保、债券承销、并购重组、风险管理、支付清算、绿色金融等领域。

……

共建"一带一路"开辟了中华民族走向世界舞台中心的重要路径，也成为引导国际秩序良性发展、推进世界各国互联互通、促进人类文明互学互鉴向纵深发展的主要动力。

当前，人类社会面临百年未有之大变局，全球粮食危机、能源危机、气候危机、金融危机等交织叠加，威胁着全人类的发展与安全。广大发展中国家仍然面临经济停滞、债务负担、财政赤字、人口贫困、环境恶化等严重问题。和平与发展仍然是时代主题，对美好生活的向往仍然是全球各国人民的共同愿景。

习近平总书记在党的二十大报告中指出，推动共建"一带一路"高质量发展。新征程上，我国将与更多国家和国际组织一道拓展更广阔合作领域、推动更深层密切合作、织就更紧密合作纽带、筑牢更稳固安全屏障，推动共建"一带一路"高质量发展不断取得新成效。

编者

2023年9月

目 录
CONTENTS

05

06

07

第七篇 民心相通篇

08

第八篇 新领域合作篇

09

第九篇　地方篇

10

第十篇 **展望篇**

第一篇

总 论

　　"一带一路"倡议提出十年来，习近平总书记在国际国内多个重要场合，对共建"一带一路"的重大意义、指导原则、丰富内涵、目标路径等进行深刻阐述，从谋篇布局的"大写意"到精谨细腻的"工笔画"，再到稳步迈向高质量发展阶段，为推动"一带一路"建设从中国倡议到世界共识指明了正确方向，擘画了宏伟蓝图，提供了重要遵循。

共建"一带一路"是推动构建人类命运共同体的中国智慧

千年丝绸之路，过雄关，穿大漠，跨越山海，贯通欧亚，让良品、善意、文化在东西方之间传递、升华。战火阻断了千年古路的商贾攘攘，湮没了向往美好的驼铃声声，但终究无法冷却人们追求和平、富足、发展的满腔热血。

沧海桑田，"和平合作、开放包容、互学互鉴、互利共赢"的丝路精神再度被唤醒。尽管互市的货品、通达的方式迥异于千百年前，但奔向幸福生活、企盼天下太平、共获发展果实的相同愿景却炽烈如初。

第一节 共建"一带一路"的历史渊源

秦汉之前，中国与其他国家间的贸易往来因没有政府参与，缺乏有力支持和保护，交通路线畅通及安全得不到保障，交易互通呈民间性、偶发性、边境辗转性等特点。直到秦汉时期，中国建立了统一的封建王朝，国力昌盛，对外拓展和交往的步伐加快。在政府的推动下，古丝绸之路逐渐形成并得到拓展，沿线国家和地区货物贸易兴盛、文化交流频繁。

一、古丝绸之路的兴起

公元前138年至公元前126年，公元前119年至公元前115年，张骞两次出使西域。汉朝对匈奴战争的胜利，不但解除了汉朝边患，维持了社会经济的稳定环境，还直接推动了丝绸之路的畅通，促进了人类文明的进步。这一时期的丝绸之路东起长安（今陕西西安西北），向西经河西走廊、西域[①]（今新疆），越过帕米尔高原，进入中亚、南亚、西亚，通抵地中海东岸。其中，中国境内（陕西至新疆）分为东段、中段和西段三个部分。

东段自西安至河西走廊，分为南北两道。南道自西安经咸阳、兴平、武功、眉县、宝鸡、千阳、陇县、陇城、秦安、通渭、陇西、渭源、临洮、临夏，至青海民和、乐都、西宁，往北过大通河，越祁连山过扁都口，经民乐至张掖。北道自西安经咸阳、兴平、礼泉、乾县、彬县、长武、泾川至平凉，过固原、海原、靖远、景泰、古浪至武威，并与北道汇合。

中段东起乌鞘岭，经武威、永昌、山丹、张掖、林泽、高台、盐池、临水、酒泉、嘉峪关、玉门镇、布隆吉、安西至敦煌。

西段分为南北两道。南道自敦煌出阳关，过鄯善，沿昆仑山北西行，经且末、精绝（今民丰北）、于阗（今和田）、皮山至莎车。北道自敦煌出玉门关，越流沙（今阴山山脉西端与贺兰山山脉东北之间的乌兰布和沙漠）[②]，至车师前国（今吐鲁番），沿天山南麓西行，经焉耆、龟兹（今库车）、姑墨（今阿克苏）至疏勒（今喀什）。

中国境外的丝绸之路自葱岭出境后，分为南北两道。南道分为干线和支线。干线自莎车经蒲犁（今塔什库尔干），沿帕米尔河过休密（今阿富汗瓦罕），经兰氏城（今阿富汗瓦齐拉巴德）至木鹿（今土库曼斯坦马雷东），连

[①] 西域，指玉门关、阳关以西，葱岭以东，今巴尔喀什湖东、南及新疆广大地区。《汉书·西域传序》：以孝武时始通，本三十六国，其后稍分至五十馀，皆在匈奴之西，乌孙之南。南北有大山，中央有河，东西六千馀里，南北千馀里。东则接汉，阸以玉门、阳关、西则限以葱岭。

[②] 流沙，指塔克拉玛干沙漠，东起敦煌，西止喀什。《史记·地理志》记载："在下雒之西，流沙、左冯翊。""下雒"指的是今甘肃省南部的陇南市境内。

接大月氏（中亚古国，中心区域在今阿姆河北岸）、大夏（今阿富汗斯坦巴尔
赫附近）、安息（今伊朗东北部和里海东南地区）等国。支线自皮山西南至乌
秅（今叶尔羌河上游）、罽宾（今克什米尔地区）、天竺（今印度）等国。

此时期的海上丝绸之路，分为东海丝绸之路和南海丝绸之路。东海丝绸
之路自中国东北沿海，经渤海或黄海、东海抵朝鲜，再渡朝鲜海峡至日本。
南海丝绸之路自中国东南沿海经南海、印度洋至西亚、非洲。

经过秦汉时期的积累和保护，通过陆上及海上丝绸之路，中国与东西方
各国开展了广泛的贸易往来。其中经由西域的陆上丝绸之路占据主导地位，
贸易活动主要集中于康居（今巴尔喀什湖至咸海间）、大宛（今吉尔吉斯斯坦
境内）、大月氏、安息、身毒（今印度）、大秦（今意大利）等沿线国家；海
上丝绸之路也拓展了与朝鲜、日本及东南亚国家等的贸易往来。中国的丝
绸、漆器、铁器、纸张、肉桂、生姜等产品经由丝绸之路销往沿线各国，沿
线国家的珠宝、毛皮、良马、葡萄、苜蓿等产品大量传入中国。中国的语言
文字、音乐、哲学思想对东西方各国产生深远影响，沿线国家的音乐、宗
教、雕刻艺术等也积极影响着中国文化的发展。

二、古丝绸之路的繁荣

秦汉之后的魏晋南北朝直至元朝时期，中国虽经历几段分治和战乱，但
总体上以统一及稳定为主，生产力水平不断提升，与其他国家之间的经贸往
来和文化交流日益频繁，古丝绸之路在治世如唐、宋等时期达到鼎盛状态。

陆上丝绸之路在前朝的帕米尔以西段继续延伸。北道渡伊犁河过江布尔，
沿锡尔河至咸海后，西北行过恩巴河、乌拉尔河、伏尔加河，至库班河河口
对岸克里米亚半岛的刻赤（今乌克兰境内）。北道干线由喀什向西翻越帕米尔
到布哈拉（今乌兹别克斯坦境内），过阿姆河向西南行至梅尔夫（今土库曼斯
坦马雷州），与南道干线汇合。南道干线过休密后，不再西去阿富汗的瓦齐
拉巴德，而是南行经巴米安、加兹尼（今阿富汗境内）直至印度北。

基于东南沿海经济的迅速发展，以及造船和航海技术的飞跃进步，海上

丝绸之路得到进一步扩展。南海丝绸之路（从广州至波斯湾）航线常态化，从广州出发，经香港大屿山以北过海南岛东北角和东南的独株山，再过越南的占婆岛、燕子峡、归仁、牙庄、藩郎至昆仑岛；向南过新加坡海峡至苏门答腊岛，或向东至爪哇岛；或转向西北沿马六甲海峡，过布罗华尔群岛、苏门答腊岛北部东海岸棉兰一带及婆罗斯岛，至尼科巴群岛；转向西航至斯里兰卡后沿阿拉伯海东海岸西北行，过印度奎隆、布洛奇至卡拉奇，再西航至波斯湾阿巴丹、幼发拉底河口的奥波拉，沿河至巴士拉，转陆行至阿拉伯帝国首都巴格达。

由于中国与朝鲜半岛和日本交往的增多，东海丝绸之路也得到扩展。隋朝时期，有两条航线通往朝鲜半岛，一是沿渤海和黄海到达朝鲜，二是横渡黄海直抵朝鲜。唐朝时，此路线有所调整，一条从登州（今山东蓬莱）过渤海海峡至辽东半岛南岸，再沿岸东北行至鸭绿江口后，沿朝鲜半岛西海岸南下，过身弥岛、大同江口、椒岛、长渊县、瓮津半岛、江华岛、大阜岛至牙山湾，再陆行至朝鲜半岛东南部的庆州；另一条从山东半岛登州、莱州起航，横跨黄海直抵朝鲜半岛。

通向日本的航线有四条。北路北线，从山东半岛沿岸航行至朝鲜半岛西南海岸，南下至半岛南段，或过济州海峡，抵达日本九州北部的博多大津（今日本福冈）；或沿朝鲜半岛南岸东航至巨济岛、釜山，过对马岛、壹岐岛至博多大津；再东航入濑户内海抵难波（今日本大阪）的三津浦（今日本三浸寺町）。北路南线，从山东登州起航，东渡黄海至朝鲜半岛瓮津半岛西端南行，再沿北路北线抵日本。南路南线，从明州（今浙江宁波）、越州（今浙江绍兴）启航，横渡东海至奄美大岛，向北经诸岛越大隅海峡至鹿儿岛后沿海岸北上至博多大津，再东航至难波。南路北线，从楚州（今江苏淮安）、扬州、明州、温州等港口启航，斜穿东海至直嘉岛（今日本五岛列岛和平户岛之间），再航抵博多大津和难波。

宋代的陆上丝绸之路趋于衰落，随着北方少数民族对中原地区日益深入的进犯，政府更加倚重海路贸易，但陆路贸易并未完全断绝，主要与契丹、西夏、女真等周边少数民族之间通商往来，间接沟通了中原地区与西域及中亚、西亚之间的经贸联系。陆上丝绸之路沿线地区政治、军事动荡，使中国传统沿西北陆路对外开放的路径失去了昔日繁荣。造船技术和航海技术的发展，特别是指南针的广泛使用，大大降低了远洋航运的成本和风险，使海路贸易更加频繁，形成东海航路和南海航路。东海航路主要是与日本、高丽的往来。南海航路主要是与南太平洋西部及印度洋地区诸国的交往，如东南亚的交趾（今越南北部）、占城（越南南部）、真腊（今柬埔寨）、真里富（今马来西亚）、罗斛（今泰国南部）、阇婆（今印度尼西亚爪哇岛中部）、三佛齐（今印度尼西亚苏门答腊岛东部）、渤泥（今印度尼西亚里曼丹岛）等国家，以及西亚的大食（今阿拉伯地区）及东非各国。

元代在亚欧大陆发动多次大规模战争，打通了亚欧间交通道路，恢复了中国与中亚、西亚及欧洲的陆路交通和商贾往来。政府为保障商旅安全，设置通路守卫和驿站，加强对陆上丝绸之路沿线交通设施的建设，使沉寂已久的古丝绸之路再度焕发生机并得到进一步发展。元代陆上交通线路主要有三条：北道由天山以北的别失八里（今新疆吉木萨尔）、阿力麻里（今新疆霍城）经楚河流域，循锡尔河以北，经塔剌思（今哈萨克斯坦江布尔），再由咸海及里海北岸，穿越钦察草原到达萨莱（今俄罗斯伏尔加河东岸阿斯特拉罕附近），抵达多瑙河流域；或经克里米亚半岛过黑海至君士坦丁堡。中道从阿力麻里出发，进入中亚的两河之间地带，经撒马尔罕、布哈拉抵小亚细亚。南道即汉唐时期的丝绸之路南道，从河西走廊出发，经罗布泊以南沿昆仑山麓西进，越葱岭，抵中亚，再由阿姆河南岸、里海西岸进入伊朗、两河流域，抵达地中海东岸。由于元代国力强盛和对外开放政策，中国海外贸易的交往地域进一步扩大，商船可直抵波斯湾和非洲各大港口。

随着中国经济重心逐渐从北向南转移，加之对外贸易重心逐渐从陆路转向海路，中国对外贸易对海上丝绸之路的依赖逐渐加重。广州通海夷道连接起东亚、东南亚、波斯湾、阿拉伯半岛东南岸和东非沿岸，成为16世纪前人类定期使用的最长航线。唐朝将古代中国创造的物质和精神文明推向高峰，中外商品交流、人员往来规模空前扩大，丝绸之路功不可没。

在宋、元政府积极对外开放政策引导下，对外贸易的对象国数量多、覆盖面广，贸易商品种类增加，贸易经营主体更加多元。江浙、福建、两广的对外贸易尤其兴盛，特别是广州、泉州、明州的港口地位最突出。经营对外贸易的主体更加多元，除富商巨贾外，中小商人也搭乘大型商舶出海经商。对外贸易规模扩大，《宋史·食货志》记载，"大抵海舶至，十先征其一"[①]，反映政府对海外贸易征税的情况，10%只是平均概数，税率随贸易发展情况、贸易品类的变化而变化，高至30%或低至6%。进出口商品品类增加，《宋会要辑稿》和《宋史·诸蕃志》记载，宋朝福建海外贸易进口货物多达330余种。市舶司相关记载显示，进口货物超过220种。其中，传统的丝绸、瓷器、书籍等仍是畅销品，而铜钱、日用品、食品等也逐渐进入海外市场。

三、古丝绸之路的衰落

明清时期，尽管中国社会生产力得到进一步发展，浙江及广东沿海地区农业、手工业、商业活跃，出现了资本主义萌芽，但封建社会的政治制度和经济制度日益衰落，明清政府为加强统治，先后实行海禁和闭关锁国政策，使传统对外关系受到严重冲击，中国社会文明发展逐渐进入下行通道。西方随着地理大发现、文艺复兴、资本主义萌芽、工业革命等事件，不断解放和发展生产力，东西方呈现"此消彼长"态势。从鸦片战争到辛亥革命，再到抗日战争、解放战争，古丝绸之路在常年的战乱和动荡中走向衰落。

明代中国与亚、非国家之间的贸易往来主要以官方朝贡贸易为主，郑和七下西洋虽然将中国封建社会由盛而衰阶段的中外官方贸易推向顶峰，但也只是昙花一现。民间走私贸易风起云涌，随着朝贡贸易的衰落，民间贸易成为中国与亚、非国家贸易往来的主要形式。

郑和下西洋的方向是先向南再往西，西向终点是爪哇后至东非，主要包

---

① 宋史：卷一百八十六：食货下八［M］.北京：中华书局，1977：4559.

括四条航线。南向近海航线，越南海，经占城、真腊（今柬埔寨），入暹罗湾，后至马来半岛抵满刺加（今马六甲）。苏门答腊和爪哇各岛航线，从满刺加经龙牙门（今林加群岛）至三佛齐（今苏门答腊岛东部），过假里马丁（今卡里马塔）与麻叶瓮（今勿里洞），到达爪哇。再西航，过马六甲海峡至苏门答腊北岸和马来半岛西岸诸国。孟加拉湾航线，以翠蓝屿（今尼科巴群岛）为汇合点，向北航至榜葛刺（今孟加拉国），向西抵达锡兰，再西航至溜山（今马尔代夫群岛）和印度西海岸各国。阿拉伯海航线，从印度西海岸西北行至波斯湾口的忽鲁谟斯，后沿阿拉伯半岛东南岸经祖法儿（今佐法尔）至阿丹（今亚丁），过亚丁湾，沿非洲东岸经木骨都束（今索马里摩加迪沙）、卜刺哇（今索马里布拉瓦）、竹布（今索马里准博）、麻林（今肯尼亚马林迪），再向南经莫桑比克海峡，过马达加斯加的南端返回；或从阿丹航红海，西北行抵天方。

明代有限制的开放政策，在一定程度上延续了古丝绸之路商贸往来，尤其是郑和下西洋对促进中外交通及贸易发展有重要意义。一是推动中国古代航海事业达到顶峰。郑和下西洋比哥伦布到达美洲大陆的航行早了87年，比达·伽马绕过好望角到达印度的航行早了92年，比麦哲伦的环球航行早了114年，是中国古代规模最大、随行船只和海员最多、时间最久的海上航行，也是欧洲地理大发现之前规模最大的洲际航海活动。船队使用的船舶及季风运用、气象预测等技术和知识，在当时都处于世界领先地位。二是扩大了中国海外贸易范围和规模，促进中外经济的交流与发展。郑和船队将丝绸、瓷器、茶叶、漆器、麝香、金属制品和书籍等运往国外，换回途经国家的香料、药材、动植物、珠宝及生产瓷器所需原料等多种货物，推动了各方贸易往来和经济发展。三是带动中国海外移民，扩大了中国在各国影响力。在郑和下西洋的影响下，中国数十万人移居越南、泰国、柬埔寨及马来西亚、印度尼西亚、菲律宾等东南亚国家，这些移民在南洋的势力逐渐雄厚，出现过若干由侨民建立的政权，也产生过不少华侨领袖。四是推动了亚洲至非洲海上交通网的形成，郑和前后七次下西洋，历时28年，遍及亚非30多国，将中国与亚洲及非洲之间的航行范围在前朝基础上进一步拓展并形成常态化航线，构筑起西太平洋与北印度洋间成熟、畅通的海上交通网。郑和下西洋不仅是中国古代航海事业的顶峰，也是世界航海业发展的里程碑，更加深了中外经贸往来、民心交往和文明交流。

随着大航海时代的发展及全球殖民体系的扩张，在欧美国家主导的全球性贸易浪潮中，中国在清代完全被动地卷入更深更广的国际贸易市场格局中，朝贡体系在与欧美国际体系的"对撞"中遭受严重冲击并最终瓦解。1871年，清朝政府虽然一再以"大信不约"为借口拒绝同日本签订不平等条约，但最后仍然被迫签订了《中日修好条规》，朝贡体系由此开始破裂。随着中法战争和中日甲午战争爆发及《中法新约》和《马关条约》的签订，朝贡体系彻底崩溃。鸦片战争爆发后，英、法、美、俄等列强加大对中国主权和财富的掠夺力度，中国的领土、领海、司法、关税、贸易等主权遭到严重侵害，中国开始沦为领土和主权不完整的半封建半殖民地国家，一条条曾经在悠远历史长河中熠熠生辉的丝绸之路最终黯淡无光。

合时兴，战时衰。开放则领先，封闭则落后。千百年来，古丝绸之路浓缩了亚欧大陆漫长历史时期中经济、政治、文化、社会的演进，见证了东西方物质文明和精神文明的交流与融合。驼铃声远，沉舸无言，古丝绸之路的兴衰治乱终成中国历史上光辉却遗憾的过去，然而"和平合作、开放包容、互学互鉴、互利共赢"的丝路精神历久弥新、薪火相传，推进着人类文明进步。

进入21世纪，在以和平、发展、合作、共赢为主题的新时代，面对全球经济复苏乏力、地缘政治紧张、非传统安全问题激增等现状，传承和弘扬丝路精神更显重要和珍贵。2013年，"一带一路"倡议应时而生、顺势而为，这是我国改革开放后第一个全球性、大规模、全方位的国际经济合作倡议，是新时期扩大对外开放的重大战略举措和经济外交的顶层设计，是我国今后相当长时期对外开放和对外合作的管总规划。

第二节　共建"一带一路"的精神内核

古丝绸之路穿越千年，绵延万里，互通的是各类贸易，丝绸、茶叶、瓷器、香料东往西来，交汇的是各国文明，语言、宗教、艺术、文化和合共生，在同沿途各民族的友好交往中，积淀了以"和平合作、开放包容、互学互鉴、互利共赢"为核心的丝路精神，种下了人类命运共同体理念的种子。共建"一带一路"根植于古丝绸之路的历史土壤，顺应了和平发展、合作共赢的时代大势，把中国发展同共建各国发展结合起来，把中国梦同世界各国人民的梦想结合起来，致力于让发展成果更多更公平惠及各国人民，这既是赋予丝绸之路崭新的时代内涵，也是构建人类命运共同体的重要目标。

一、延续和平合作的优良传统

古丝绸之路之所以绽放千年璀璨光华，是因为它依靠的不是长矛和利炮，而是驼队和友谊。历史一再证明，没有和平就没有发展，没有稳定就没有繁荣。当前，世界处于百年未有之大变局，国际形势正在发生深刻复杂变化，但和平与发展的时代主题没有变，各国人民对美好生活的向往没有变，国际社会同舟共济、合作共赢的历史使命也没有变。十年来，共建"一带一路"反映着各国，特别是广大发展中国家对促和平、谋发展的愿望，打造对话不对抗、结伴不结盟的伙伴关系，支持一切有利于和平解决危机的努力，为处于动荡变革期的国际关系注入稳定性和正能量。共建"一带一路"不是地缘政治学说，没有军事安全考量，而是始终聚焦经济合作和人文交流，坚持通过对话协商解决国家间分歧和争端，坚持统筹传统安全和非传统安全，共同应对地区争端、气候变化、网络安全等全球性问题，以实际行动促进和平发展，维护公平正义，倡导民主自由，也是增进理解信任、加强全方位交流的和平友谊之路。

二、彰显开放包容的心胸气度

古丝绸之路跨越不同民族、宗教、文明，求同存异、开放包容，并肩书写了商品满目、自由贸易的壮丽诗篇，携手绘就了共享和平、共同发展的美好画卷。历史经验表明，保护主义是作茧自缚，搞"小圈子"只会孤立自己，极限制裁损人害己，脱钩断供行不通、走不远。共建"一带一路"顺应国际社会对全球治理体系公正性、平等性、开放性、包容性的追求，坚持最大限度的非竞争性与非排他性，推进世界多极化、经济全球化、文化多样化深入发展，跨越不同地域、不同发展阶段、不同文明，是各方共同打造的全球公共产品，为建设开放型世界经济、构建人类命运共同体注入强劲动力。共建"一带一路"不是中国版的"马歇尔计划"，而是和平发展、经济合作的倡议；不是搞地缘政治联盟、军事同盟或是"中国俱乐部"，而是开放包容、共同发展的进程；不以意识形态划界，不搞零和游戏，只要各国有意愿，都可以参与进来，成为"一带一路"倡议的支持者、建设者和受益者，让共建成果惠及更广泛的区域。

三、闪耀互学互鉴的智慧光芒

古丝绸之路不仅是一条通商易货之道，更是一条知识交流之路，打开了各国各民族交往的窗户，书写了人类文明进步的历史篇章。互学互鉴是人类文明发展的本质要求，文明因交流而多彩，文明因互鉴而丰富，文明的璀璨、社会的进步，离不开相互尊重、相互包容，更离不开交流交融、互学互鉴。共建"一带一路"坚持不同文明兼容并蓄、交流互鉴，以文明交流超越文明隔阂、文明互鉴超越文明冲突、文明共存超越文明优越，推动人类文明向更高层次迈进，共同建设一个海纳百川、多彩多姿的世界。文明交流互鉴不应以独尊某一种文明或者贬损某一种文明为前提，不应该是强制的、强迫的，应该是对等的、平等的，不应该是单一的、单向的，应该是多元的、多向的。共建"一带一路"倡导不同文明间相互尊重、和谐共处、交流互融、共同繁荣，让文明互学互鉴成为增进各国人民友谊的桥梁、推动人类社会进步的阶梯、促进世界和平发展的纽带，同世界人民携手开创人类更加美好的未来。

四、凝聚互利共赢的广泛共识

历史表明，互利共赢的发展理念，是古丝绸之路辉煌兴盛的根本原因，也是古丝绸之路留给后人的历史价值。当前，随着全球化深入发展，人类已经成为"你中有我、我中有你"的命运共同体，各国利益高度关联，相互依存日益加深。每个国家都有发展的权利，各国人民都有追求幸福生活的自由，冲突对抗、零和博弈没有出路，携手共进、合作共赢才是大势所趋。共建"一带一路"践行互利共赢理念，旨在摒弃"你输我赢""你赢我输"这种零和博弈的西方思维，纠正"赢者通吃""败者无用"这种崇尚强权的错误价值，锚定全球治理多元化改革的新坐标，引领世界经济包容性增长的新模式，构建以合作共赢为核心的新型国际关系，打造公平合理的成本共担和利益共享机制，让不同国家、不同阶层、不同群体能在共建"一带一路"中共同受益，公平、合理、均衡地分享世界经济增长和"一带一路"发展带来的成果，共创协调包容、普惠平衡、合作共赢、共同繁荣的发展格局。

第三节 共建"一带一路"的丰富内涵

共建"一带一路"顺应经济全球化的历史潮流，符合世界各国对全球治理体系变革的普遍需求，反映广大发展中国家人民求和平、谋发展、促合作的共同愿望，指明解决全球性问题的根本路径和正确方向。共建"一带一路"是构建全球伙伴关系的团结之路，是加强互联互通合作的共赢之路，是促进全球可持续发展的希望之路，已成为当今世界范围最广、规模最大的国际合作平台。深入推进"一带一路"建设，有利于各国合作应对挑战，是实现标本兼治的正确选择和途径，有利于各国破解发展难题，是落实联合国《2030

年可持续发展议程》的中国智慧和方案。

一、基本原则

共建"一带一路"秉持共商共建共享的全球治理观，践行真正的多边主义，增强广大发展中国家在全球事务中的代表性和发言权，推动全球治理体系朝着更加公正合理的方向发展。

共商旨在推动构建新型国际关系。共商就是集思广益，大家的事大家商量着办，强调平等参与、充分协商，以平等自愿为基础，通过充分对话沟通找到认识的相通点、参与合作的交汇点、共同发展的着力点。随着经济全球化深入发展，世界各国的现实利益和未来命运比过去任何时候都更加紧密联系在一起，突发性事件不再局限于一国内部，全球性挑战也不再是一国之力可以应对，各国只有共同商量、通力合作，才能有效应对各种风险挑战。不同于一些国家提出的所谓经济合作倡议，共建"一带一路"推动构建相互尊重、公平正义、合作共赢的新型国际关系，始终坚持各方都是平等的参与者、贡献者、受益者，不附带任何政治条件。共建"一带一路"坚持相互尊重而非干涉内政，相互尊重就是要尊重各国主权、尊重彼此政治制度，尊重彼此发展道路基础上的平等参与、互利共赢，不输出意识形态、不复制发展模式，这一原则为国际社会多元主体的平等参与和民主协商治理提供了制度性保障。共建"一带一路"坚持公平正义而非单方胁迫，公平正义就是要做到国家不分大小、强弱、贫富一律平等，共同享受尊严、共同享受发展成果、共同享受安全保障，公平参与国际事务，公平拥有在国际事务中的代表性和发言权，共同构建团结、平等、均衡、普惠的全球发展伙伴关系。

共建旨在打造全方位多层次国际合作框架。共建就是各施所长，各尽所能，把各方优势和潜能充分发挥出来，各方既是平等的参与者、建设者和贡献者，也是责任和风险的共同担当者。合作才能办成大事，办成好事，办成长久之事。中国与"一带一路"共建国家共同打造全方位多层次合作框架，实现各国在地理位置、自然资源、资金、技术、人才等方面优势互补，为

"一带一路"项目顺利推进创造了良好条件。共建"一带一路"始于经济合作倡议，但又不止于经济合作，"一带一路"合作涵盖各个领域，形式多种多样。共建"一带一路"既包括互联互通、贸易投资、产能合作等重点项目的务实合作，也包括与共建国家之间开展多种形式的人文交流；既推进了科技和制度创新，还加快了技术转移和知识分享，弥合了数字鸿沟，加快了低碳转型，推动实现更加强劲、绿色、健康的全球发展。共建"一带一路"合作机制包括高层访问、战略对接、多双边合作、第三方市场合作、"二轨"对话及交流合作等，是对现有区域合作机制的创新发展，不会取代或对抗现有的区域合作机制，推动各国政府、企业、社会机构、民间团体之间开展形式多样、开放包容、务实有效的合作，增强企业自主参与意愿，吸收社会资本参与合作项目，共同打造互利合作新平台。

共享旨在让所有参与方获得实实在在的好处。共享就是兼顾合作方利益和关切，寻求利益契合点和合作最大公约数，使合作成果福及双方、惠泽各方。当前，新冠疫情抹去了全球数十年的发展成果，联合国《2030年可持续发展议程》近半目标偏离轨道，南北鸿沟进一步扩大，不平衡发展是全球经济治理面临的最突出问题。"一带一路"共建国家多是发展中国家，实现发展是破解各种难题、实现人民幸福的关键，也是维护地区长治久安的"总钥匙"。"一带一路"倡议虽由中国提出，但其发展机遇和合作成果属于世界，是改善全球经济治理体系、维护多边主义和国际合作、推动构建人类命运共同体、促进全球共同发展繁荣的中国方案。与部分国家把发展议题政治化边缘化、人为制造分裂对抗相反，共建"一带一路"凝聚促进发展的国际共识，维护各国正当发展权利，培育全球发展新动能，构建全球发展伙伴关系，让发展成果更多更公平惠及每一个国家、每一个人。中国的发展离不开世界，世界的繁荣也需要中国。中国作为负责任大国及世界第二大经济体，在追求实现自身现代化的同时，坚定历史自信，增强历史主动，奉行互利共赢的开放战略，将自身发展机遇同世界各国分享，欢迎共建各国搭载"一带一路"的高速列车，一起驶向共同繁荣的未来。

二、重点内容

"一带一路"倡议自提出之时便是国际合作平台和国际公共产品，以政策沟通、设施联通、贸易畅通、资金融通、民心相通为合作重点，在全球更大范围内整合经济要素和发展资源，形成共同发展合力。

政策沟通是共建"一带一路"的前提保障。政策沟通是"一带一路"共建国家加强政治互信、开展务实合作、深化利益融合的基础，强调各国交流对接促进经济发展的战略和政策，协商制定推进区域合作的规划和措施，推动共建国家实现发展联动、优势互补。在共建"一带一路"框架下，各国尊重彼此核心利益和主要关切，通过建立高层访问、系列峰会、政府间合作等多层次、多领域、多形式交流合作机制，深化利益融合，促进政治互信，凝聚合作共识，持续深化"一带一路"倡议与各国发展战略规划、区域和多双边合作框架对接，携手打造共享发展机遇、深化互利合作的重要窗口，将共建"一带一路"美好合作愿景转化为推动共同发展的行动纲领，努力形成利益契合点和合作最大公约数，实现各国同向发力、协同增效，推动共建"一带一路"走深走实。

设施联通是共建"一带一路"的发展基础。设施联通是"一带一路"建设的优先领域，是其他领域发展的重要基础和载体，强调各国加强基础设施规划和技术标准体系对接，共同推进国际骨干通道建设，提速深化区域基础设施互联互通。在共建"一带一路"框架下，各国加快形成以铁路、公路、水路、航空、管道、空间综合信息网络等为核心的全方位、多层次、复合型基础设施网络，助力打造以新亚欧大陆桥、中蒙俄、中国—中亚—西亚、中国—中南半岛、中巴和孟中印缅等六大国际经济合作走廊为支点的"六廊六路多国多港"互联互通大格局。同时坚持政府引导、企业主导、市场运作，将绿色环保发展理念融入重大项目建设中，通过深化基础设施、产能投资等领域合作，携手建设一批高质量、可持续、抗风险、价格合理、包容可及的重大基础设施项目，打造一批深受国际赞誉、各国获得感强的标志性示范工程。

贸易畅通是共建"一带一路"的重点内容。贸易畅通是"一带一路"建设的传统领域，强调各国研究解决贸易投资自由化便利化问题，努力降低交易成本和营商成本，持续打造市场化、法治化、国际化营商环境。在共建"一带一路"框架下，各国坚定维护以联合国为核心的国际体系和以世界贸易组织为核心的多边贸易体制，推动构建公正、合理、透明、可持续的国际经贸投资规则体系，拓宽贸易投资领域，优化贸易投资结构，创新贸易投资业态，消除贸易投资壁垒，加强在海关、检验检疫、认证认可、技术质量标准、双边投资保护、避免双重征税等领域多双边合作，实现要素有序流动、资源高效配置、市场深度融合，高水平建设境外经贸合作区，高标准建设自由贸易区网络，推动贸易投资在传统产业和新兴产业领域深入合作，打造融合度深、带动力强、受益面广的产业链、供应链、价值链。

资金融通是共建"一带一路"的重要支撑。资金融通强调各国深化金融合作，推进货币稳定体系、投融资体系、信用体系、金融监管协调机制建设。在共建"一带一路"框架下，各国扩大双边本币互换、结算的范围和规模，共同打造亚洲基础设施投资银行、金砖国家开发银行、上海合作组织融资机构、丝路基金等多边金融机构及投融资平台，探索创新债券、股权融资、银团融资、融资租赁等多样化投融资模式，形成与现有多边开发银行相互补充的多层次、高效率、可持续的金融支持体系，持续为"一带一路"重大项目提供稳定、透明、高质量的资金支持。各国推动签署双边金融监管合作谅解备忘录，建立高效金融监管协调机制，完善跨境风险应对和金融危机处置制度安排，构建区域性金融风险预警系统与综合服务平台，建立服务"一带一路"建设长期、稳定、可持续、风险可控的金融保障体系。

民心相通是共建"一带一路"的民意根基。民心相通强调各国开展形式多样、领域广泛的公共外交和文化交流，发掘深厚的人文资源，增进彼此理解和认同，为深化"一带一路"合作奠定坚实的民意基础。在共建"一带一路"框架下，各国签署文化领域合作协议，打造文化交流重要窗口，深化文明交流互鉴，推动建立健全多层次人文交流平台，广泛开展文化交流、教育往来、体育合作、旅游合作、科技合作、卫生健康合作等多种形式的人文合作，形成多元互动的人文交流格局。各国充分发挥政党、议会的桥梁纽带作用，加强共建国家之间政治团体的友好往来，充分调动智库、民间组织、媒体等各方面力量，密切妇女、青年、残疾人等群体交流，增进共建国家人民之间的相互了解，塑造和谐友好的文化生态和舆论环境，持续推进救灾、援助与扶贫，助力改善当地民众生活。

三、主体框架

根据"一带一路"倡议和新形势下推进国际合作的需要，结合古丝绸之路和海上丝绸之路的走向，共建"一带一路"包括共建丝绸之路经济带和21世纪海上丝绸之路，共有五大方向。其中，丝绸之路经济带有三大走向：一是从中国西北、东北经中亚、俄罗斯至欧洲、波罗的海；二是从中国西北经中亚、西亚至波斯湾、地中海；三是从中国西南经中南半岛至印度洋。21世纪海上丝绸之路有两大走向：一是从中国沿海港口过南海，经马六甲海峡到印度洋，延伸至欧洲；二是从中国沿海港口过南海，向南太平洋延伸。

沿着上述五大方向，按照"一带一路"合作重点和空间布局，共建"一带一路"确定"六廊六路多国多港"的主体框架。"六廊"具体包括新亚欧大陆桥经济走廊、中蒙俄经济走廊、中国—中亚—西亚经济走廊、中国—中南半岛经济走廊、中巴经济走廊和孟中印缅经济走廊等六大国际经济合作走廊。"六路"包括铁路、公路、航运、航空、管道、空间综合信息网络。"多国"指调动共建国家的积极性，在中亚、东南亚、南亚、西亚、欧洲、非洲等地区培育一批先期合作国家，进而吸引更多国家参与共建"一带一路"。"多港"指围绕21世纪海上丝绸之路建设的多种方式，与"一带一路"共建国家共建一批区位优势突出、支撑作用明显、保障海上运输大通道安全畅通的重要港口和节点城市，进一步繁荣海上合作。

第四节 共建"一带一路"的阶段划分

共建"一带一路"致力于推进亚欧非大陆及附近海洋的互联互通，建立和加强共建各国互联互通伙伴关系，构建全方位、多层次、复合型的互联互通网络，实现共建各国多元、自主、平衡、可持续发展。本书根据共建"一带一路"十年来的发展情况，将其分为三个阶段。

一、"大写意"阶段（2013—2018年）

2013年，国家主席习近平在出访哈萨克斯坦和印度尼西亚期间，先后提出共建丝绸之路经济带和21世纪海上丝绸之路的重大倡议，由此拉开中国与各方共商共建共享的序幕。

彼时，由于受到全球金融危机的深远影响，世界经济增长乏力，传统增长引擎对经济的拉动作用减弱；全球化面临新的艰难险阻，符合全人类利益的开放合作理念面临威胁；全球经济治理体系不能反映客观变化，体制机制革新进展缓慢；发达经济体已进入后工业化阶段，一些发展中国家却尚未开启现代化的大门；全球贸易投资体系有待完善，互利共赢的全球价值链尚未成型；相当多国家基础设施不足，区域、次区域发展面临瓶颈制约。面对困难和挑战，呼应各国人民对美好生活的向往，中国提出共建"一带一路"的合作倡议。

2013—2018年，是共建"一带一路"布局谋篇的"大写意"阶段，主要聚焦完善顶层设计、构建合作机制，夯基垒台、立柱架梁。此后，中国政府印发《丝绸之路经济带和21世纪海上丝绸之路建设战略规划》《推动共建丝绸之路经济带和21世纪海上丝绸之路的愿景与行动》《共建"一带一路"：理念、实践与中国的贡献》等文件。建立亚洲基础设施投资银行，设立丝路基金，重点支持基础设施建设，促进区域建设互联互通和经济一体化进程。与100多个国家和国际组织、30多个沿线国家签署共建"一带一路"合作协议，与20多个国家开展国际产能合作，比雷埃夫斯港、亚马尔液化天然气项目等一批有影响力的标志性项目逐步落地。"一带一路"建设从无到有、由点及面，进度和成果超出预期。习近平总书记在2018年推进"一带一路"建设工作5周年座谈会上指出，"过去几年，共建'一带一路'完成了总体布局，绘就了一幅'大写意'，今后要聚焦重点、精雕细琢，共同绘制好精谨细腻的'工笔画'"。为此，我们要在项目建设、市场开拓、金融保障上下功夫，推动共建"一带一路"向高质量发展转变。

二、迈向高质量阶段（2019—2022年）

2019年，习近平主席在第二届"一带一路"国际合作高峰论坛开幕式上指出，要聚焦重点、深耕细作，共同绘制精谨细腻的"工笔画"，推动共建"一带一路"沿着高质量发展方向不断前进；强调要秉持共商共建共享原则，坚持开放、绿色、廉洁理念，努力实现高标准、惠民生、可持续目标。

在此阶段，经济全球化遭遇更强劲逆流。美国"印太战略"调整势头加快，"脱虚入实"战略演进趋势日益明显，从经济、科技、政治和军事等多个领域对华展开遏制，为其盟友伙伴树立了恶劣典范，单边主义、保护主义、民粹主义盛行，共建"一带一路"面临阻挠和破坏。在贸易方面，由单方面加征高关税到限制对华芯片等高新技术和产品出口；在投资方面，以国家安全为由，抬高投资准入门槛，延长投资审查时间，滥用"长臂管辖"，干扰中国企业正常贸易投资行为；在军事方面，依托外长、防长"2+2"机制，美英澳、美日印、美日韩等三边机制，美日印澳四方机制，"五眼联盟"等，加强对华军事威慑，加剧台海、南海紧张局势；针对共建"一带一路"，先后实施"蓝点网络"计划，提出"重建更美好世界"倡议、"全球基础设施伙伴和投资关系"、"蓝色太平洋伙伴关系"，构建"印太经济框架"，意图遏制中国发展，对冲"一带一路"影响力。

2019—2022年，共建"一带一路"沿着高质量方向持续推进。尽管遭遇新冠疫情冲击，以及乌克兰危机引发的多重危机影响，中国仍然铆住基础设施"硬联通"、规则标准"软联通"和同共建国家人民"心联通"，继续推进铁路、港口、桥梁等基础设施重大工程和互联互通网络建设，更注重统筹兼顾大、中、小、微项目的规划与实施。3年疫情延宕，中国始终秉持人类命运共同体理念，努力降低疫情影响，研发共享抗疫防疫"中国方案"，积极推进国际抗疫合作，与共建国家携手共筑抗疫防疫长城，提升发展中国家抗疫防疫能力，维护全球医疗卫生供应链稳定安全。

新业态新模式新合作不断涌现，成为在百年疫情和乌克兰危机叠加背景下，减缓全球经济衰退的主要动力和关键因素。跨境电商不断提升物流服务、创新营销模式，帮助全球买家"足不出户买全球"，支持各国卖家"零距离、零时差卖全球"，推动全球商品、技术、服务、资金等在人员、运输、社交等疫情管制措施下，仍能高效流动、实现价值。"互联网＋"模式在各领域发挥重要作用，医疗、教育、办公、旅游、会展等行业纷纷依托通信、互联网、人工智能等技术，实现云端运转、线上履约。"丝路电商"发展迅速，相关单位连续开展多场伙伴国商品线上营销活动，举办多次"丝路电商"云上大讲堂，与东盟国家尝试开展跨境数据流动、数据存储本地化、数字产品非歧视性待遇等合作，不断拓展共建"一带一路"合作领域。

三、新时期新阶段（2022年至今）

2022年，党的二十大胜利召开，中国作为世界稳定之锚、发展之源、和平之盾的作用不断增强。党的二十大既是中国走向世界舞台中央的新起点，也是共建"一带一路"步入新时期新阶段的重要标志。党的二十大报告指出，共建"一带一路"成为深受欢迎的国际公共产品和国际合作平台。共建"一带一路"在构建新的全球价值链、供应链，推动全球经济治理、社会治理过程中将继续发挥重要作用，帮助更多发展中国家在现代化道路上找到新的模式、新的样本和新的合作伙伴，为世界和平发展创造更多机会。

此阶段，中国自身发展和推动高质量共建"一带一路"的路径更加清晰，意志更加坚定；东西方应对全球发展大势的分歧更加严重；发展中国家维护和平发展，拒绝选边站队的意愿更加强烈。党的二十大明确"以中国式现代化全面推进中华民族伟大复兴",中国式现代化"人口规模巨大的现代化、全体人民共同富裕的现代化、物质文明和精神文明相协调的现代化、人与自然和谐共生的现代化、走和平发展道路的现代化"的五大特征,既是中国特色高质量发展、和平崛起的经验总结和全景概括,也是各国实现工业化现代化、可持续发展可以借鉴的路径选择。

面对世界百年未有之大变局加速演进,世界进入新的动荡变革期,中国选择坚持国际法基本准则、维护联合国权威和地位、推进全球治理机制变革和引领新型多边主义平台建设、积极推动以构建人类命运共同体为主要内容的真正的多边主义思想与实践,持续推动高质量共建"一带一路"。美西方从"脱钩断链"到"去风险化",减少所谓对中国的依赖,防止具有安全影响的技术外流到中国,严格审查和限制对华投资,人为阻断全球产业链、供应链的正常运转,抑制全球科技创新和生产力提升。广大发展中国家面对美西方单方面践踏国际法基本准则和威逼利诱的行为,更倾向于拒绝选边站队。东盟坚持团结自主谋发展,不成为任何国家的代理人;非洲六国拒绝在乌克兰危机中随美西方起舞,主动斡旋俄乌谈判;欧洲部分国家在中美之间更愿意保持中立,而不愿选择站队。

党的二十大以来,共建"一带一路"遵循习近平总书记在第三次"一带一路"建设座谈会上提出的"完整、准确、全面贯彻新发展理念,以高标准、可持续、惠民生为目标,巩固互联互通合作基础,拓展国际合作新空间,扎牢风险防控网络,努力实现更高合作水平、更高投入效益、更高供给质量、更高发展韧性,推动共建'一带一路'高质量发展不断取得新成效"重要指导思想,在筑牢"一带一路"发展根基上下功夫,持续深化政治互信,发挥政策沟通的引领和催化作用;深化互联互通,完善陆、海、天、网"四位一体"互联互通布局;深化贸易畅通,提高贸易和投资自由化便利化水平;深化资金融通,健全多元化投融资体系;深化人文交流,推动形成多元互动的人文交流大格局。在稳步拓展合作新领域上下功夫,稳妥开展健康、绿色、数字、创新等新领域合作,继续向共建国家提供力所能及的医疗、卫生帮助；支持发展中国家能源绿色低碳发展，深化生态环境和气候治理合作；拓展数字领域合作，打造开放、公平、公正、非歧视的科技发展环境。在统筹考虑与谋划构建新发展格局和共建"一带一路"上下功夫，加快完善各具特色、互为补充、畅通安全的陆上通道，优化海上布局；加强产业链供应链畅通衔接，推动来源多元化；打造标志性工程，快速提升共建国家民众获得感。

共建"一带一路"是推动构建开放型世界经济的伟大实践

当前和今后一个时期，世界正处于百年未有之大变局相互交织、相互激荡的关键时期，全球发展深层次矛盾日益激化，霸权主义、强权政治依然存在，传统和非传统安全威胁交织叠加，单边主义、保护主义、逆全球化思潮明显抬头，世界经济复苏乏力，和平赤字、发展赤字、治理赤字、信任赤字，是摆在全人类面前的严峻挑战。面对治理难题和发展困境，共建"一带一路"携手推动全球治理变革，践行真正的多边主义，推动构建开放型世界经济，反对搞封闭排他的"小圈子"、人为割裂国际发展合作的基础，共建团结、平等、均衡、普惠的全球发展伙伴关系。

历史反复证明，开放包容、合作共赢才是人间正道。中国始终是开放型世界经济的积极倡导者和坚定推动者。十年来，中国推进高质量共建"一带一路"，坚持实施更大范围、更宽领域、更深层次对外开放，坚持走中国式现代化道路，建设更高水平开放型经济体制。共建"一带一路"携手推动共赢共享发展，坚持以人民为中心的发展思想，坚持把发展摆在国际合作的优先位置，为全球共同发展提供中国机遇、为开放型世界经济注入中国力量。中国同共建国家一道，凝心聚力推进全球发展事业，推动构建人类命运共同体，为世界经济复苏和增长持续提供动力。

第一节　完善全球治理体系变革的中国方案

随着国际力量对比深刻演变和全球性挑战日益增多，推动全球治理体系朝着更加公正合理的方向发展是世界各国的普遍需求。十年来，共建"一带一路"践行共商共建共享的全球治理观，彰显同舟共济、权责共担的命运共同体意识，为完善全球治理拓展新实践，为增进各国民生福祉作出新贡献，成为深受欢迎的国际公共产品和国际合作平台。

一、有利于深化政治互信，跨界共商共同愿景

党的二十大报告指出："当前，世界之变、时代之变、历史之变正以前所未有的方式展开。一方面，和平、发展、合作、共赢的历史潮流不可阻挡，人心所向、大势所趋决定了人类前途终归光明。另一方面，恃强凌弱、巧取豪夺、零和博弈等霸权霸道霸凌行径危害深重，和平赤字、发展赤字、安全赤字、治理赤字加重，人类社会面临前所未有的挑战。"面对全球治理困境，第二次世界大战后由发达国家主导建立的全球治理体系越来越难以适应全球发展的需要，深度推进全球化和提供优质公共产品的能力大打折扣，世界各国尤其是发展中国家和新兴经济体要求变革全球治理体系的呼声越来越高。习近平主席指出，欢迎各国结合自身国情，积极发展开放型经济，参与全球治理和公共产品供给，携手构建广泛的利益共同体。作为负责任的大国，中国积极参与全球治理体系建设和改革，中国提出的"一带一路"倡议，填补了发展中国家视角下全球治理观的空白，为全球稳定和发展作出了中国贡献。

共建"一带一路"是建立在尊重各国主权、尊重彼此政治制度、尊重彼此发展道路基础上平等参与、民主协商的全球治理实践，开创了跨国界、跨时空、跨意识形态、跨不同发展阶段的国际社会多元主体共商合作的全球公共产品。"一带一路"共建国家大多属于发展中国家，各国为推动经济发展提出了一系列经济战略和发展愿景，而中国正在努力实现第二个百年奋斗目标

和中华民族伟大复兴的中国梦，各国的发展愿景是相通的。在此基础上，共建"一带一路"坚持对话而不是对抗、"拆墙"而不是"筑墙"、融合而不是脱钩、包容而不是排他，努力提升发展中国家在全球治理体系中的代表性和国际事务中的话语权，推动把政治共识转化为具体行动、把理念认同转化为务实成果。十年来，高质量共建"一带一路"得到世界上超过3/4的国家和数十个国际组织积极支持，共建"一带一路"理念先后被写入联合国、亚太经合组织等多边机制成果文件，推动全球治理体系朝着更加公正合理的方向发展。

二、有利于推动全球发展，携手共建美好世界

当前，世界经济复苏仍面临持续挑战，全球经济蛋糕不容易做大，发达国家与发展中国家之间的南北鸿沟、资本与劳动之间的贫富差距不断拉大，增长与分配、效率与公平的矛盾更加突出，各国人民对和平发展的期盼更加殷切，对公平正义的呼声更加强烈。究其根源，是经济领域全球增长动能不足、全球经济治理滞后、全球发展失衡三大突出矛盾没有得到有效解决，导致难以支撑世界经济持续稳定增长，难以适应世界经济新变化，难以满足人们对美好生活的期待。作为最大的发展中国家，中国理解发展中国家消除贫困和实现发展的诉求，始终将自身发展置于人类发展的坐标系中，将自身命运与世界各国人民命运紧密相连，不仅看到中国发展对世界的要求，也看到国际社会对中国的期待。中国提出"一带一路"倡议，聚焦"发展"这个根本性问题，释放各国发展潜力，培育世界经济新增长点，旨在为落实联合国《2030年可持续发展议程》注入新动力，推动实现更加开放包容、普惠平衡、绿色健康的全球共同发展。

共建"一带一路"努力解决全球发展深层次结构性矛盾，着力破解发展缺位的全球治理难题，充分结合共建国家优先发展诉求，探索建立更多合作对接机制，围绕"五通"谋篇布局，推动在基础设施、贸易、投资、金融、能源等各领域深度合作，打造高标准、可持续、惠民生的全球发展模式，提

升全球发展的公平性、有效性、包容性。"授人以鱼不如授人以渔",共建"一带一路"夯实各国基础设施,挖掘各国资源禀赋,赋能各国特色产业,努力不让任何一个国家掉队,共建"一带一路"的发展中国家和欠发达地区不仅成为全球共同发展的受益者,也成为全球经济增长的贡献者。十年来,从亚欧大陆到非洲、美洲、大洋洲,共建"一带一路"为世界经济增长开辟了新空间,为国际贸易和投资搭建了新平台,为完善全球经济治理拓展了新实践,为增进各国民生福祉作出了新贡献,成为顺应经济全球化潮流的最广泛国际合作平台,共创普惠平衡、协调包容、合作共赢、共同繁荣的全球发展新时代。

三、有利于实现互利共赢,多方共享发展成果

进入21世纪以来,世界多极化、经济全球化、社会信息化、文化多样化深入发展,世界各国彼此联系和相互依存空前频繁、更加紧密,人类生活在同一个地球村里,已经成为休戚与共的命运共同体。每个国家都有发展的权利,各国人民都有追求幸福生活的自由,但不能以损害他国利益为代价,协同联动发展、共同应对挑战、共享进步成果的发展大势不可阻挡,这既是经济规律使然,也是人类社会发展的历史逻辑。习近平主席在"一带一路"国际合作高峰论坛圆桌峰会上指出,"一带一路"建设把共建各国人民紧密联系在一起,致力于合作共赢、共同发展,让各国人民更好共享发展成果,这既是对丝路精神的传承,也是中国倡议共建人类命运共同体的重要目标。共建"一带一路"着眼全球共同发展的长远目标和现实,求同存异,聚同化异,旨在寻求利益契合点和做大合作公约数,最终实现共建国家互利共赢,让各国共享经济全球化和世界经济增长成果,给各国人民带来实实在在的利益。

共建"一带一路"超越了狭隘短视"由国家看世界"的本国优先,进入了宽广博大"以天下观天下"的命运与共,破除"零和博弈""强权政治"等旧观念桎梏,有效推动经济全球化朝着更加开放、包容、普惠、平衡、共赢的方向发展。"一带一路"倡议来自中国,但中国的发展经验和机遇惠及

世界。中国与共建国家打造共享发展机遇、深化互利共赢的合作模式，持续深化"一带一路"倡议与各国发展战略规划对接，携手实现共建国家市场规模和资源禀赋优势互补，共同探索适合各自国情的发展道路，扩大利益汇合点，画出最大同心圆。十年来，共建"一带一路"已拉动近万亿美元投资规模，形成3000多个合作项目，为新兴市场和发展中经济体群体性崛起注入了强劲动力，为世界共同发展繁荣汇聚了磅礴力量，为应对全人类共同挑战作出了重大贡献，显著增强了当地民众的幸福感、获得感、安全感，是造福世界的"发展带"、惠及各国人民的"幸福路"。

第二节　推进高水平对外开放的重大举措

习近平总书记指出，中国开放的大门不会关闭，只会越开越大。适应和引领经济发展新常态，推动中国经济高质量发展，需要主动参与和推动经济全球化进程，发展更高层次的开放型经济。十年来，共建"一带一路"提高国内各区域开放水平，拓展对外开放领域，推动制度型开放，已成为中国扩大高水平对外开放的重要引擎，推动形成更大范围、更宽领域、更深层次的对外开放格局。

一、有利于优化区域开放布局

中国幅员辽阔、人口众多，各地区自然资源禀赋差别大的情况在世界上是少有的，统筹区域协调发展任务十分艰巨。当前，我国区域发展在取得重大成就的同时，区域发展不平衡不充分的问题依然存在，东西部地区发展绝对差距仍然较大，北方部分地区经济发展活力不足，特殊类型地区振兴发展仍有困难，区域生产力布局调整任务艰巨。实施区域协调发展战略是加快构建新发展格局、实现共同富裕的必然要求。习近平总书记指出，只有实现了城乡、区域协调发展，国内大循环的空间才能更广阔、成色才能更足。围绕"一带一路"陆上六大经济走廊建设和海上重大战略通道及支点建设，共建

"一带一路"重视国内区域与国际区域的有机衔接，将国内区域协同与对外开放更紧密地结合起来，有利于充分发挥各地比较优势，加强东中西互动合作，为区域协调发展注入了新动力。

共建"一带一路"把独特的区位优势更好转化为开放发展优势，以开放促改革、促发展，巩固东部沿海地区开放先导地位，提高中西部和东北地区开放水平，发挥内陆地区开放腹地新优势，实现沿海地区引领开放新突破，形成陆海内外联动、东西双向互济的开放格局。共建"一带一路"着眼于打通内陆开放、向西开放通道，畅通海上开放通道，在提升向东开放水平的同时，加快向西开放步伐，推动内陆沿边地区成为开放前沿，实现开放空间逐步从沿海、沿江向内陆、沿边延伸，为东中西部协同开放、落实区域协调发展战略提供了历史性机遇。十年来，各地发挥自身优势积极参与共建"一带一路"，中西部地区构筑内陆地区效率高、成本低、服务优的国际贸易通道，区域协调发展向好趋势明显，经济发展内在潜力得到释放，越来越多不沿边不靠海的内陆省份，正在从开放末梢转向开放最前沿，从对外开放洼地变为高地，推动形成优势互补高质量发展的区域经济布局。

二、有利于稳步扩大制度型开放

随着逆全球化、单边主义和贸易保护主义抬头，隐性贸易壁垒已成为制约全球贸易自由化便利化的重要因素，全球规则竞争已超越市场竞争成为新一轮全球化博弈的角力点。传统的商品和要素流动型开放已难以适应当前国际贸易规则演进的需要，也难以给未来中国的改革注入新活力。制度型开放是更高层次的开放，是中国实现高水平对外开放、迈向高质量发展阶段的必然选择，是培育国际合作和竞争新优势的关键所在，有着深刻的历史逻辑、理论逻辑、实践逻辑。党的二十大报告指出，要稳步扩大规则、规制、管理、标准等制度型开放。共建"一带一路"致力于维护全球自由贸易体系和开放型世界经济，支持、维护和加强基于规则的、开放、透明、包容、非歧视的多边贸易体制，主动参与制定全球规则和提供全球公共产品，探索建立更多合作对接机制，加强各国发展战略、规划、政策、标准等领域的"软联通"，促进制度型开放持续深化，引导国际规则向平衡、合理方向发展。

共建"一带一路"作为中国自主推进制度型开放的生动实践、构建人类命运共同体的重要路径，展现出旺盛的生命力和强劲的吸引力，先后被写入联合国、二十国集团、亚太经合组织、上海合作组织等多边机制成果文件，成为全球广受欢迎的国际公共产品和国际合作平台。共建"一带一路"积极参与全球经济治理体系改革，推动构建公平合理、合作共赢的国际经贸投资新规则，稳步扩大规则、规制、管理、标准等制度型开放，形成了一大批可复制可推广的制度创新成果。十年来，中国以制度型开放为引领提升对外开放水平，主动对接国际高标准市场规则体系，健全外商投资准入前国民待遇加负面清单管理制度，积极同相关国家推动《区域全面经济伙伴关系协定》（RCEP）的实施，积极考虑加入《全面与进步跨太平洋伙伴关系协定》（CPTPP），推动商签更多高标准自由贸易协定和区域贸易协定，不断扩大中国与共建国家合作的深度和广度，为构建新发展格局寻求广阔的空间和发展机遇。

三、有利于提升国际循环质量水平

作为全球第二大经济体，中国早已同全球市场和国际循环深度融合，但国际循环的质量和效益仍有很大拓展空间。提升国际循环质量和水平，对于中国推动实现更高质量、更有效率、更加公平、更可持续、更为安全的发展以及推动世界经济繁荣，都具有非常重大的意义，也是贯彻落实党的二十大关于"加快构建新发展格局，着力推动高质量发展"精神的重要举措。当前，在新的国内外形势下，中国要改变传统上以低劳动力成本优势参与国际经济循环的模式，从根本上改变过去那种两头在外、低附加值的出口模式，在进口方面需改变总量不足、结构不安全的问题，推动形成更高水平的对外开放新格局，打造国际经济合作和竞争新优势。共建"一带一路"作为国内国际双循环的连接点和高水平对外开放的重要一环，实现各国互联互通，优化国内外通道布局，推动进出口协同发展，有利于提升国际循环的质量和水平，增强国内国际两个市场两种资源的联动效应。

共建"一带一路"完善陆上通道，优化海上布局，提升重点港口综合服务保障能力，拓展国际客货运航线，加快形成内外联通、安全高效的现代物流网络，打通要素流通和产品生产、交换、分配及消费的各个环节，降低区域间商品交易的流动成本，促进资源跨区域有序流动和优化配置，为畅通国内国际双循环提供有力支撑。共建"一带一路"确保国内大循环所需能源资源和其他进口产品的安全供应，有助于中国构建面向全球的价值链、供应链、产业链、能源链，保障能源安全、资源安全和经济安全。共建"一带一路"坚持进口和出口并重、"引进来"和"走出去"并重，依托国内超大规模市场优势，以国内大循环促进商品资源要素全球流动，增强国内国际两个市场两种资源的黏合度和联动效应。十年来，我国与共建国家贸易投资规模持续扩大，产能合作持续深化，发展模式从"大进大出"转变为"优进优出"，有效促进了我国开放型经济结构优化、质量提升、规模稳定，推动实现了国内国际双循环更加通畅、更加紧密、更加安全。

第三节　分享中国式现代化的国际实践

实现现代化是近代以来中国人民的不懈追求，也是世界各国人民的共同追求。党的二十大报告强调，中国式现代化为人类实现现代化提供了新的选择。十年来，共建"一带一路"推动了人类共同现代化进程，中国同共建国家一道，努力以中国式现代化新成就为世界发展提供新机遇，为人类探索现代化道路和更好社会制度提供新助力，推动构建人类命运共同体。

一、有利于走和平发展道路

历史一再证明，没有和平就没有发展，没有稳定就没有繁荣。当前，世界百年未有之大变局加速演进，世界之变、时代之变、历史之变的特征更加明显，需要应对的风险和挑战、需要解决的矛盾和问题比以往更加错综复杂，但和平、发展、合作、共赢仍是时代潮流，世界各国相互联系、相互依存的程度空前加深，建设持久和平、共同繁荣的世界，是各国人民的共同愿望。中国式现代化是走和平发展道路的现代化。中国走和平发展道路，符合历史潮流，顺应世界大势，在坚定维护世界和平与发展中谋求自身发展，又以自身发展更好维护世界和平与发展。长期以来，中国坚持对话而不对抗、结伴而不结盟，走出了一条通过合作共赢实现共同发展、和平发展的现代化道路。这条中国式现代化新道路，打破了"国强必霸"的大国崛起传统模式，开辟了人类走向现代化的全新道路，提供了实现现代化的全新选择、全新方案。

共建"一带一路"顺应了经济全球化的历史潮流，顺应了各国特别是广大发展中国家要求促和平、谋发展的愿望，坚持以对话解决争端、以协商化解分歧，秉持以和平合作、开放包容、互学互鉴、互利共赢为特征的丝路精神，弘扬和平、发展、公平、正义、民主、自由的全人类共同价值，是增进理解信任、加强全方位交流的和平友谊之路。共建"一带一路"倡议各国树立共同、综合、合作、可持续的安全观，构建相互尊重、公平正义、合作共赢的新型国际关系，打造对话而不对抗、结伴而不结盟的全球伙伴关系，不仅有利于实现中国式现代化，也有利于促进和带动所有共建国家都走和平发展的现代化道路。在"一带一路"合作框架下，各国摒弃冷战思维、零和博弈与强权政治，坚决反对恐怖主义、分裂主义、极端主义，推动通过对话找到各方关切的最大公约数，为妥善解决地区热点问题、建设持久和平世界提供更多公共产品。

二、有利于实现人与自然和谐共生

人类进入工业文明时代以来，在创造巨大物质财富的同时，也加速了对自然资源的攫取，打破了地球生态系统平衡，人与自然深层次矛盾日益显现。近年来，气候变化、生物多样性丧失、荒漠化加剧、极端气候事件频发，给人类的生存和发展带来严峻挑战。习近平主席指出，面对全球环境治理前所未有的困难，国际社会要以前所未有的雄心和行动，共商应对气候变化挑战之策，共谋人与自然和谐共生之道，勇于担当，勠力同心，共同构建人与自然生命共同体。作为世界上最大的发展中国家，中国树立和践行"绿水青山就是金山银山"的理念，站在人与自然和谐共生的高度谋划发展，协同推进经济社会高质量发展和生态环境高水平保护，走出了一条生产发展、生活富裕、生态良好的文明发展道路，为落实联合国《2030年可持续发展议程》，推动全球可持续发展，共同构建人与自然生命共同体，共建繁荣清洁美丽的世界贡献了中国智慧、中国力量。

共建"一带一路"以绿色为底色，践行绿色发展新理念，致力于把生态优势转化为发展优势，构建人与自然和谐共生、经济与环境协同发展的地球家园，与各国绿色低碳转型发展需要和碳中和目标高度契合。共建"一带一路"倡导绿色、低碳、循环、可持续的生产生活方式，分享在生态文明建设、环境保护、污染防治、生态修复、循环经济等领域的理念、技术和实践，加强在应对全球气候变化、海洋合作、生物多样性保护、荒漠化防治等领域生态环保合作，为发展中国家提供力所能及的资金、技术支持，帮助其提高环境治理能力。在充分考虑发展中国家发展需求的前提下，共建"一带一路"统筹好经济增长、社会进步与环境保护之间的平衡，推动绿色基础设施和绿色能源项目建设，发展绿色技术、绿色金融、绿色债券等领域合作，确保"一带一路"新增投资项目兼具环境友好、气候适应和社会包容等属性，促进疫情后的低碳、有韧性和包容性经济增长，共同应对环境保护和气候变化挑战。

三、有利于实现物质和精神文明相协调

一些国家在实现经济科技高度发达的同时，陷入以资本为中心、物质主义泛滥、精神空虚、失德失序的困境。习近平总书记强调，现代化的最终目标是实现人自由而全面的发展。人的全面发展，意味着不仅要在物质上富足，更要在精神上富有。文明是人类社会的基本标志，多样性是人类文明的基本特征，交流互鉴是人类文明发展的基本要求。几千年的人类社会发展史，就是人类文明发展史、交流史。世界是在人类各种文明的交流交融中走到今天的。人类社会越发展，越要加强文明交流互鉴，增进相互了解，促进民心相通。应对日益突出的全球性挑战，迈向人类更加美好的未来，既需要经济科技力量，也需要文化文明力量。中国式现代化是物质文明和精神文明相协调的现代化，不断厚植现代化的物质基础，不断夯实人民幸福生活的物质条件，促进物的全面丰富和人的全面发展。

古丝绸之路绵亘万里，是人类文明的宝贵遗产，积淀了"以和平合作、开放包容、互学互鉴、互利共赢"为核心的丝路精神。今天，共建"一带一路"倡导尊重世界文明多样性，秉持平等、多样、包容、开放的文明观，摒弃文明冲突、文明优越等片面和错误论调，反对任何形式的文明隔阂、歧视和不容忍，以文化包容意识加深对自身文明和其他文明差异性的认知，以多元开放心态尊重世界文明多样性和各国发展模式的独特性，让各种文明和谐共存，让人人享有文化滋养。共建"一带一路"坚持不同文明兼容并蓄、交流互鉴，以文明交流超越文明隔阂、文明互鉴超越文明冲突、文明共存超越文明优越，其深厚的文明底蕴、包容的文化理念，为共建国家相向而行、互学互鉴提供了平台，促进了不同国家、不同文化、不同历史背景人群的深入交流，使人类超越民族、文化、制度、宗教，在新的高度上感应、融合、相通，真正做到"五色交辉，相得益彰；八音合奏，终和且平"，共同谱写海纳百川、多彩多姿的世界文明新篇章。

第二篇

机制篇

　　历经十年的风雨同舟，共建"一带一路"已成为广受欢迎的国际公共产品和规模最大的国际合作平台，为全球经济复苏作出持续的、进阶的、实质性的贡献。"一带一路"呈现出双边合作、区域合作和多边合作相辅相成、相互促进的良好态势，为构建更加广泛、更加紧密的伙伴关系打下了坚实基础。这种伙伴关系是欢迎各方平等参与和共同投入的合作平台，是现有合作机制的补充，是追求形成优势互补的合力，是扩大同各国利益的汇合点。

双边合作不断深化

　　随着"一带一路"建设有序推进，中国与各伙伴国家双边合作不断深化，不断寻求合作共赢的最大公约数。

第一节　共建国家凝聚合作共识

　　为促进本国经济社会发展，许多国家纷纷提出了推动自身发展的倡议、规划、计划、构想、战略，如哈萨克斯坦的"光明之路"新经济政策、沙特阿拉伯的"2030愿景"、蒙古国的"草原之路"发展战略、欧盟的"欧洲投资计划"、东盟的"互联互通总体规划2025"、波兰的"负责任的发展战略"、印度尼西亚的"全球海洋支点"构想、土耳其的"中间走廊"倡议、塞尔维亚的"再工业化"战略、越南的"两廊一圈"构想、柬埔寨的"四角"战略、孟加拉国的"环孟加拉湾多领域经济技术合作倡议"、马拉维的"2063愿景"、叙利亚的"东向"政策、土库曼斯坦的"复兴丝绸之路"战略等。中国努力推动与"一带一路"共建国家的发展战略有机对接，挖掘合作的契合点，提供更大的平台和更广阔的空间。如，中国与沙特阿拉伯的"2030愿景"广泛对接，推动两国务实合作，更好增进两国人民福祉。2022年12月8日，中国政府与沙特阿拉伯政府签署了《中华人民共和国政府和沙特阿拉伯王国政府关于共建"一带一路"倡议与"2030愿景"对接实施方案》（以下简称《实施方案》)。《实施方案》全面落实两国领导人关于深化共建"一带一路"倡议与"2030愿景"对接的重要共识，共同推进两国基础设施、产能、能源、贸易和投资、财政金融、人文等领域以及吉赞基础工业和下游产业城特别开发区建设合作。[①]

"一带一路"朋友圈越来越大，好伙伴越来越多，全球伙伴关系网络不断织密。截至2023年7月，中国已经同152个国家和32个国际组织签署200余份共建"一带一路"合作文件，覆盖27个欧洲国家、40个亚洲国家、52个非洲国家、11个大洋洲国家、9个南美洲国家和13个北美洲国家（见表2-1）。

表2-1 已同中国签订共建"一带一路"合作文件的国家一览

洲别	国家
非洲	苏丹、南非、塞内加尔、塞拉利昂、科特迪瓦、索马里、喀麦隆、南苏丹、塞舌尔、几内亚、加纳、赞比亚、莫桑比克、加蓬、纳米比亚、毛里塔尼亚、安哥拉、吉布提、埃塞俄比亚、肯尼亚、尼日利亚、乍得、刚果（布）、津巴布韦、阿尔及利亚、坦桑尼亚、布隆迪、佛得角、乌干达、冈比亚、多哥、卢旺达、摩洛哥、马达加斯加、突尼斯、利比亚、埃及、赤道几内亚、利比里亚、莱索托、科摩罗、贝宁、马里、尼日尔、刚果（金）、博茨瓦纳、中非、几内亚比绍、厄立特里亚、布基纳法索、圣多美和普林西比、马拉维
亚洲	韩国、蒙古国、新加坡、东帝汶、马来西亚、缅甸、柬埔寨、越南、老挝、文莱、巴基斯坦、斯里兰卡、孟加拉国、尼泊尔、马尔代夫、阿拉伯联合酋长国、科威特、土耳其、卡塔尔、阿曼、黎巴嫩、沙特阿拉伯、巴林、伊朗、伊拉克、阿富汗、阿塞拜疆、格鲁吉亚、亚美尼亚、哈萨克斯坦、吉尔吉斯斯坦、塔吉克斯坦、乌兹别克斯坦、泰国、印度尼西亚、菲律宾、也门、叙利亚、巴勒斯坦、土库曼斯坦
欧洲	塞浦路斯、俄罗斯、奥地利、希腊、波兰、塞尔维亚、捷克、保加利亚、斯洛伐克、阿尔巴尼亚、克罗地亚、波黑、黑山、爱沙尼亚、立陶宛、斯洛文尼亚、匈牙利、北马其顿、罗马尼亚、拉脱维亚、乌克兰、白俄罗斯、摩尔多瓦、马耳他、葡萄牙、意大利、卢森堡
大洋洲	新西兰、巴布亚新几内亚、萨摩亚、纽埃、斐济、密克罗尼西亚联邦、库克群岛、汤加、瓦努阿图、所罗门群岛、基里巴斯
南美洲	智利、圭亚那、玻利维亚、乌拉圭、委内瑞拉、苏里南、厄瓜多尔、秘鲁、阿根廷
北美洲	哥斯达黎加、巴拿马、萨尔瓦多、多米尼加、特立尼达和多巴哥、安提瓜和巴布达、多米尼克、格林纳达、巴巴多斯、古巴、牙买加、尼加拉瓜、洪都拉斯

资料来源：中国一带一路网。

---

① 中国与沙特签署共建"一带一路"倡议与"2030愿景"对接实施方案［EB/OL］.（2022-12-09）. https://www.yidaiyilu.gov.cn/p/295793.html.

第二节 第三方市场合作稳步推进

第三方市场合作是中国首创的国际合作新模式，在第三方市场合作灵活多样的合作模式下，中国、发达国家和广大发展中国家可实现有效对接。共建国家积极谋求创新第三方市场合作模式，深刻诠释了共商共建共享的治理理念，对推动我国产业迈向高端水平、促进发展中国家工业化和经济发展、助力发达国家开辟互利共赢新空间意义重大。截至2022年12月底，中国与法国、日本、意大利等14个国家建立第三方市场合作机制，相互包容，优势互补，共同拓展第三方市场（见表2-2）。第三方市场合作的基本特征是合作模式灵活多样。以企业的商业实践为基础，第三方市场合作包括五种主要模式，分别是产品服务类、工程合作类、投资合作类、产融结合类和战略合作类。①

近年来，中国同有关国家推动设立了第三方市场合作的基金，如中国的"丝路基金"与欧洲投资开发银行建立了第三方合作的市场基金。一批高标准、惠民生、可持续的重大项目不断建成，中方企业、外方企业、项目所在国企业和民众等相关方都从中实现共赢。如俄罗斯亚马尔液化天然气、厄瓜多尔瓜亚基尔医院、埃塞俄比亚吉布3水电站、莫桑比克马普托大桥及连接线项目是第三方市场合作的典范。马普托大桥及连接线项目已于2018年11月完成主体工程移交并举行通车仪式。该项目由中国交通建设集团有限公司下属中国路桥工程有限责任公司采用施工总承包（EPC）模式建设，聘请德国GUAFF公司作为监理咨询单位参与大桥的设计咨询、施工监督和质量把控工作。凭借优秀的施工质量、良好的合作方式、科学的安全管理、创新的结构设计及对南部非洲滨海地区基础设施建设的贡献，马普托大桥及连接线项目荣获2019年美国《工程新闻记录》（ENR）全球最佳项目评选活动桥梁类优秀项目奖。

---

① 国家发展和改革委员会.第三方市场合作指南和案例［A/OL］.（2019-09-04）.https://www.ndrc.gov.cn/xxgk/jd/jd/201909/W020190905514523737249.pdf.

表 2-2　中国签署第三方市场合作文件情况

序号	国家	合作文件	时间
1	中国—法国	关于开展第三方市场合作的联合声明 中法第三方市场合作示范项目清单	2015年6月
2	中国—韩国	关于开展第三方市场合作的谅解备忘录	2015年11月
3	中国—加拿大	关于开展第三方市场合作的联合声明	2016年9月
4	中国—葡萄牙	关于加强第三方市场合作的谅解备忘录	2016年10月
5	中国—澳大利亚	关于开展第三方市场合作的谅解备忘录	2017年9月
6	中国—新加坡	关于开展第三方市场合作的谅解备忘录	2018年4月
7	中国—日本	关于中日企业开展第三方市场合作的备忘录	2018年5月
8	中国—意大利	关于开展第三方市场合作的谅解备忘录	2018年9月
9	中国—荷兰	关于加强第三方市场合作的谅解备忘录	2018年10月
10	中国—比利时	关于在第三方市场发展伙伴关系与合作的谅解备忘录	2018年10月
11	中国—西班牙	关于加强第三方市场合作的谅解备忘录	2018年11月
12	中国—奥地利	关于开展第三方市场合作的谅解备忘录	2019年4月
13	中国—瑞士	关于开展第三方市场合作的谅解备忘录	2019年4月
14	中国—英国	关于开展第三方市场合作的谅解备忘录	2019年6月

资料来源：中国国家发展和改革委员会。

📖 专栏 2-1

中法第三方市场合作持续推进

法国是首个与中国建立第三方市场政府间合作机制的国家。2015年6月，中国政府同法国政府正式发表《中法关于第三方市场合作的联合声明》，首次提出了"第三方市场合作"这一概念。中法开展第三方市场合作以企业为主体、市场为导向，遵守东道国法律和政策，符合相关国家规划的发展重点，基于经济可行性、社会及环境可持续性，坚持互惠互利、协商一致、市场规则和公平竞争。从双方比较优势看，法国企业在先进制造、环保、工程建设等领域具有优势；中国企业在基础设施建设、能源、装备制造、互联网等领域积累了丰富经验。双方企业的业务互补性较强，开展第三方市场合作潜力较大。2022年2月，中法两国签署第三方市场合作第四轮示范项目清单。该清单包含基础设施建设、环保、新能源等领域7个项目，总金额超过17亿美元，合作区域涉及非洲、中东欧等地，将对第三国经济社会发展发挥积极作用。

区域合作不断拓展

共建"一带一路"是开放包容、探索共同发展的平台，是通向光明未来的正确之路，在这一平台下，区域合作不断拓展，更利于区域经济繁荣发展。

第一节　推动区域合作走深走实

"一带一路"倡议是在相互尊重、公平正义、合作共赢的基础上，促进各区域共建国家互利合作，为充满不确定性的国际关系注入了更多稳定性。中国充分利用二十国集团、亚太经合组织、上海合作组织、亚欧会议、亚洲合作对话、亚信会议、中国—东盟（10+1）、澜湄合作机制、大湄公河次区域经济合作、大图们倡议、中亚区域经济合作、中国—中东欧国家合作等现有合作机制，在相互尊重、相互信任的基础上，中国积极同各国开展共建"一带一路"实质性对接与合作。中国发起成立亚洲基础设施投资银行、新开发银行等国际金融合作机构，为全球包容性发展注入新动力。

中国着力营造良好的贸易投资环境，积极推进全球绿色低碳发展，为全球贸易投资增长注入强大动力。截至2023年5月，中国已累计与36个"一带一路"共建国家和地区签署AEO互认协议。截至2022年底，中国与85个

"一带一路"共建国家签署避免双重征税协定。截至2023年9月，中国与30个国家建立电子商务合作机制，中国发起成立的"一带一路"绿色发展国际联盟已经有43个国家的150多个合作伙伴。另外，中国还开展"一带一路"应对气候变化南南合作，与39个共建国家签署了合作文件。

第二节 建设高标准自由贸易区网络

中国不断扩大面向全球的高标准自由贸易区网络，深化经贸务实合作，有力促进高水平开放。2015年12月，国务院发布的《国务院关于加快实施自由贸易区战略的若干意见》明确指出，我国的自由贸易区战略要立足周边，辐射"一带一路"沿线国家。截至2023年8月，中国与28个国家和地区签署了21个自贸协定（见表2-3）。另外，中国还积极推进一系列自贸协定谈判，进一步激发合作潜力，开拓合作新空间。截至2023年6月，RCEP对所有成员国生效，RCEP覆盖的人口数量、经济体量、贸易总额均占全球总量约30%，政策红利激发新潜能，已成为促进世界经济增长的新动力。中国和日本之间通过RCEP首次建立起自由贸易关系，开放红利不断放大。2022年，日本实际对华投资增长16.1%。作为区域经济合作重要参与方，中国高度重视RCEP实施工作，采取一系列举措推动高质量实施协定，为广大企业提供RCEP政策相关培训和服务。中国还积极探索对接高标准国际经贸规则，不断推进加入CPTPP和《数字经济伙伴关系协定》（DEPA）的进程。中国加入DEPA工作组已举行两次技术磋商，无纸贸易、物流、电子发票、快运货物、电子传输免征关税、个人信息保护等成为中方与成员方深入交流的议题。2022年11月，中国—东盟自贸区3.0版谈判正式启动，不断丰富了中国—东盟全面战略伙伴关系内涵，促进了区域共同繁荣发展。

表 2-3 中国自由贸易协定推进情况

已签协议的自贸区	正在谈判的自贸区	正在研究的自贸区	优惠贸易安排
中国—厄瓜多尔	中国—海合会	中国—哥伦比亚	亚太贸易协定
中国—尼加拉瓜	中日韩	中国—斐济	
RCEP	中国—斯里兰卡	中国—尼泊尔	
中国—柬埔寨	中国—以色列	中国—巴新	
中国—毛里求斯	中国—挪威	中国—加拿大	
中国—马尔代夫	中国—摩尔多瓦	中国—孟加拉国	
中国—格鲁吉亚	中国—巴拿马	中国—蒙古国	
中国—澳大利亚	中国—韩国自贸协定第二阶段谈判	中国—瑞士自贸协定升级联合研究	
中国—韩国	中国—巴勒斯坦		
中国—瑞士	中国—秘鲁自贸协定升级谈判		
中国—冰岛			
中国—秘鲁			
中国—哥斯达黎加			
中国—新西兰（含升级）			
中国—新加坡（含升级）			
中国—智利（含升级）			
中国—巴基斯坦（含第二阶段）			
中国—东盟（含"10+1"升级）			
内地与港澳更紧密经贸关系安排			

资料来源：中国自由贸易区服务网。

多边合作不断加强

　　作为联合国安理会常任理事国和世界上最大的发展中国家，中国提出"一带一路"倡议，丰富了全球公共产品，促进多边合作不断深化，持续推动构建人类命运共同体，全方位、多层次、立体化的合作图景跃然眼前。

第一节　构建更加紧密的人类命运共同体

　　在百年未有之大变局之下，大国博弈急速冲高，地缘冲突空前激烈，世界面临的挑战持续增多。在此背景下，共建"一带一路"顺应时代和平与发展潮流，受到越来越广泛的欢迎和响应。2016年11月，联合国大会首次在决议中写入"一带一路"倡议。随后，构建人类命运共同体理念和共商共建共享等原则先后被写入联合国相关决议中。十年来，习近平主席不断丰富构建人类命运共同体理念的内涵，提出并落实全球发展倡议、全球安全倡议、全球文明倡议等三大全球性重大倡议，携手构建亚太命运共同体、中非命运共同体、中拉命运共同体、中阿命运共同体、中国—东盟命运共同体等。"一带一路"倡议着眼于构建人类命运共同体，秉持的是共商共建共享原则，奉行的是开放包容理念，追求的是互利共赢目标，体现了多边主义精神，诠释了多边主义内涵，反映了多边主义实质，是中国倡导和践行的真正的多边主义。

"一带一路"倡议与联合国《2030年可持续发展议程》协调互补。"一带一路"倡议以政策沟通、设施联通、贸易畅通、资金融通和民心相通为合作重点，始终支持联合国《2030年可持续发展议程》愿景，与17个可持续发展目标之间具有内在联系。在高标准、惠民生、可持续的目标下，共建"一带一路"呼吁实现开放、绿色、廉洁、包容的可持续发展。

第二节 各领域合作不断丰富

在"一带一路"框架下，积极搭建政治、经济、安全、人文等领域多边对话和合作机制，为落实共商共建共享理念提供重要保障。"一带一路"国际合作高峰论坛是全球首个以"一带一路"为主题的最高规格峰会，是中国发挥引领作用的平台，是相互沟通的平台、献计献策的平台和勾画愿景的平台。中国已分别于2017年、2019年成功举办首届和第二届"一带一路"国际合作高峰论坛，是从理论到实践践行"一带一路"理念的真实写照。另外，中国还创办中国国际进口博览会、虹桥国际经济论坛、中非合作论坛、中阿合作论坛、中拉论坛、博鳌亚洲论坛、中国—东盟博览会、中国—阿拉伯国家博览会、中国—非洲经贸博览会、亚洲文明对话大会、世界互联网大会、中国—太平洋岛国经济发展合作论坛等多边平台，推动多边合作日益深入。

"一带一路"在诸多专业领域的合作有序推进，创设了一系列合作机制，涵盖铁路、港口、能源、税收、金融、税务、环保、媒体、学术等多领域。中国与多个国家共同发起"一带一路"数字经济国际合作倡议、"一带一路"疫苗合作伙伴关系倡议、"一带一路"绿色发展伙伴关系倡议，与16个国家签署加强数字丝绸之路建设合作文件，为建设数字丝绸之路、健康丝绸之路和绿色丝绸之路提供新动力。此外，中国先后发布并顺利完成两轮行动计划——《标准联通"一带一路"行动计划（2015—2017）》《标准联通共建"一带一路"行动计划（2018—2020年）》的各项重点任务和专项行动。这些平台务实推动了专业领域深化合作，更加充分彰显"一带一路"倡议的多边性。

专栏 2-2

"一带一路"国际合作高峰论坛为全球发展繁荣注入新活力

"一带一路"国际合作高峰论坛是我国重要的主场外交活动，是推动国际和地区合作的重要渠道。

2017年5月，首届"一带一路"国际合作高峰论坛在北京成功召开，29个国家的元首和政府首脑出席论坛，140多个国家和80多个国际组织的1600多名代表参会，论坛形成了5大类、76大项、279项具体成果，论坛成果已全部得到落实。论坛包括开幕式、圆桌峰会和高级别会议3个部分，以"五通"、智库交流为主题举行6场平行主题会议。

2019年4月，第二届"一带一路"国际合作高峰论坛参会规格超过首届，有37个国家的元首、政府首脑等领导人以及联合国秘书长、国际货币基金组织（IMF）总裁出席，法国、德国、英国、西班牙、日本、韩国、欧盟派出领导人委托的高级代表与会。150多个国家和90多个国际组织的近5000位外宾出席论坛，涵盖了全球五大洲各个地区。论坛取得6大类283项务实成果，清单包括中方提出的举措或发起的合作倡议，如《共建"一带一路"倡议：进展、贡献与展望》《"一带一路"国际合作高峰论坛咨询委员会政策建议报告》《廉洁丝绸之路北京倡议》《"创新之路"合作倡议》"一带一路"沿线国家和地区人员出入境便利安排等；论坛签署多双边合作文件，包括共建"一带一路"谅解备忘录、共建"一带一路"合作规划或行动计划等；在高峰论坛框架下建立多边合作平台，包括"海上丝绸之路"港口合作机制、"一带一路"会计准则合作机制、"一带一路"税收征管合作机制、"一带一路"能源合作伙伴关系、国际商事争端预防与解决组织、"一带一路"地震减灾合作机制、中国—

拉美开发性金融合作机制、"一带一路"绿色投资基金、"一带一路"可持续城市联盟等。

2022年11月,习近平主席在亚太经合组织第二十九次领导人非正式会议上宣布,中方将考虑举办第三届"一带一路"国际合作高峰论坛,为亚太和全球发展繁荣注入新动力。

"一带一路"国际合作高峰论坛已经成为各参与国家和国际组织深化交往、增进互信、密切往来的重要平台,为构建人类命运共同体作出了新贡献。

贸易篇

和平发展往往伴随着贸易繁荣。十年来，共建"一带一路"推动了中国与共建国家经济要素有序自由流动、资源高效配置和市场深度融合，促进了贸易繁荣。秉承共商共建共享原则，中国持续为共建国家提供新的发展机遇，通过扩大商品进出口满足共建国家人民的生产生活需要，推动共建国家融入全球贸易网络，促进共同发展，推动构建人类命运共同体。

第一章

贸易往来势头良好

十年来，贸易畅通始终是共建"一带一路"的着力点。在各方共同努力下，"一带一路"经贸合作不断走深走实，贸易自由化便利化水平不断提升，为全球开放合作、世界经济复苏注入新动能。

第一节　货物贸易规模持续扩大

十年间，在全球经贸格局加速重构、贸易保护主义、单边主义暗流涌动局面下，秉承共商共建共享理念，中国与"一带一路"沿线国家货物贸易规模不断攀升，并屡创新高。据中国海关数据显示，2013—2022年，中国与沿线国家货物贸易额累计超13万亿美元，年均增长7.96%，占同期货物贸易总值比重从25%升至32.9%（见图3-1）。十年来，"一带一路"区域市场不断拓展，推动中国外贸区域结构更加均衡。"一带一路"倡议促进了中国与沿线国家贸易网络深化。2013年，沿线国家中仅马来西亚与中国货物贸易额超千亿美元。2022年，已有越南、马来西亚、俄罗斯、印度尼西亚等8个沿线国家与中国货物贸易额超千亿美元。

（亿美元）

图 3-1　2013—2022 年中国与"一带一路"沿线国家货物贸易额

资料来源：中国海关。

　　十年来，共建"一带一路"优化了中国的贸易结构，助推中国向贸易强国迈进。中国与"一带一路"共建国家的贸易往来区域分布逐步均衡优化。2013—2022 年，亚洲国家始终是共建"一带一路"的主要区域，货物贸易额占比由 65.6% 升至 66.9%（见图 3-2）。其中，韩国、越南、马来西亚、印度尼西亚、泰国、沙特阿拉伯、新加坡等国是区域内主要贸易伙伴国。欧洲是"一带一路"共建国家中货物贸易额占比提升最快的区域，十年间占比上升 2.1 个百分点，主要贸易伙伴为俄罗斯、意大利、波兰、捷克、匈牙利、希腊。非洲是共建"一带一路"的重要区域，主要贸易伙伴国为南非、安哥拉、尼日利亚、刚果（金）、埃及、加纳等。

　　东盟是共建"一带一路"货物贸易最集中的地区。十年间，中国与东盟的货物贸易额翻了一番（见图 3-3）。2022 年，中国与东盟的货物贸易额达 9753.4 亿美元，同比增长 11.2%，超过中国外贸整体增速 6.8 个百分点。其中，中国对东盟出口 5672.9 亿美元，同比增长 17.7%；自东盟进口 4080.5 亿美元，同比增长 3.3%。

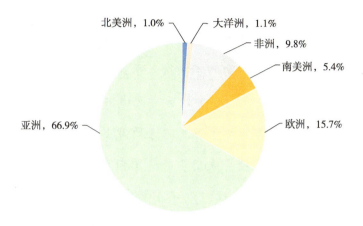

图 3-2 2022 年中国与"一带一路"共建国家贸易额地区分布

资料来源：中国海关。

注：截至 2022 年底，与中国签署"一带一路"合作文件的国家共 150 个，其中暂无纽埃与中国进出口数据。

图 3-3 2013—2022 年中国与东盟货物贸易额

资料来源：中国海关。

📖 **专栏 3-1**

RCEP 为区域经济注入新动能

历经 8 年谈判，2020 年 11 月，RCEP 正式签署。RCEP 成员国 GDP、人口、贸易总额均占全球约 30%，是世界上经贸规模最大、人口最多、最具发展潜力的自由贸易区。RCEP 的签署标志着全球最大的自由贸易区成功启航，是东亚区域经济一体化新的里程碑。RCEP包括20个章节，涵盖货物、服务、投资等全面的市场准入承诺，是一份全面、现代、高质量、互惠的自贸协定。RCEP生效后，区域内90%以上的货物贸易将最终实现零关税。在服务贸易方面，15方均做出了高于各自"10+1"自贸协定水平的开放承诺，投资采用负面清单模式，规则领域纳入了较高水平的贸易便利化、知识产权、电子商务、竞争政策、政府采购等内容。RCEP还充分考虑了成员国间经济规模和发展水平差异，专门设置了中小企业和经济技术合作等章节，以帮助发展中成员国，特别是最不发达成员国充分共享RCEP成果。

2022年1月，RCEP生效实施。一年来，关税减让、贸易便利化、原产地累积规则等RCEP制度红利释放，各成员国间货物贸易往来、投资合作更为密切。在RCEP生效实施的带动下，该区域持续成为全球投资热点区域，多数成员国利用外资呈现积极上升态势，区域整体吸引绿地投资增势强劲。据中国海关数据显示，2022年中国对RCEP其他14个成员国进出口总额达12.95万亿元，同比上涨7.5%，占中国进出口总额比例达30.8%。从吸引外资看，2022年中国实际利用RCEP其他成员国投资总额235.3亿美元，同比上涨23.1%。

2023年6月，RCEP对菲律宾正式生效，标志着RCEP全面生效。RCEP蕴含的巨大市场潜力，将为本地区和全球经济增长注入强大动力。据知名智库测算，到2030年，RCEP有望每年带动成员国出口净增加5190亿美元，国民收入净增加1860亿美元。随着RCEP的深入实施和成员国对RCEP运用能力的提升，RCEP的活力和生命力将进一步凸显，RCEP对区域内贸易投资的促进作用将持续显现，为区域和整个世界经济注入新的增长动力。

中国对"一带一路"沿线国家贸易合作不仅帮助沿线国家开拓了产品市场，促进了贸易均衡发展，也优化了中国产品的国际市场布局，提升了在全球价值链分工中的地位。2013—2022年，中间产品出口占中国对沿线国家出口比重由49.8%升至56.3%。中国的纺织品、电子元件、基本有机化学品和汽车零配件等商品在沿线国家市场竞争力不断增强，出口增长迅速。2023年一季度，中国对"一带一路"沿线国家汽车零部件、锂电池、电气控制装置和音视频设备零件的出口增速分别达到40.5%、50.3%、23.9%与21%。

农业是中国与"一带一路"共建国家合作的重要领域。据中国海关数据显示，2022年，中国全部大米进口、30.8%的谷物进口均来自"一带一路"共建国家。中国—中东欧国家合作启动十年来，中方累计批准中东欧国家近200种食品、活动物和农产品进入中国市场，中东欧国家对华农产品出口增长1.5倍，高于同期双方贸易增幅。中国成为非洲农产品出口第二大目的国，南非、肯尼亚、贝宁、埃及等国的农产品完成输华准入。在2021年中非合作论坛第八届部长级会议上，中方宣布为非洲农产品输华建立"绿色通道"。

第二节 服务贸易发展成效显著

服务贸易是国际贸易的重要组成部分，丰富了共建"一带一路"的合作内容。十年来，中国与"一带一路"共建国家服务贸易往来日益紧密，服务贸易合作走深走实，"朋友圈"不断扩大，国际布局不断优化，合作领域不断深化，合作机制不断创新。

中国与"一带一路"沿线国家的服务进出口创历史新高，推动服务贸易高质量发展。中国在"一带一路"沿线国家中的服务出口竞争力不断增长，带动服务贸易由逆差转向基本平衡。2021年，中国与"一带一路"沿线国家服务贸易出口额、进口额均为560亿美元，出口额较2015年增长超

50%，进口额较2015年增长近20%，在连续六年逆差后，基本实现平衡（见图3-4）。

（亿美元）

图 3-4　2015—2021 年中国与"一带一路"沿线国家服务贸易额

资料来源：中国商务部。

中国承接"一带一路"服务外包业务规模保持稳步增长态势。在执行金额方面，2016—2021年，中国承接"一带一路"沿线国家服务外包执行金额从121.2亿美元增至243.4亿美元，六年累计达到1068.0亿美元，年均增长12.3%，占中国离岸服务外包执行金额的比重从17.2%增至18.7%。在合同金额方面，2021年，中国承接"一带一路"沿线国家服务外包合同金额340.5亿美元，同比增长30.5%，占中国离岸服务外包合同金额的19.8%。

中国与"一带一路"沿线国家知识流程外包（KPO）发展迅速。基础设施和加工制造领域合作是"一带一路"建设的重要方面，推动了以工业设计外包、工程技术外包为主的知识流程外包迅速发展。2021年，中国承接"一带一路"沿线国家KPO执行金额123.3亿美元，同比增长24.8%，占承接"一带一路"沿线国家服务外包执行金额的50.6%，较上年提高0.6个百分点。其中，KPO业务主要集中在工业设计服务、工程技术服务等领域，执行金额分别为 51.9 亿美元、42.6 亿美元，同比分别增长42.2%、12.1%，分别占承接"一带一路"沿线国家 KPO 执行金额的42.1%、34.6%；知识产权服务、文化创意服务、管理咨询服务快速增长，同比分别增长 343.9%、195.4%、161.0%。

数字交付贸易成为中国与"一带一路"沿线国家服务贸易增长亮点。2021年，中国企业交付离岸服务外包执行金额8600亿元，同比增长17.8%；交付"一带一路"沿线国家离岸服务外包执行金额1616亿元，同比增长18.7%。在大数据、算法、算力技术支持下，中国搜索引擎、社交媒体平台等不断拓展海外市场，用户数量稳步增加。特别是在中东、东南亚等区域，一批为当地市场量身定制的国产社交软件正发展为各自细分行业的隐形冠军。

国内服务业开放力度不断加大。2015年，北京成为全国首个服务业扩大开放综合试点城市。2021年4月，试点首次扩围，天津、上海、海南、重庆4地加入，形成"1+4"格局。2022年，试点第二次扩围，沈阳、南京、杭州、武汉、广州、成都获批开展试点，全国范围内试点单位增至11个。全国首个试点城市设立以来，服务业扩大开放稳步向前，正在形成更加完善的试点格局，实施更大范围、更宽领域、更深层次对外开放，建设更高水平开放型经济新体制。2022年，商务部等27部门印发《关于推进对外文化贸易高质量发展的意见》，进一步激发文化市场主体活力，抢抓数字文化创新发展新机遇，提升中国文化软实力、影响力。

搭建数字贸易发展创新平台。截至2022年底，我国先后设立12个国家数字服务出口基地、28个服务贸易创新发展试点地区、37个服务外包示范城市，搭建多层次、宽领域的创新平台，激发数字贸易发展潜力。2021年11月，商务部、中央网信办、工业和信息化部等10部门印发《关于支持国家数字服务出口基地创新发展若干措施的通知》，对国家数字服务出口基地提出推进新型基础设施建设、培育壮大产业实力、推动数据安全有序流动等12条具体措施，通过发挥平台载体的政策叠加效应，形成创新发展合力。相关地方积极支持数字服务出口基地创新发展，出台配套政策，支持出口基地做强做优做大，培育数字贸易发展的良好生态。

第二章

新业态蓬勃发展

十年来,"一带一路"贸易方式不断创新。以跨境电商、市场采购贸易方式为代表的新业态新模式相较传统贸易方式更加高效便捷,各类平台和商户充分发挥在线营销、无接触交易、短距离配送等优势,助力外贸量稳质升。

第一节 跨境电商活力足

跨境电商是当前发展速度最快、潜力最大、带动作用最强的一种外贸新业态。新冠疫情全球蔓延重塑了各国消费者的消费习惯,部分线下需求转移至线上,跨境电商、海外仓等新业态新模式异军突起,成为推动贸易畅通的重要新生力量,成为共建"一带一路"的亮点。中国跨境电商积极培育参与国际合作和竞争新优势,进出口规模持续快速增长。据海关统计,中国跨境电商占外贸的比重由2015年的不到1%增至2022年的5%。2022年,中国跨境电商进出口额2.11万亿元,同比增长9.8%,其中出口额1.55万亿元,同比增长11.7%,进口额0.56万亿元,同比增长4.9%。2022年,中国与中亚跨境电商贸易额同比增长95%,近300家中亚企业入驻中国电商平台,越来越多的中亚优质特色产品进入中国市场。

品牌战略成为跨境电商发展的重要条件，跨境电商出口加快品牌培育步伐。在B2C领域，国内跨境电商平台依托自身优势协助企业打造品牌，帮助中国企业和中国品牌充分发挥供应链优势，在海外市场建立品牌，拓展新市场新用户。在B2B领域，品牌孵化成为跨境电商发展的焦点，打通品牌数字化出海之路。同时，在全球新冠疫情和对电商平台政策收紧的双重影响下，大部分B2B跨境电商企业开始重视品牌孵化。未来，品牌化将成为跨境电商出口发展的重点。

跨境电商综合试验区不断推动制度、管理和服务创新，建设成效显著，有效助力外贸保稳提质。从区域看，自2015年杭州设立首个跨境电商综合试验区，在近7年时间里实现7次扩围，其中2022年，跨境电商综合试验区一年内两次扩围（见表3-1），走向普惠阶段。截至2022年底，我国跨境电商综合试验区已扩至165个，覆盖全国31个省区市，在全国形成了陆海内外联动、东西双向互济的发展格局。浙江、江苏、广东、山东四省实现了省辖区市跨境电商综合试验区全覆盖。从内容看，各地方、各部门持续创新制度、管理和服务模式，量身打造近百项支持政策，让企业在物流、支付、法律、税务、人才等方面享受便利、红利。跨境电商综合试验区探索形成了以"六体系两平台"为核心的制度框架。"六体系两平台"主要包括信息共享、金融服务、智能物流、电商诚信、统计监测、风险防控等监管和服务的"六体系"，以及跨境电商线上综合服务和线下产业园区"两平台"。从创新看，探索跨境电商综合试验区和境外经济贸易合作区"双区联动"的新模式。2020年，中欧商贸物流合作园区与山东省临沂市跨境电商综合试验区进行合作，首推"双区联动"。2021年，中欧商贸物流合作园区与中国（赣州）跨境电商综合试验区签署合作协议，共同运行赣州至布达佩斯跨境电商班列，打造跨境电商数字口岸和数字园区，建设数字供应链服务体系，助力老区特色产品打开中东欧市场。

表3-1 跨境电商综合试验区设立历程

时间	数量（个）	城市（州）
2015年3月	1	杭州
2016年1月	12	宁波、天津、上海、重庆、合肥、郑州、广州、成都、大连、青岛、深圳、苏州
2018年7月	22	北京、呼和浩特、沈阳、长春、哈尔滨、南京、南昌、武汉、长沙、南宁、海口、贵阳、昆明、西安、兰州、厦门、唐山、无锡、威海、珠海、东莞、义乌
2019年12月	24	石家庄、太原、赤峰、抚顺、珲春、绥芬河、徐州、南通市、温州、绍兴、芜湖、福州、泉州、赣州、济南、烟台、洛阳、黄石、岳阳、汕头、佛山、泸州、海东、银川
2020年4月	46	雄安新区、大同、满洲里、营口、盘锦、吉林、黑河、常州、连云港、淮安、盐城、宿迁、湖州、嘉兴、衢州、台州、丽水、安庆、漳州、莆田、龙岩、九江、东营、潍坊、临沂、南阳、宜昌、湘潭、郴州、梅州、惠州、中山、江门、湛江、茂名、肇庆、崇左、三亚、德阳、绵阳、遵义、德宏傣族景颇族自治州、延安、天水、西宁、乌鲁木齐
2022年1月	27	鄂尔多斯、扬州、镇江、泰州、金华、舟山、马鞍山、宣城、景德镇、上饶、淄博、日照、襄阳、韶关、汕尾、河源、阳江、清远、潮州、揭阳、云浮、南充、眉山、红河哈尼族彝族自治州、宝鸡、喀什地区、阿拉山口市
2022年11月	33	廊坊、沧州、运城、包头、鞍山、延吉、同江、蚌埠、南平、宁德、萍乡、新余、宜春、吉安、枣庄、济宁、泰安、德州、聊城、滨州、菏泽、焦作、许昌、衡阳、株洲、柳州、贺州、宜宾、达州、铜仁、大理白族自治州、拉萨、伊犁哈萨克自治州

资料来源：根据相关资料整理。

第二节 "丝路电商"合作成新蓝海

近年来，"丝路电商"打开一条双向贸易通道，成为"一带一路"经贸合作的重要组成部分。2016年，中国与"一带一路"共建国家智利首签电子商务合作谅解备忘录，拉开"丝路电商"国际合作序幕。2017年，"丝路电商"谅解备忘录签署开始加速。2017年，中国与新西兰、越南等7个国家签署合作备忘录。受疫情影响，"丝路电商"谅解备忘录的签署步伐放缓，2020年中国没有与其他国家新签署备忘录。2022年，世界逐渐走出疫情阴霾，中国开始恢复并加速推动"丝路电商"，与白俄罗斯、新加坡等5国签署合作备忘录。7年来，"丝路电商"不断发展，将中国特色电子商务理念和实践的种子广泛播撒，成为促进电子商务国际合作的新渠道、新平台。截至2023年6月，中国已与29个国家建立电商合作机制（见表3-2），在上海合作组织、金砖国家建立电商工作组，在中国—中东欧、中国—中亚五国等国际合作机制中开展电商合作，有力拓展了我国数字合作深度和广度。

表3-2 已签署的双边电子商务合作备忘录

序号	国家	时间
1	智利	2016年11月
2	新西兰	2017年3月
3	越南	2017年5月
4	巴西	2017年9月
5	澳大利亚	2017年9月
6	柬埔寨	2017年11月
7	爱沙尼亚	2017年11月
8	匈牙利	2017年11月
9	奥地利	2018年4月
10	哈萨克斯坦	2018年6月
11	俄罗斯	2018年6月
12	科威特	2018年7月
13	阿拉伯联合酋长国	2018年7月
14	卢旺达	2018年7月
15	冰岛	2018年9月
16	阿根廷	2018年12月
17	巴拿马	2018年12月
18	意大利	2019年3月
19	哥伦比亚	2019年7月
20	萨摩亚	2019年10月
21	瓦努阿图	2019年10月
22	乌兹别克斯坦	2019年11月
23	塞内加尔	2021年11月
24	白俄罗斯	2022年9月
25	新加坡	2022年10月
26	巴基斯坦	2022年11月

续 表

序号	国家	时间
27	泰国	2022年11月
28	老挝	2022年11月
29	菲律宾	2023年1月

资料来源：中国商务部。

"双品网购节"成为"丝路电商"伙伴国推介特色优质商品的重要平台。自2019年首届举办以来，"双品网购节"已成功举办五届，逐渐发展成为一个有影响、有口碑、有魅力的网上购物节。"双品网购节"以倡导品牌消费、品质消费为目标，不仅有力促进了品牌品质消费，还见证了中国电商与中国大市场的共同发展。作为网络促销的品牌活动，"双品网购节"的促销环节帮助卢旺达、俄罗斯、哈萨克斯坦等国适销农产品迅速打开中国市场。2021年，"双品网购节"期间，20个"丝路电商"伙伴国商品日均网络零售额均大幅上涨，俄罗斯巧克力糖果、哥伦比亚咖啡、巴西鞋等爆款商品日均网络零售额比同年3月分别增长192.2%、131.6%和85.2%。2022年第四届"双品网购节"期间，肯尼亚红茶、埃塞俄比亚咖啡销售额同比分别上涨409%和143.1%，金砖国家的巧克力、红酒、调味料、坚果炒货销售额同比分别上涨302.1%、283.8%、87.6%和82.0%。

"双品网购节"利用电商平台促消费、带产业，活动内容不断丰富，活动模式逐渐成熟，既满足了伙伴国扩大出口、分享中国超大规模市场红利的需求，又增加了国内消费者的福祉。其中"非洲好物网购节""买在金砖""上海合作组织国家特色商品电商直播活动"等电商促销行动轮番登场，有效促进多个合作伙伴国优质特色产品顺利进入中国市场。

📖 专栏 3-2

第五届"双品网购节"成功举办

第五届"双品网购节"于2023年4月28日至5月12日举办。本次活动延续"政府指导、企业为主、市场化运作"的原则，突出"惠享新消费""数商兴农""聚合中亚云品""网罗东盟好物"等四大主题。据商务大数据对重点电商平台监测，活动期间全国网络零售额高达7102亿元，同比上涨14.5%，其中，实物商品网络零售额为6090亿元，同比上涨11.6%，显示出网络消费市场的强劲动力。

"丝路云品"呼应消费升级新期待。第五届"双品网购节"活动深化与中亚、东盟国家的数字创新合作，通过开设线上专区和直播等方式，打造"丝路云品"，促进中亚、东盟和"丝路电商"伙伴国特色产品对接中国市场，满足消费者对品牌、品质的双重期待。陕西、广西、海南等省市依托主要电商平台，通过举办中亚主题日、东盟国别日，开展使节直播、溯源直播等，促进中亚五国、东盟十国、"丝路电商"伙伴国的特色产品对接中国市场。哈萨克斯坦巧克力、乌兹别克斯坦西梅干、吉尔吉斯斯坦蜂蜜等中亚特色商品受到欢迎。印度尼西亚咖啡、马来西亚豆奶等东盟特色商品销售火爆。此外，本次活动还走出国门，在冰岛、泰国等地开展电商直播，以直观生动的方式提供更丰富的消费选择。

促销形式丰富多样。基地直播、专区销售、上线国家馆和多平台联动等有力促进"丝路电商"伙伴国特色优质产品对接中国市场。越来越多伙伴国的名优产品、特色农食产品在一系列促销活动中成为"国别爆款"，实现"秒无"。卢旺达的咖啡和辣椒通过电商平台进入中国，冰岛商品的在线零售额大幅增长。

此外，中国还成功创办丝路电商"云上大讲堂"，不断提升"丝路电商"建设能力，凝聚中国与共建国之间电子商务发展合作共识。"云上大讲堂"为伙伴国政府官员、电子商务从业者提供线上学习渠道，授课内容涵盖政策法规、发展趋势、创新实践、实操技能等。针对伙伴国特色产品出口，"云上大讲堂"专门邀请农特产社群电商、直播电商等领域的专家，围绕开拓市场进行交流和研讨。截至2022年10月，数十次的直播讲座吸引了20多个国家的6000多人在线参与，回放次数超过10万次。

第三节　海外仓助力外贸新发展

近年来，海外仓成为"一带一路"经贸合作的重要载体和渠道，被誉为网上丝绸之路的"驿站"，激发了共建国家经济发展活力和合作潜力。截至2022年底，中国海外仓数量已超2000个，面积超1600万平方米。2020年商务部发布了7家首批优秀海外仓实践案例，分别是福建纵腾网络有限公司、万邑通（上海）信息科技有限公司提供第三方服务的海外仓，宁波豪雅进出口集团有限公司、浙江执御信息技术有限公司等平台型跨国海外仓，艾姆勒海外仓储（深圳）有限责任公司、北京数码港电子商务有限公司、黑龙江俄速通国际物流有限公司等成长型海外仓。

海外仓在稳外贸促外贸方面发挥重要作用。一是海外仓提前备货功能，可有效缓解因国际物流不畅而带来的供货压力，助力出口企业抢占市场，提升中国企业的竞争实力；二是海外仓的集中运输模式可突破空运对商品重量、体积和性质的限制，极大丰富了跨境电商商品品类；三是海外仓可降低成本，跨境电商零售货物集中运输到海外仓，比跨境电商直购模式可节省30%～50%的物流成本；四是海外仓解决了消费者退换货难题，有效提升购物体验；五是对跨境电商进口而言，海外仓可提升企业的供应链效率，降低进货门槛，为中国消费者提供更丰富的商品。

贸易便利化举措精彩纷呈

"一带一路"倡议提出十年来，中国与"一带一路"共建国家经贸合作不断深化，贸易投资自由化和便利化水平不断提升。中国坚定支持以世界贸易组织（WTO）为核心的多边贸易体制，致力于扩大面向全球的高标准自贸区网络，推动建设开放型世界经济。

第一节　自由贸易协定不断拓展

十年来，贸易自由化便利化水平持续提升，持续释放开放红利。自贸协定内容日益丰富，水平不断提升，关税水平持续下降，立足周边、辐射"一带一路"、面向全球的高标准自贸区网络初步形成。截至2023年9月，中国已与新西兰、秘鲁、哥斯达黎加、瑞士、冰岛、韩国、澳大利亚、巴基斯坦、格鲁吉亚、毛里求斯、厄瓜多尔、尼加拉瓜等28个国家和地区签署了自贸协定，自贸伙伴覆盖亚洲、欧洲、拉丁美洲、非洲和大洋洲等。截至2022年7月，中韩自贸协定先后8次削减关税，中国对原产于韩国的进口货物实施零关税的税目比例已超过40%。2023年5月，中国与厄瓜多尔签署自贸协定，厄瓜多尔的香蕉、白虾、鱼、鱼油、鲜花和干花、可可和咖啡等产品进入中国市场关税将从5%～20%逐步降至零。

近年来，中国积极打造中国—东盟自贸区3.0版、持续推进加入CPTPP

和DEPA。未来，中国还将继续推进与海湾阿拉伯国家合作委员会、尼加拉瓜、以色列、挪威及中日韩等自贸协定谈判，与更多有意愿的贸易伙伴商签自贸协定，共同推动区域经济一体化和贸易投资自由化便利化。

第二节　贸易平台活力绽放

十年来，中国主办各类展会、论坛的质量和影响力不断提升，对深化中国与"一带一路"共建国家经贸合作发挥着越来越重要的作用，已逐步成为促进中国与共建国家贸易畅通的新平台。一方面，各类展会、论坛有利于推动企业"走出去"，鼓励企业积极参与国际化经营与竞争、引导企业开展国际产能合作、协助企业对接项目；另一方面，举办各种类型的展会、论坛，可以为共建国家的企业（尤其是中小企业）提供更多的合作机会，有利于扩大"一带一路"共建国家与中国的贸易往来、提升贸易便利化水平、开拓合作新领域。

一、国际性综合大型展会

近年来，中国举办的国际性综合大型展会、论坛，为各国企业、产品和资本进入中国提供了便捷的"窗口"，为中国企业和产品"走出去"搭建了畅通的"桥梁"，也为世界各国贸易和投资政策交流及信息发布提供了便利的平台。中国进出口商品交易会（以下简称"广交会"）、中国国际进口博览会（以下简称"进博会"）、中国国际服务贸易交易会（以下简称"服贸会"）是中国对外开放领域的三大重要展会平台。展会积极践行"一带一路"倡议，有效畅通了中国与共建国家经贸合作的渠道，促进了世界经济和贸易共同繁荣。特别是在新冠疫情期间及国际贸易受到严重冲击的形势下，中国与"一带一路"共建国家的贸易展现出较强的活力和韧性，上述三大展会对此作出了重要贡献。受疫情影响，三大展会因时而变，采取"线上"或"线上＋线下"相结合的方式成功举办，探索了国际贸易发展的新路子，为稳住外贸外资基本盘作出了积极贡献，也向国际社会彰显了中国扩大开放的坚定决心。

广交会促进外贸，进博会以进口为主，服贸会聚焦服务贸易，三者功能明确、错位发展，充分发挥中国的出口优势、挖掘进口潜力，充分考虑共建国家的发展诉求，是深化"一带一路"经贸合作强有力的支撑平台，同时也是民心相通、构建人类命运共同体的有力支撑。

（一）中国进出口商品交易会

广交会创办于1957年，每年春秋两季在广州举办，由商务部和广东省人民政府联合主办，中国对外贸易中心承办，是中国历史最长、规模最大、商品品类最全、参会采购商最多、辐射范围最广、成交效果最好、综合信誉最佳的综合性国际贸易盛会。经过多年发展，广交会已成为促进中国外贸发展的重要平台，被视为中国外贸的"晴雨表"和"风向标"，成为中国对外开放的窗口、缩影和标志。广交会作为中国最大的贸易促进平台，积极践行"一带一路"倡议。"一带一路"沿线国家和地区在广交会的出口成交额从第119届的82.5亿美元提高到第126届的逾110亿美元，且一直保持增长态势。在2020年第127届广交会上，来自"一带一路"沿线国家的采购商到会85445人，占比超45%。在第128届广交会进口展上，来自"一带一路"沿线国家的参展企业占比达72%，参展产品数量占比达83%。

（二）中国国际进口博览会

进博会由商务部和上海市人民政府主办，中国国际进口博览局、国家会展中心（上海）承办，2018年以来，已连续五届成功举办。进博会是国际贸易发展史上的一大创举。古往今来，虽然各国都曾举办过出口博览会，主动推销本国的商品，但从没有任何一个国家举办进口博览会，主动扩大进口。进博会是中国的首创，是中国的"专利"，更是中国负责任大国胸襟的体现。举办进博会是中国推进新一轮高水平对外开放作出的一项重大决策，同时也是中国主动向世界开放市场的重大举措。

五年来，进博会规模不断发展壮大。一是成交金额稳中有升。2018年首届进博会累计意向成交额578.3亿美元，2022年第五届进博会累计意向成交额达735.2亿美元。五届进博会累计意向成交额超过3400亿美元。二是日益成为新技术、新产品、新服务的展示平台。新技术、新产品、新服务在2020—2022年三届进博会的展示数量分别为411、422、438项。三是"一带一路"沿线国家成为参加进博会的重要力量。2018年第一届进博会参展的58个"一带一路"沿线国家，累计意向成交额47.2亿美元。2020年第三届进博会参展的"一带一路"沿线国家占全部参展国的38.7%，沿线国家的621家企业提供了1848件/类展品参展，占该届进博会所有参展商品品类的14.2%。四是越来越多的世界500强企业参展。2022年第五届进博会共有284家世界500强和行业龙头企业参展，数量超过上届，"回头率"近90%，展台特装比例达到96.1%，均高于上届水平。五是展区设置与时俱进，内容日益丰富多彩。进博会先后新设公共卫生防疫专区、文物艺术品板块、农作物种业和人工智能等专区。

（三）中国国际服务贸易交易会

服贸会[①]由商务部和北京市人民政府共同主办，是全球服务贸易领域规模最大的综合性展会和中国服务贸易领域的龙头展会，也是中国对外开放的重大平台，为推动构建新发展格局和中国对外贸易高质量发展、深化国际合作、参与全球经济治理发挥了重要的作用。2012年以来，服贸会已发展成为国际服务贸易领域理念传播、供需衔接、商机共享、发展共促的重要平台，是中国扩大开放、深化合作、引领创新的重要平台，为促进全球服务业和服务贸易发展作出了积极贡献，不断推动中国服务贸易的对外开放与发展繁荣。

服贸会设置了电信、计算机和信息服务，金融服务，文旅服务，教育服务，体育服务，供应链及商务服务，工程咨询与建筑服务，健康卫生服务等

---

① 服贸会前身是2012年中国（北京）国际服务贸易交易会（简称"京交会"），2019年更名为中国国际服务贸易交易会。2020年，中国国际服务贸易交易会简称由"京交会"更名为"服贸会"。

多项专题。上述领域极大地拓展了共建"一带一路"合作的空间。此外，服务贸易将人文交流融入其中，形成商业化模式，既通过贸易实现互利共赢，又满足人文交流目的，有助于促进"一带一路"的"心联通"。

📖 专栏 3-3

服贸会成果丰硕，"朋友圈"越来越大

2022年，服贸会参展参会企业数量、国际化程度、成交规模和观众人数均超过上届水平。71个国家和国际组织以国家或总部名义设展办会，阿拉伯联合酋长国、意大利、瑞士、布隆迪等10个国家首次以国家名义设展。超过400家世界500强及国际龙头企业在线下参展，展览整体国际化率达到20.8%。本届服贸会期间共形成各类成果1339个，其中成交项目类513个、投资类175个、首发创新类173个、战略协议类128个、权威发布类82个、联盟平台类26个、评选推荐类242个。

二、区域性综合大型展会和论坛

中国积极举办区域性综合大型展会和论坛，为深化区域经贸合作、挖掘区域经济特有潜力、拓展与加深区域联系、促进区域共同发展作出了重要贡献。

（一）中国—中东欧国家博览会暨国际消费品博览会

中国—中东欧国家博览会暨国际消费品博览会（以下简称"中东欧博览会"）是中国唯一面向中东欧的国家级展会，也是中国与中东欧国家首个以投资贸易为主题的综合性博览会，致力于推动中国与中东欧国家合作迈向更高水平。中东欧博览会由商务部和浙江省人民政府共同主办，商务部相关司局、宁波市人民政府、浙江省商务厅共同承办。2023年5月，第三届中东欧博览会参展商达3000家，同比增长30%，14个欧盟的地理标志产品集中亮相。参展商品涉及智能制造、日用时尚、农食产品、旅游物流等多个品类。

通过中东欧博览会，民众感受到实实在在的变化，波兰牛奶、匈牙利贵腐酒、塞尔维亚咖啡、希腊橄榄油等中东欧国家的优质产品越来越多地走上中国百姓餐桌。

（二）中国—阿拉伯国家博览会

中国—阿拉伯国家博览会（以下简称"中阿博览会"）是经国务院批准，由商务部、中国国际贸易促进委员会和宁夏回族自治区人民政府共同主办的国家级、国际性综合博览会。2013年以来，中阿博览会以"传承友谊、深化合作、互利共赢、促进发展"为宗旨，已在宁夏银川市成功举办了5届。5届中阿博览会，习近平主席均致贺信，共有112个国家和地区、24位中外政要、318位中外部长级嘉宾、6000多家国内外企业参会参展，累计签订各类合作项目1213个。中阿博览会涉及现代农业、高新技术、能源化工、生物制药、装备制造、基础设施、"互联网＋医疗健康"、旅游合作等多个领域，为中阿双方企业相互合作搭建了桥梁、创造了条件，有力地促进了中国与包括阿拉伯国家在内的"一带一路"共建国家和地区的经贸投资交流合作，已成为中阿共建"一带一路"的重要平台。

第三节　通关效率持续提升

随着中国与"一带一路"共建国家贸易规模的扩大、贸易形式的增多，对海关监管提出了新的要求。为应对新变化新挑战，各国海关加强合作、多措并举、服务外贸保稳提质，持续优化口岸营商环境，使跨境贸易更加便利，进出口整体通关时间大幅压缩。

中国不断丰富与共建国家合作内容，海关合作从"监管互认、执法互助、信息互换"（以下简称"三互"）向"智慧海关、智能边境、智享联通"（以下简称"三智"）转变。2014年以来，中国海关以"三互"为合作支柱，推动中国与共建国家签署合作文件，为"一带一路"共建国家海关合作提供法律依据与机制化保障。此外，海关依托区域和多边舞台，推动将"三互"理念纳入世界海关组织《全球贸易安全与便利标准框架》与亚太经合组织《海关监管互认、执法互助、信息互换战略框架》等重要指南和标准性文件。

口岸物流畅通，贸易才能畅通。十年来，中国口岸营商环境持续优化，跨境贸易便利化水平逐年提升。一批口岸发展为大型交通枢纽。从陆路（包括公路和铁路）口岸看，中国先后与周边大多数国家签订了口岸开放和管理等双边法律文件，以中欧班列为代表的跨境铁路运输成为陆路口岸货物运输的新亮点。在铁路口岸中，绥芬河、霍尔果斯等铁路口岸作业效率总体水平较高，对满足检查条件且可当场确定检查结果的货物，绥芬河铁路口岸1小时左右就可以完成检查。2021年，霍尔果斯站通过增设到发线和换装线，日均增加进口集装箱换装能力3~4列，全年通过中欧班列2710列，同比增长32.8%。波兰和白俄罗斯加快提升马拉舍维奇—布列斯特口岸的换装能力，新开辟布鲁兹吉—库兹尼察、斯维斯洛奇—谢米扬努夫卡口岸，缓解既有口岸能力紧张的局面。为服务"一带一路"建设，2019年开始在18个口岸①边检现场设置"一带一路"通道，为执行"一带一路"建设重点工程、重要合作、重大项目或参加"一带一路"有关会议、活动的中外人员和车辆快捷办理边检手续提供便利。

进出口通关时间不断压缩。近年来，中国海关大力推进通关便利化，积极推进"提前申报""两步申报"等业务改革，稳步推广进口货物"船边直提"和出口货物"抵港直装"试点，扩大国际贸易"单一窗口"服务试点，持续优化跨境电商B2B出口监管改革措施，进口关税配额全面实施联网核查无纸化，通关时效显著提升。2017年2月，自《贸易便利化协定》正式生效以来，中国积极实施《贸易便利化协定》各项贸易便利化措施，实施率已达100%。2022年12月，全国进口、出口整体通关时间分别为32.02小时和1.03小时，分别比2017年缩短67.1%和91.6%（见表3-3）。中老铁路自

---

① 18个口岸具体包括北京、上海、广州、厦门、深圳、成都、昆明、乌鲁木齐、重庆、郑州、西安、泉州12个航空口岸，以及满洲里、二连浩特、霍尔果斯、友谊关、东兴、磨憨6个陆路口岸。

2022年开通运营以来，磨憨铁路口岸通关效率持续提升，出入境货物通关时间由运营初期的平均40小时压缩至约5小时，在"铁路快通"[①]模式下，最快2小时30分即可完成通关手续办理。

表3-3　2019—2022年进出口通关时间及变化

年份	出口通关时间（小时）	出口较2017年缩短（%）	进口通关时间（小时）	进口较2017年缩短（%）
2019年12月	2.6	78.60	36.7	62.30
2020年12月	1.78	85.50	34.91	64.20
2021年12月	1.23	89.98	32.97	66.14
2022年12月	1.03	91.60	32.02	67.10

资料来源：中国海关。

中国加快推进与"一带一路"共建国家"经认证的经营者"（AEO）互认[②]。十年来，中国AEO互认国家和地区实现从"零"的突破到全球领先。中国不断扩大"一带一路"共建国家AEO互认范围，加快推进AEO互认磋商进程，积极为广大进出口企业在境内外通关争取更多便利。截至2023年5月，中国海关已与36个"一带一路"共建国家和地区签署了AEO互认安排。

作为世界海关组织倡导的提升供应链安全与贸易便利化水平的重要制度，AEO为推动共建"一带一路"高质量发展发挥重要作用。AEO制度助力企业在越来越多"一带一路"共建国家和地区享受通关便利，降低贸易成本，提升贸易安全与便利化水平。截至2022年10月，中国AEO企业达4804家，其报关单票数、进出口额占比分别达到20%和35%。

---

①　"铁路快通"模式，即在内地具备监管场地的铁路车站完成海关查验，火车出境前、入境后无须在口岸停留查验。

②　经认证的经营者制度（Authorized Economic Operator，以下简称"AEO"）是各国海关根据国际通行的认证标准，对企业的守法和安全等要素实施认证，并为符合条件的企业提供本国以及互认国海关的通关便利措施，分担守法和安全责任，保障供应链安全和贸易便利的制度安排。AEO海关对信用状况、守法程度和安全管理良好的企业进行认证认可，对通过认证的企业给予通关优惠便利。国家或地区之间实现互认后，AEO企业的货物在互认国家和地区通关可以享受便利化待遇，能有效降低企业在港口、保险、物流等方面的贸易成本，提升企业国际竞争力。

第四篇

投资篇

　　十年来，双向投资始终是"一带一路"走深走实的重要抓手。中国与"一带一路"共建国家双向投资不断增长、合作不断深化，逐渐构建相互交融的产业链供应链价值链体系，形成深度利益融合，引领经济全球化的发展方向，也成为加快构建以国内大循环为主体、国内国际双循环相互促进的新发展格局的重要支撑。

投资合作稳步推进

十年来，中国与"一带一路"共建国家的双向投资稳步上升，投资领域不断拓宽，逐步构建起利益融合的产业链供应链体系。

第一节　对外投资持续拓展

顺应全球产业转移趋势，中国鼓励企业"走出去"，优化国别产业布局，增强全球配置资源能力，打造中国投资品牌，构建面向全球的贸易、投资、生产、服务网络。2013—2022年，中国企业对"一带一路"沿线国家非金融类直接投资由115.9亿美元增加到209.7亿美元，占中国对"一带一路"沿线国家非金融类直接投资总额比重由12.5%提高到17.9%（见图4-1）。"一带一路"沿线国家和地区已经成为中国对外直接投资的主要增长点，与沿线国家的产业合作已成为中国参与全球产业链分工合作的延伸和补充。近年来，中国同沿线国家的投资合作正逐步由传统领域向高技术含量和高附加值的高端服务业、智能化行业和跨境电子商务等新经济领域发展。2021年，制造业成为中国在"一带一路"沿线国家投资规模最大领域，金额为94.3亿美元，同比增长22.8%，占比39%。

图 4-1　2013—2022 年中国对"一带一路"沿线国家非金融类直接投资情况
资料来源：中国商务部。

从投资方式看，并购规模增长较快。2021年，中国企业对"一带一路"沿线国家企业并购金额62.3亿美元，较上年增长97.8%，占并购总额的19.6%，涉及实施并购项目92起。印度尼西亚、新加坡、越南、哈萨克斯坦、阿拉伯联合酋长国、埃及、土耳其吸引中国企业并购投资均超3亿美元。

从分布区域看，东盟是中国与"一带一路"沿线国家开展投资合作最集中的地区。2021年中国对东盟直接投资197.3亿美元，是2013年的2.7倍。2013—2021年，中国对东盟直接投资占对"一带一路"沿线国家直接投资的比重由57.5%攀升至81.7%。截至2021年末，中国对东盟的直接投资存量为1402.8亿美元。中资企业根植东盟，拓展多领域合作，在实现自身发展的同时，有力拉动当地经济增长，推动就业和民生发展，为深化中国与东盟务实合作、推动共建"一带一路"高质量发展作出积极贡献。境外经贸合作区是中国对东盟投资合作的一大亮点，中国与马来西亚、印度尼西亚等东盟国家共同开创了中马、中印尼"两国双园"合作新模式，成为共建"一带一路"合作的积极实践。

从领域看，合作领域不断丰富拓展。绿色、数字、蓝色等成为中国与共建国家投资合作的新领域。"一带一路"倡议提出以来，中国在共建国家的绿色投资增速较快。2021年，中国宣布"不再新建境外煤电项目"后，煤炭项目投资首次为零。当前，绿色能源在能源领域的投资占比已超过40%。数字经济为对外投资合作增添新动能。阿里巴巴等在"一带一路"共建国家深耕发展，中国信息通信科技集团聚焦移动通信、数据通信、智能化应用等，业务覆盖全球100多个国家和地区，SHEIN、九号等全球化品牌海外业务发展良好，涨幅明显。蓝色领域对外投资合作扬帆续航。2021年中国海运进出口总额同比增长22.4%，中国与加纳、印度尼西亚等渔业资源丰富国家的合作，通过"走出去"带动渔业产品进出口持续增长，拉动当地经济增长。

　　从政策看，对外投资政策体系日益完善。2021年11月，习近平总书记在出席第三次"一带一路"建设座谈会时指出，要稳妥开展健康、绿色、数字、创新等新领域合作，培育合作新增长点。近年来，商务部联合相关部委发布《数字经济对外投资合作工作指引》《对外投资合作绿色发展工作指引》《对外投资合作建设项目生态环境保护指南》《关于推进共建"一带一路"绿色发展的意见》等文件，加快推动对外投资合作绿色发展，引导数字经济对外投资合作向高质量迈进。

第二节　利用外资平稳上升

　　十年来，中国坚定不移扩大开放，不断以中国新发展为世界提供新机遇。中国稳步扩大规则、规制、管理、标准等制度型开放，营造市场化、法治化、国际化一流营商环境。沿线国家积极分享中国发展红利，加快在中国投资步伐。"一带一路"沿线国家对华投资在波动中上升。2013—2022年，中国自"一带一路"沿线国家吸引外资金额（含通过部分自由港转投资，不含银行、证券、保险领域数据，下同）由89.2亿美元升至137亿美元[①]（见图4-2）。同期，"一带一路"沿线国家在华投资设立企业超过3.2万家，对

_____

　　① 2022年数据根据商务部公布的人民币数值按国家外汇管理局2022年12月30日人民币对美元汇率折算。

华累计直接投资超过800亿美元，占同期中国实际吸收外资总额的比重较稳定，在6%上下波动。2022年，沿线国家对中国直接投资额达到137亿美元，占同期中国实际利用外资总额的7.2%。中国连续多年是新加坡第一大对外直接投资目的国。苏州工业园区、天津生态城、中新（重庆）战略性互联互通示范项目、广州知识城、吉林食品区、新川科技创新园、南京生态科技岛等在中新共建"一带一路"下取得新的成绩。

中国持续优化营商环境，为外商投资创造良好的制度环境。2017—2022年，中国连续6年缩减全国和自由贸易试验区（以下简称"自贸试验区"）外商投资负面清单，条目数分别减至31项、27项，进一步放宽金融服务、高端制造、电子信息等领域外资准入条件。中国不断修订扩大《鼓励外商投资产业目录》，加大对制造业吸引外资的支持力度，引导外资更多投向先进制造业、战略性新兴产业以及数字经济、绿色发展等领域。与2020年版《鼓励外商投资产业目录》相比，2022年版增加的鼓励条目近20%。

图4-2　2013—2022年"一带一路"沿线国家在华投资流量

资料来源：中国商务部。

自2013年上海自贸试验区正式设立以来，中国自贸试验区建设已经走到第十年。十年来，全国范围内累计设立21个自贸试验区，形成了覆盖东西南北中，统筹沿海、内陆、沿边的高水平改革开放创新格局。十年来，自贸试验区充分发挥先行先试优势，对吸引外资贡献突出。2013年，中国在自贸试验区推出了第一张外商投资准入负面清单，迈出了外资准入前国民待遇加负面清单管理模式第一步。经过7次缩减，条目越来越少，由最初的190项缩减到现在的27项，制造业条目已经归零。2022年，21个自贸试验区高技术产业实际利用外资同比增长53.2%，增速远超全国平均水平。各自贸试验区围绕自身战略定位和区位优势，服务国家重大战略的能力不断增强。上海自贸试验区实施"全球营运商计划"；江苏自贸试验区累计部署实施90余项重点研发项目、49项重大科技成果转化项目，超过3500家高新技术企业在区内集聚。

第三节　对外承包工程稳步前行

十年来，中国始终将基础设施互联互通作为"一带一路"建设的优先领域，积极对接各方基础设施发展规划，推进一批关系共建国家经济发展、民生改善的合作项目落地。中国企业凭借强大的基建实力，打通"一带一路"建设的新通道。

互联互通是"一带一路"建设的基础支撑、重要保障，扮演着"先行官"的关键角色。中国在"一带一路"沿线国家承包工程新签合同额由2013年的715.7亿美元升至2022年的1296.2亿美元，年均增长6.8%；完成营业额由654.0亿美元升至849.4亿美元，年均增长2.9%（见图4-3）。近两年国际承包工程市场受新冠疫情及全球经济环境不景气影响，总体规模呈递减态势，中国企业在"一带一路"沿线国家新签合同额和完成营业额也有一定下滑。2022年，中国企业在"一带一路"沿线国家新签对外承包工程项目合同5514份，新签合同额8718.4亿元，增长0.8%（折合1296.2亿美元，下降3.3%）；完成营业额5713.1亿元，下降1.3%（折合849.4亿美元，下降5.3%）。新签合同额占对外承包工程新签合同总额的比重、完成营业额占全国对外承包工程完成营业总额的比重分别为51.2%、54.8%，较2021年占比略有下降，但依然保持在50%以上（见图4-4）。

图 4-3 2013—2022 年中国在"一带一路"沿线国家承包工程合作情况

资料来源：中国商务部。

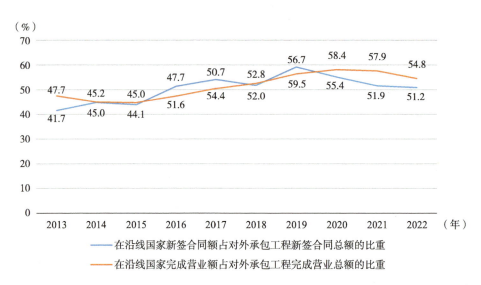

图 4-4 2013—2022 年中国在"一带一路"沿线国家承包工程占比情况

资料来源：中国商务部。

"四位一体"互联互通布局不断完善。十年来，共建"一带一路"互联互通稳步推进，促进包括货物、资本、技术、人员、信息等经济要素在全球更加畅通流动，充分发挥各国比较优势，有效配置各种经济资源，促进增长联动，一大批重点合作项目落地生根，使参与共建国家实现共同繁荣发展。

在共建国家的共同努力下，以铁路、公路、机场、管道等为核心的全方位、多层次、复合型基础设施网络正在加快形成，陆、海、天、网"四位一体"互联互通布局不断完善。

📖 专栏 4-1

金港高速通车开启柬埔寨"高速公路时代"

金边到西哈努克港高速公路（以下简称"金港高速"）是柬埔寨第一条高速公路，金港高速横跨柬埔寨5个省市，全长187公里，沿线覆盖柬埔寨1/4的人口，于2022年10月1日通车。

金港高速开通运营后，金边到西哈努克港车程由5个多小时缩短至2个小时以内，可为民众提供快捷、安全、可靠的交通服务。金港高速既可以改善柬埔寨现有的公路网结构，助力柬埔寨发展现代化工业，提升国内道路通行能力，推动物流运输降本增效，促进多省和区域的经济联系，有效拉动内需，刺激高速公路附近地区的经济繁荣和发展，促进投资活动便利，增加国民生产总值，还能对区域经济发展和空间格局起到重要作用，加快区域互联互通。

金港高速开启了柬埔寨"高速公路时代"，是中柬合作的又一个标志性项目，将为柬埔寨经济增长作出长久且重要的贡献，是促进柬埔寨经济发展、带动就业的圆梦之路、振兴之路。金港高速公路的成功开通和顺利运营，是中国企业践行"一带一路"倡议的重要成果，是中国公路设计、建设标准在东南亚地区的率先落地。

"一带一路"倡议助推承包工程高质量发展。一是"一带一路"共建国家和地区是推广中国标准的重点区域。2015年10月，中国发布了《标准联通"一带一路"行动计划（2015—2017）》，中国标准"走出去"开始加速。

2017年5月，蒙内铁路正式通车，该铁路是海外首条采用"中国标准"的干线铁路。2022年，由中国主持，中、法、德、日等10余国专家历时4年编制的《高速铁路设计基础设施》标准由国际铁路联盟发布实施，这是高速铁路基础设施设计领域的首部国际标准。二是助力中国建筑类企业做大做强。十年来，中国建筑类企业在"一带一路"共建国家和地区深耕，在国际市场中竞争力不断提升。2021年，79家中国企业入选2021年度美国《工程新闻纪录》（ENR）"全球最大250家国际承包商"。三是助推对外承包工程转型升级。随着业务规模的不断扩大，越来越多的中国企业开始重视规划、勘探、设计咨询等领域发展。随着共建国家大力推广数字经济和绿色减排，中国承包工程开始向数字化、网络化和智能化方向转型，逐渐呈现出高质量发展态势。

 专栏 4-2

对外设计咨询高质量发展

2021年1月，商务部等19部门印发《关于促进对外设计咨询高质量发展有关工作的通知》（以下简称《通知》）。《通知》明确了对外设计咨询的定义、指导思想、主要目标和基本原则，并从加强政策引导和机制保障、加强财税金融保险支持、加强企业综合竞争力、加强人才队伍建设、加强公共服务和行业管理五个方面提出了促进对外设计咨询高质量发展的具体措施。

《通知》提出，到2035年，我国对外设计咨询在国际市场上的竞争力将显著增强，在对外承包工程价值链中的地位将明显提升，对对外承包工程发展的带动和引领作用将更加有力，支撑对外设计咨询发展的标准规范体系、服务保障体系、政策支持体系和人才队伍培养体系逐步健全，形成一批覆盖不同业务层次和领域、具有一定国际影响力和专长的设计咨询企业，对我国和项目所在国经济社会发展的促进作用将进一步增强，对推动共建"一带一路"高质量发展的作用将更加突出。

在当前国际承包工程市场竞争日趋激烈、传统对外承包工程项目开发模式面临瓶颈的形势下，加快发展对外设计咨询对延伸对外承包工程产业链、注入对外承包工程发展新动力、创新对外投资合作方式和推动共建"一带一路"走深走实具有重要意义。

平台建设拓展合作空间

为实现高标准、可持续、惠民生目标,在"一带一路"建设过程中,中国与共建国家的合作方式不断创新。十年来,境外经贸合作区、边(跨)境经济合作区等齐头并进,丰富了共建"一带一路"的实践内容,推动共建"一带一路"高质量发展。

第一节 境外经贸合作区建设成效显著

境外经贸合作区(以下简称"合作区")是"一带一路"互利共赢理念的典型体现,是多赢的结果。十年来,合作区建设持续推进,数量持续增长,设施建设稳步推进,产业集聚效应逐渐显现,助力中国企业"走出去",助力发展中国家构建现代化产业体系,助力打造互利共赢的产业链供应链合作体系。截至2022年底,中国企业在沿线国家建设的合作区累计投资达571.3亿美元,为当地创造了42.1万个就业岗位,有力促进了合作区和东道国在互利共赢中实现共同发展。2015年8月,商务部和财政部发布《境外经济贸易合作区考核办法》,首批通过确认考核的境外经贸合作区有20家(见表4-1)。一批优秀的合作区推动中国与东道国形成稳定可靠的国际产业链供应链关联,促进中国与东道国产业发展与升级。

表 4-1　通过确认考核的境外经贸合作区名录

序号	合作区名称	境内实施企业名称
1	柬埔寨西哈努克港经济特区	江苏太湖柬埔寨国际经济合作区投资有限公司
2	泰国泰中罗勇工业园	华立产业集团有限公司
3	越南龙江工业园	前江投资管理有限责任公司
4	巴基斯坦海尔—鲁巴经济区	海尔集团电器产业有限公司
5	赞比亚中国经济贸易合作区	中国有色矿业集团有限公司
6	埃及苏伊士经贸合作区	中非泰达投资股份有限公司
7	尼日利亚莱基自由贸易区（中尼经贸合作区）	中非莱基投资有限公司
8	俄罗斯乌苏里斯克经贸合作区	康吉国际投资有限公司
9	俄罗斯中俄托木斯克木材工贸合作区	中航林业有限公司
10	埃塞俄比亚东方工业园	江苏永元投资有限公司
11	中俄（滨海边疆区）农业产业合作区	黑龙江东宁华信经济贸易有限责任公司
12	俄罗斯龙跃林业经贸合作区	黑龙江省牡丹江龙跃经贸有限公司
13	匈牙利中欧商贸物流园	山东帝豪国际投资有限公司
14	吉尔吉斯斯坦亚洲之星农业产业合作区	河南贵友实业集团有限公司
15	老挝万象赛色塔综合开发区	云南省海外投资有限公司
16	乌兹别克斯坦"鹏盛"工业园	温州市金盛贸易有限公司
17	中匈宝思德经贸合作区	烟台新益投资有限公司
18	中国·印尼经贸合作区	广西农垦集团有限责任公司
19	中国印尼综合产业园区青山园区	上海鼎信投资（集团）有限公司
20	中国·印度尼西亚聚龙农业产业合作区	天津聚龙集团

资料来源：中国商务部。

　　马中关丹产业园是中国在马来西亚设立的首个国家级产业园区，也是"一带一路"规划重大项目和跨境国际产能合作示范基地。园区于2013年正式开园，是中马钦州产业园的"姊妹园"。依托两国自然禀赋、产业优势和市场资源，中马"两国双园"加快构建跨境产业链供应链价值链，布局相关特色产业。随着交流合作不断深入，园区产业体系加速构筑，成为两国经济合作创新典范。在马来西亚方面，截至2023年4月，马中关丹产业园12平方公里土地已开发约10平方公里，累计签约项目12个，协议投资超460亿元，累计工业总产值超600亿元。联合钢铁一期项目是首个入驻马中关丹产业园的项目，该项目于2019年6月实现正式全面投产，是马来西亚领先的全流程工艺钢铁企业,带动马来西亚钢铁工业跃升。在中国方面,中马钦州产业园推动马来西亚毛燕输华常态化,建成集毛燕进口、检测、标准化加工、供应链金融服务等于一体的中国—东盟燕窝跨境产业链,并构建包括新材料、生物医药、装备制造、电子信息等行业的现代产业体系。

中马"两国双园"模式不仅成为中马两国投资合作的旗舰项目,也成为中国与东盟合作的示范区。2021年,中国和印度尼西亚两国签署《中国—印尼"两国双园"项目合作备忘录》,福建省福州市福清元洪投资区为中方园区,印度尼西亚采取一园多区模式,民丹工业园、阿维尔那工业园和巴塘工业园为印度尼西亚方合作园区。中国和印度尼西亚的"两国双园"将打造海洋渔业跨国合作产业链、热带农业跨国合作产业链等五个跨国合作产业链,成为两国之间产业合作的连通器与转换器。目前,"两国双园"模式不断推广完善,中泰、中菲等"两国双园"项目正在逐步推进建设中。

合作区迈向高质量发展新阶段。合作区更加注重绿色发展,在建设、运营和管理中不断进行绿色升级改造,注重节能减排,保护周边生态环境,打造低碳示范区。在运营阶段,实现从"招商"到"择商"的转变,合作区大力吸引绿色产业入驻、培育低碳项目。老挝万象赛色塔发展成为低碳示范区,中白工业园坚持走可持续发展道路。合作区是中国数字经济走出去的重要平台和载体。合作区还与国内跨境电商综合试验区、国家电子商务示范基地、电商平台企业对接合作,联动发展、协同增效。

第二节 边(跨)境经济合作区建设稳步推进

边(跨)境经济合作区(以下简称"边合区")是我国深化与周边国家和地区合作、推进高质量共建"一带一路"的重要平台,也是沿边地区经济社会发展的重要支点。截至2021年,我国已在7个沿边省区设立17家边合区、2家跨合区(见表4-2)。"十三五"期间,边合区共实现进出口总额近6300亿元,年均增长9.2%;工业总产值3600亿元,年均增长1.6%,实现就业

18.5万人，已成为沿边地区开放的重要平台、沿边地区经济社会发展的重要支撑。

中哈霍尔果斯国际边境合作中心是中国建立的首个边（跨）境经济合作区，是上海合作组织框架下区域经贸合作的示范区，也是中国首创世界唯一的封关运营的跨境经济合作区。作为内外循环的结合点和对接区，该经济合作区突破内陆国家和地区没有出海口的局限，将中国西部地区与中亚市场连接，为受自然条件约束地区树立了经济发展的标杆，成为全面开放的新高地。截至2022年，中哈霍尔果斯国际边境合作中心共有星级酒店、餐饮娱乐、商业设施、金融服务等领域近30个重点项目，入驻商户3500余家。近年来，合作中心功能日趋完善，呈现通关更便利化、金融创新体系更深入化、市场秩序更规范化、业态布局更优化的良好态势。

中老磨憨—磨丁经济合作区是中国第2个跨境经济合作区，是中老铁路、昆曼国际大通道及老挝南北公路关键节点，集国际客运、货运集散、中转枢纽功能于一体。2022年，磨憨进出口总额达到433.4亿元，同比增长99%。中老磨憨—磨丁经济计划充分发挥磨憨通道优势，逐步将通道经济发展为口岸经济，促使参与进出口的企业、产业留在当地，实现大通道带动大物流、大物流带动大贸易、大贸易带动大产业、大产业带动大发展。

表 4-2　边（跨）境经济合作区名录

序号	省区	边合区
1	内蒙古	满洲里边合区
2	内蒙古	二连浩特边合区
3	辽宁	丹东边合区
4	吉林	珲春边合区
5	吉林	和龙边合区
6	黑龙江	黑河边合区
7	黑龙江	绥芬河边合区
8	广西	东兴边合区

序号	省区	边合区
9	广西	凭祥边合区
10	云南	瑞丽边合区
11	云南	河口边合区
12	云南	畹町边合区
13	云南	临沧边合区
14	新疆	伊宁边合区
15	新疆	博乐边合区
16	新疆	塔城边合区
17	新疆	吉木乃边合区

序号	省区	跨合区
1	新疆	中哈霍尔果斯国际边境合作中心
2	云南	中老磨憨—磨丁经济合作区

资料来源：根据公开资料整理。

　　当前，边（跨）境经济合作区迈向高质量发展新阶段。2023年，商务部联合16部门印发《关于服务构建新发展格局 推动边（跨）境经济合作区高质量发展若干措施的通知》(以下简称《通知》)，以加强边疆地区建设，推进兴边富民、稳边固边。《通知》着力推动边（跨）境经济合作区高质量发展，在优化顶层设计，促进改革系统集成、协同高效等方面提出了完善功能布局、拓展国际合作、支持产业创新发展、优化要素供给、完善体制机制等内容。

第三章

投资自由化举措持续发力

"一带一路"倡议提出十年来，中国与"一带一路"共建国家投资自由化便利化举措持续发力，为中国企业与"一带一路"共建国家企业保驾护航。

第一节 双边投资协定护航"一带一路"

经过十年发展，共建"一带一路"经贸合作成果丰硕，企业海外资产规模迅速扩大。截至2021年末，中国境外企业资产总额8.5万亿美元，境外企业4.6万家。中国与"一带一路"沿线国家签订双边投资协定（BIT）能够为企业投资提供保护，是境外中资企业维护自身利益的重要工具。受到侵害的境外中资企业可利用BIT保障自身的合法权益，这有助于增加中国企业在"一带一路"沿线国家投资信心。商务部公布的《中国对外签订双边投资协定一览表》显示，中国已经与56个"一带一路"沿线国家签订BIT，其中已经生效的国家有51个。

此外，BIT还承载了许多与投资相关的发展目标和功能。可持续发展目标有利于东道国经济和社会协调发展，有关实体性条款能够助推东道国营造更好的营商环境。从投资者定义看，在中国与"一带一路"沿线国家签订的BIT中，绝大多数对投资者的性质没有作出明确规定，仅有3国对投资者性质（公有/私有）进行了明确规定。从投资者待遇看，中国与"一带一路"沿线国家签订的BIT一般都规定了最惠国待遇（MFN）和公平公正待遇（FET），包含国民待遇（NT）的条款不多。从投资者—国家争端解决（ISDS）看，签订的BIT中ISDS条款各不相同，存在争端解决方式差异，其中多数是东道国法院/国际投资仲裁，仅两国无ISDS条款。

第二节 国际税务合作服务"一带一路"

"一带一路"倡议十年来，国际税务合作不断走深走实，大力促进共赢发展。税务系统不断完善税收服务"一带一路"建设各项举措，开展服务"一带一路"建设工作，包括落实税收协定、优化纳税服务、强化信息研究、深化税收合作等方面。2015年印发《国家税务总局关于落实"一带一路"发展战略要求 做好税收服务与管理的通知》（税总发〔2015〕60号）。2017年印发《国家税务总局关于进一步做好税收服务"一带一路"建设工作的通知》（税总发〔2017〕42号）。

税收协定在协调处理跨境税收问题、避免双重征税、保障"走出去"中资企业和来华投资外国企业利益等方面，发挥了积极作用。税收协定是国家间税收合作的法律基础，可为企业境外投资提供重要保障。"一带一路"倡议提出以来，中国税收协定谈判、签署进程明显提速。截至2023年5月，中国税务部门已经与包括"一带一路"沿线国家和地区在内的112个国家和地区签署了税收协定（安排），已公开发布104个国家和地区的税收投资指南，系统归纳对外投资涉及税收的99个事项，形成《"走出去"税收指引》，在保障"走出去""引进来"企业双向利益、避免双重征税、解决涉税争议等方面发挥积极作用。税收协定可为投资者消除重复征税、提供税收确定性、减轻在东道国税收负担、解决涉税争议，为中国企业在共建国家的投资合作创造稳定的税收环境。

税务系统举办系列"一带一路"税收合作会议，优化"一带一路"营商环境。2018年5月，中国国家税务总局与哈萨克斯坦国家收入委员会、经济合作与发展组织有关机构成功举办"一带一路"税收合作会议，会议通过并发布《阿斯塔纳"一带一路"税收合作倡议》。2019年4月，以"共建'一带一路'：加强税收合作，改善营商环境"为主题的第一届"一带一路"税收征管合作论坛在浙江乌镇召开，宣告"一带一路"税收征管合作机制正式成立，开启了"一带一路"税收合作新篇章。2021年9月，第二届"一带一路"税收征管合作论坛由哈萨克斯坦财政部国家收入委员会以线上形式举办，来自61个国家和地区的税务局长、代表以及12个国际组织负责人参会。各方围绕"数字时代的税收信息化能力建设"主题，就税收征管信息化、纳税服务信息化等议题进行充分交流，论坛发布了《第二届"一带一路"税收征管合作论坛联合声明》《努尔苏丹行动计划（2022—2024）》《"一带一路"税收征管合作机制年度报告》《乌镇行动计划（2019—2021）》等一系列成果。

第五篇

金融篇

　　"一带一路"建设面临长期、大额的投融资需求，各方积极探索"利益共享、风险分担"的投融资合作模式，寻求高效配置金融资源的合适路径，不断完善"一带一路"投资政策和服务体系，打造具有包容性、适用性的金融产品。2013年以来，共建"一带一路"资金融通取得超预期发展，为共建国家破解融资困境，为共建"一带一路"高质量发展提供持续动力。

金融合作务实包容

十年来，中国积极与共建国家开展金融合作，推动建立多层次的金融服务体系，打造包容合作机制，协调国际金融机构参与高质量共建"一带一路"，促进资金融通，为共建国家缓解融资困境、创造更加稳定可靠的融资环境作出积极贡献。

第一节　合作机制形式多样

"一带一路"倡议提出至今，中国与共建国家开展了形式多样的金融合作，从双边到多边，不断创新金融交流合作机制，不仅拓展了中资金融机构海外业务，对推进人民币国际化和金融务实合作也起到重要作用。

十年来，共建国家间金融监管合作和交流持续推进，国家金融监督管理总局（原中国银行保险监督委员会）、中国证券监督管理委员会与多个国家的监管机构签署监管合作谅解备忘录，加强信息互换，确保资金在"一带一路"共建国家间高效配置，强化风险管控，为中资金融机构在"一带一路"共建国家布局创造了良好条件。截至2020年末，中国与84个国家和地区的金融监管当局签署了122份监管合作谅解备忘录或监管合作协议。此外，通过高层和跨部委多双边对话机制进一步加强跨境监管合作。2018年12月，在法国巴黎举行的第六次中法高级别经济财金对话期间，中国证监会与法国金融市场管理局签署了双边监管合作函，加强双方在市场风险防范、实体经济融资、绿色和可持续金融、金融创新等领域的务实合作。

中国持续推动构建区域金融合作机制，与多个共建国家和国际金融机构签署金融合作协议。2017年，中国与阿根廷、白俄罗斯、柬埔寨等26国财政部共同核准了《"一带一路"融资指导原则》。此外，中国财政部与亚洲基础设施投资银行、世界银行、亚洲开发银行、欧洲复兴开发银行等6家多边开发机构签署关于加强在"一带一路"倡议下相关领域合作的谅解备忘录，共同加大对基础设施和互联互通项目的支持力度。在上述框架下，中国财政部联合多边开发银行于2020年设立多边开发融资合作中心，促进了共建国家和地区的信息交换、项目对接、能力建设等方面的金融务实合作工作。

📖 专栏 5-1

中国携手国际金融机构打造基础设施互联互通合作新平台

2020年，中国与有关国际金融机构共同成立基础设施互联互通合作新平台——多边开发融资合作中心（MCDF）。作为多边合作协调平台，MCDF支持项目前期准备和能力建设，协调国际金融机构及符合条件的金融机构开展多边合作，支持高质量的基础设施互联互通方案。

MCDF作为基础设施互联互通领域的多边发展合作平台，按照共商共建共享原则构建了多边治理框架，得到广泛支持和认可。截至2022年3月，已有11家国际金融机构参与MCDF，中国、埃及、沙特阿拉伯等7国已共同承诺向MCDF基金捐款合计1.8亿美元。

2021年，MCDF正式投入运营，实现稳步发展。MCDF先后认证亚投行、非洲开发银行等国际金融机构成为MCDF基金执行伙伴。截至2023年4月，MCDF共向印度尼西亚、柬埔寨、老挝等国的10个项目提供1262万美元赠款，支持基础设施项目前期准备和能力建设。亚洲基础设施投资银行和非洲开发银行作为执行机构，与商业性、开发性金融机构等合作伙伴联合实施这些项目，预计动员资金28亿美元。

此外，MCDF聚焦"高质量、互联互通和伙伴关系"等主题，与国际金融机构联合举办了"基础设施发展可持续信贷""气候智慧型互联互通"等一系列研讨会，为推动全球绿色发展提供智力支持。

2018年2月，中国在国际农业发展基金（IFAD）设立中国—IFAD南南及三方合作基金，用于拓展南南与三方合作，支持农村减贫和发展领域的南南经验及技术交流、知识分享、政策对话、能力建设与投资促进等领域，中方向基金出资1000万美元等值人民币。截至2023年6月，基金共批准17个项目，金额约724万美元，涉及非洲、亚洲、拉美等地区的30多个国家，有力促进了有关发展中国家落实联合国《2030年可持续发展议程》，不断推进绿色、韧性、包容发展。中国支持亚洲基础设施投资银行将"互联互通与区域合作"作为发展战略重点，支持其设定的到2030年跨境互联互通项目占比达25%～30%的目标。截至2022年底，亚洲基础设施投资银行批准项目达388亿美元，其中跨境互联互通项目占13%，支持亚洲基础设施投资银行向28个共建国家提供超200亿美元贷款。

第二节　银行间合作亮点纷呈

2013年以来，中国国家开发银行累计与共建国家相关机构签署协议170余份，涉及融资金额1800亿美元，为增进双方战略互信发挥了重要作用。中国工商银行倡议发起的"一带一路"银行间常态化合作机制（Belt and Road Bankers Roundtable，BRBR），已扩展至71个国家和地区的163家金融机构。BRBR旨在提升金融支持"一带一路"建设水平，助力"一带一路"资金融通。近年来，BRBR成员在金融科技创新和数字化转型等方面开展了务实合作，推进成员间的交流互鉴，分享科技创新和数字化转型成果，发挥金融科技赋能效应，助力成员机构数字化转型发展。2023年5月，BRBR金融科技工作组举办2023年度首次交流会，南非标准银行、日本瑞穗银行、法国外贸银行、土耳其实业银行等工作组外方成员机构代表出席了会议。

2019年4月，中国与拉美国家间首个多边金融合作机制——中拉开发性金融合作机制在北京建立。中拉开发性金融合作机制由中国国家开发银行牵头建立，阿根廷投资与外贸银行、拉美对外贸易银行、墨西哥国家外贸银行、巴拿马国民银行、秘鲁开发金融公司、厄瓜多尔国家开发银行、哥伦比亚国家金融发展公司均成为机制成员。中拉开发性金融合作机制的建立，是落实中拉论坛第二届部长级会议成果的重要举措，有利于密切各机构之间联系，发挥各自比较优势，深化协同机制，实现更加紧密的中拉金融合作。借助这一合作机制，各成员国之间加强对接、密切合作，在各领域加强合作。第一，积极参与中拉多双边合作机制建设和规划合作，深化政策沟通。第二，共同支持中拉基础设施重大合作项目，促进设施联通。第三，推动中拉经贸往来，助力贸易畅通。第四，推进人民币和拉美地区货币融资合作，引导资金融通。第五，切实履行社会责任，共同支持改善民生和人文交流，推动民心相通。

专栏5-2

中国国家开发银行联手世界银行集团支持柬埔寨中小企业发展

2022年12月，由中国国家开发银行与世界银行集团国际金融公司（IFC）联合牵头、多家金融机构参加，总金额为2.69亿美元的柬埔寨ACLEDA银行2021年国际银团贷款项目实现全额发放，其中，中国国家开发银行份额为1亿美元。这标志着中国国家开发银行与世界银行在东盟首次银团合作和第三方市场合作顺利完成。

该银团项目将支持柬埔寨ACLEDA银行服务柬埔寨当地中小企业发展，其中不少于1亿美元用于支持女性拥有的中小企业。柬埔寨ACLEDA银行的中小企业客户占比高达74%，中小企业贷款占其全部信贷资产规模的80%，其中超过一半贷款投向女性拥有的中小企业。银团贷款在融资协议条款中明确要求履行环保和社会责任等可持续发展义务，严格资金投向，防止对当地民众、环境、社区安全、生物多样性、文化遗产等造成不利影响。

专栏 5-3

亚洲区域金融合作不断加强

在东盟与中日韩（10+3）机制下的清迈倡议多边化（CMIM）协议是亚洲区域金融安全网建设的重要环节，其主要任务之一是为应对全球金融危机建立区域性外汇储备库，该机制负责在成员国出现国际收支困难并诱发金融危机时提供资金救助。自2017年起，中国人民银行积极推动各方不断完善CMIM。中国人民银行在东亚及太平洋中央银行行长会议组织机制下推动亚洲债券基金加大对绿色债券投资力度，发挥地区示范作用。2020年4月，中国人民银行积极参与国际清算银行（BIS）提议设立的人民币流动性安排，为参加该安排的中央银行提供流动性支持，更好应对金融市场波动。2022年6月，BIS与中国人民银行、印度尼西亚央行、香港金管局、新加坡金管局等机构签署协议，在各方有流动性需求时可以从该机制中获得短期资金支持，满足国际市场对人民币的合理需求。

第三节 绿色金融助力转型复苏

中资金融机构积极构建绿色金融与绿色产业有机结合模式。一方面，通过多种金融工具发挥作用，推进绿色金融创新，深化产业合作，打造多层次的产融平台，支持共建"一带一路"绿色发展。另一方面，在联合国、二十国集团等多边合作框架下，推广与绿色投融资相关的资源准则和实践经验，推动能力建设。中国金融学会绿色金融专业委员会与英国伦敦金融城牵头推动10多个国家和地区的近30家金融机构共同签署了《"一带一路"绿色投资原则》（GIP）。中国国家开发银行面向全球投资人发行全国首单以可持续发展为专题的100亿元"债券通"绿色金融债券。2019年，中国工商银行发行了全球首支绿色"一带一路"银行间常态化合作债券，募集资金用于支持"一带一路"绿色项目建设。

发展绿色金融有助于为共建国家提供经济复苏和绿色转型所需资金，实现绿色可持续复苏。中国绿色金融政策体系不断完善，绿色金融市场快速发展。在政策方面，人民银行会同相关部门制定发布了《关于构建绿色金融体系的指导意见》等一系列支持绿色金融发展的政策文件。在市场方面，截至2020年6月，中国绿色信贷余额居世界第一，绿色债券存量居世界第二。中国支持绿色金融发展对共建国家的绿色、可持续发展具有重要意义。中资金融机构可以为绿色项目提供融资，满足共建国家的投融资需求；共建国家的金融机构和国际金融机构则可以在我国发行绿色债券，为项目提供资金支持。中国在构建绿色金融体系、发展绿色金融市场方面的经验可以为"一带一路"共建国家和地区提供良好借鉴。

2022年，亚洲基础设施投资银行全年气候融资显著，占比达到55%，提前三年实现了其在《中期发展战略》中制定的气候融资目标。2022年5月，中国建设银行伦敦分行于境外发行双币种"一带一路"主题绿色债券，遴选了"一带一路"共建国家以及国内重点省份清洁能源、绿色建筑等项目作为底层资产，募集资金合计折合11.5亿美元。2022年7月，中国人民银行与欧洲委员会相关部门共同牵头完成《可持续金融共同分类目录》及更新版，共包含中欧共同认可的6大领域72项对减缓气候变化有重大贡献的经济活动。绿色债券标准委员会发布的《中国绿色债券原则》基本统一了国内绿色债券的发行规范，提出绿色债券的募集资金需100%用于符合规定条件的绿色产业、绿色经济活动等相关项目。截至2022年末，中国21家主要银行绿色信贷余额达20.6万亿元，同比增长33.8%。按照信贷资金占绿色项目总投资的比例测算，每年可支持节约标准煤超过6亿吨，减排二氧化碳当量超过10亿吨。原中国银保监会印发的《银行业保险业绿色金融指引》要求银行保险机构加大对绿色、低碳、循环经济的支持力度，防范环境、社会和治理风险，提升自身环境、社会和治理表现，促进经济社会发展全面绿色转型。

专栏 5-4

《"一带一路"绿色投资原则》不断取得积极进展

为体现"一带一路"建设中可持续发展的内在要求，打造绿色可持续的"一带一路"投融资体系，中国人民银行在2018年指导中国金融学会绿色金融专业委员会与英国伦敦金融城牵头多家中外机构发布了《"一带一路"绿色投资原则》（GIP）。自成立以来，GIP成员规模不断扩大，截至2022年9月，已有包括来自17个国家和地区的44家签署机构与14家支持机构，其持有或管理的资产超过41万亿美元。

GIP原则从战略、运营和创新三个层面明确了七条原则，包括将可持续性纳入公司治理、充分了解环境、社会和治理（ESG）风险、充分披露环境信息、加强与利益相关方沟通、充分运用绿色金融工具、采用绿色供应链管理、通过多方合作进行能力建设等，供参与"一带一路"的投资者自愿采纳和实施。自发布以来，GIP得到了金融业界的积极响应，各项原则逐步得到落实。其中，68%的签署机构制定了减少或退出化石燃料相关投资的战略，49%的签署机构开展了与气候相关财务信息披露框架相一致的环境和气候信息披露，52%的签署机构对碳密集型产业的风险敞口进行了量化测算和披露，70%的签署机构为绿色金融业务制定了量化目标。一是制定了环境和气候风险评估工具箱，可在线测算项目碳排放水平，有助于增强金融机构气候环境风险管理能力。二是制定了一套气候和环境信息披露框架，推动成员遵照气候相关财务信息披露工作组（TCFD）的建议披露环境和气候信息，并为成员制定了披露环境和气候信息的指引性文件，提升信息披露的范围和深度。三是启动了绿色供应链管理研究项目，识别绿色供应链管理的障碍和挑战，梳理良好实践，帮助金融机构降低财务风险，此外，GIP还启动了绿色项目库，提高"一带一路"项目投资透明度，降低了项目搜索成本。

第二章

服务能力不断提升

随着"一带一路"倡议不断推进，中国的银行、保险、券商、基金等金融机构也加大了"走出去"的力度，不断在海外设立分支机构，拓展国际业务，为"一带一路"国家的基础设施建设以及开展经贸合作提供良好的金融服务。

第一节　海外布局逐步完善

中资金融机构在"一带一路"国家布局网络不断扩大，各主流商业银行伴随"一带一路"和人民币国际化进程，纷纷加快国际化步伐，加快全球金融网络布局，取得了显著成就。自2013年"一带一路"倡议提出以来，中国银行在共建国家布局数量开始逐步增加，是全球范围内及共建国家布局最广的中资银行，所在国家包括新加坡、印度尼西亚、科威特、土耳其、沙特阿拉伯、捷克、匈牙利、俄罗斯、哈萨克斯坦等。在过去的十年中，中国工商银行在49个国家和地区建立了416家境外机构，累计支持"一带一路"项目超过400个，承贷金额超过1000亿美元。

国有商业银行通过综合化经营模式，配合相关企业在"一带一路"共建国家和地区的发展，同时针对参与"一带一路"相关基建项目的各国龙头企业提供融资方案和全面的金融服务方案。截至2021年12月，中国银行在"一带一路"共建国家累计跟进重大项目逾700个，引导全球金融资源向"一带一路"汇聚，累计完成各类授信支持约2120亿美元①。中国银行先后与塞尔维亚、缅甸、新加坡等政府建立"一带一路"合作关系，与共建国家的财政部和政策性银行签署战略合作备忘录。中国银行积极依托中英、中法、中意企业家委员会等双边企业合作平台，全力支持全球企业拓展第三方市场。

第二节 积极开展跨境服务

"一带一路"倡议辐射区域涉及国别众多，人口数量庞大，地缘政治、经济关系复杂多变，经贸合作面临较多的政治、经济、法律风险。中资保险公司加快推进海外服务网络建设，以提升服务海外中资企业客户的能力。中国再保险集团已与27家所在国最大的保险和再保险公司签署合作备忘录，境外服务网络覆盖全球121个国家和地区，为企业提供了查勘定损、理赔救援等本地化服务。中国出口信用保险公司建立了覆盖全球200多个国家和地区的追偿渠道网络，涵盖损因调查、欠款追讨、物流追踪、法律咨询等多个领域，为出口企业提供了高效的理赔追偿服务。

信用评级机构积极开展"一带一路"国家信用评级研究，进入国际市场，积极展开跨境征信合作，对于增进沿线国家和企业互信、扩大经贸合作、防范投融资风险具有重要作用。2018年，中诚信国际与俄罗斯领先评级机Expert RA签署合作备忘录，双方致力于共同开展中俄评级技术交流与研究合作，拓展中俄跨境融资业务，助力"一带一路"资金融通。2023年6月，中诚信国际与构Expert RA在莫斯科签署合作备忘录，建立合作伙伴关系，共同加强在绿色金融评估、ESG评级和可持续金融领域的合作，为"一带一路"以及中俄和金砖国家绿色项目提供服务。

---

① 中国银行.中国银行股份有限公司2021年度社会责任报告［R/OL］.（2022-03-29）.https://pic.bankofchina.com/bocappd/report/202203/P020220329640473473130.pdf.

第三节 丰富投融资形式

随着"一带一路"建设的深入推进，中国企业对外投资步伐加快，融资需求日益增长，融资渠道及方式也日趋丰富和多元化。债券融资是推进"一带一路"建设重要的金融服务方式之一，具有体量大、可持续性强、市场化程度高、信息公开透明、融资成本较低、金融风险分散等特点，可以很好满足"一带一路"相关项目建设过程中的融资需求。2022年10月，新开发银行在中国银行间债券市场成功发行30亿元国际开发机构熊猫债券，募集资金将为新开发银行成员国的基础设施建设和可持续发展项目提供融资。

丝路基金是为推进"一带一路"建设专门设立的中长期开发型投资机构，以股权投融资为主并可与其他融资模式配合的投资形式，旨在实现合理的投融资回报和中长期可持续发展。其资金规模为400亿美元和1000亿元人民币，其中，外汇储备、中国投资有限责任公司、国家开发银行、中国进出口银行的出资比例分别为65%、15%、5%和15%。截至2022年底，丝路基金投资项目遍及60多个国家和地区，承诺投资金额折合美元超过200亿[①]，投资地域覆盖俄罗斯、中亚、东南亚、北非、南美等地区，投资形式包括"绿地投资""棕地投资"，以及与政府部门和私人部门等多样化合作方式，借助各方资源与专业优势，通过股权资金的参与形成平衡合理的资金结构。

2022年6月，丝路基金与印度尼西亚的主权财富基金印尼投资局（INA）签署投资框架协议，意向出资200亿元人民币或等值外币，并优先使用人民币，与INA携手开发联合投资机会，构建长期互利共赢的战略伙伴关系，重点支持印尼当地惠民生、促发展项目，促进多双边社会经济发展及互联互通。同年9月，首单合作——东南亚在线旅游服务平台Traveloka贷款项目

---

① 数据来源：丝路基金。

实现落地，助力印尼数字经济发展，惠及民生。同年11月，双方签署相关协议，共同投资于印尼国有医药企业KAEF，支持其改善资本结构、扩大公司规模，为印尼社会提供更好的医疗服务。

人民币国际化进程稳慎推进

中国在跨境贸易和投资中使用人民币的规模和范围逐步扩大，本币结算、货币互换合作稳步推进，人民币跨境清算效率依托人民币跨境支付系统（CIPS）得到大幅提升，在与共建国家相关的贸易和投融资合作中使用人民币结算愈发便利。

第一节　支付功能稳步提升

伴随共建"一带一路"不断深入推进，人民币国际化各项指标总体向好，作为支付货币、投融资货币、储备货币、计价货币的功能均不断增强。2021年以来，人民币跨境收付金额在上年高基数的基础上延续增长态势。银行代客人民币跨境收付金额达到创纪录的36.6万亿元，同比增长29.0%。人民币跨境收支总体平衡，全年累计净流入4044.7亿元。环球银行金融电信协会（SWIFT）数据显示，人民币国际支付份额于2021年12月提高至2.7%，超过日元成为全球第四位支付货币，2022年1月进一步提升至3.2%，创历史新高。2022年5月，IMF将人民币在SDR中权重由10.92%上调至12.28%，反映出对人民币可自由使用程度提高的认可。截至2023年一季度，人民币在全球外汇储备中的占比达2.58%，在主要储备货币中排名第五。

第二节　清算服务进一步增强

人民币跨境支付系统（CIPS）清算服务得到进一步增强。截至2021年末，人民银行在中国大陆以外的25个国家和地区设立了27家人民币清算行，覆盖中国的港澳台地区以及东南亚、欧洲、南北美洲、大洋洲、中东和非洲。2022年，CIPS升级推出跨境创新服务终端机，为CIPS参与者和最终用户提供更好的人民币跨境结算和清算服务体验。更多国家将接入人民币清算设施，如孟加拉国央行授权交易商银行开立人民币账户，白俄罗斯商业银行计划加入CIPS系统，人民币跨境使用基础设施的保障能力和覆盖面进一步提升。截至2022年12月末，CIPS共有参与者1360家，其中直接参与者77家，间接参与者1283家。在间接参与者中，亚洲978家、欧洲188家、非洲47家、北美洲30家、大洋洲23家、南美洲17家，覆盖全球109个国家和地区。

第三节　货币互换增强合作信心

货币互换合作是国家或地区间金融合作的一种重要方式，其不仅可以增强资本跨区域流动性，减少因短期国际收支失衡而引发货币危机或金融危机的可能，而且可以规避汇率风险，促进国家间贸易与投资便利化，扩大双边贸易与投资规模。为了响应2000年通过的《清迈倡议》，并将经济监督纳入《清迈倡议》的框架，从2001年开始，我国先后与泰国、日本、韩国等国的中央银行签订了货币互换协议，由此拉开了中国与东亚其他国家货币互换合作的序幕。此后，我国积极参与国际和区域金融合作，与周边国家和地区签署了多个双边本币互换协议，提升了双方共同应对金融危机的信心和能力。截至2021年底，中国人民银行已与40个国家和地区的中央银行或货币当局签订了双边本币互换协议，总金额超过4.02万亿元，有效金额3.54万亿元。部分国家多次与我国续签协议，其中蒙古国、马来西亚、新加坡、泰国各签订了4次，印度尼西亚、巴基斯坦各签订了3次，哈萨克斯坦、白俄罗斯、阿尔巴尼亚、土耳其、乌克兰、匈牙利、阿拉伯联合酋长国各签订了2次。

第六篇

通道建设篇

习近平主席指出："交通是经济的脉络和文明的纽带。"习近平主席高度重视交通互联互通在共建"一带一路"中的重要作用，强调"共建'一带一路'，关键是互联互通"。基础设施是"一带一路"建设的优先领域，交通互联互通是"一带一路"建设的基础支撑、重要保障，扮演着"先行官"的关键角色，为推动共建"一带一路"高质量发展提供了重要支撑、发挥了引领带动作用。

经济走廊建设持续推进

"一带一路"倡议提出十年来，中国始终将基础设施互联互通作为"一带一路"建设的优先领域，积极对接各方基础设施发展规划，推进一批关系共建国家经济发展、民生改善的合作项目落地，提升交通、信息联通水平，推进能源基础设施绿色转型，夯实高质量共建"一带一路"基础，经济走廊建设取得明显进展。①

"六廊六路多国多港"是共建"一带一路"的主体框架。其中，"六廊"是指新亚欧大陆桥、中蒙俄、中国—中亚—西亚、中国—中南半岛、中巴和孟中印缅等六大国际经济走廊。"六路"是指铁路、公路、航运、航空、管道和空间综合信息网络。"多国"是指一批先期合作国家。"多港"是指若干保障海上运输大通道安全畅通的合作港口。2019年4月，习近平主席在第二届"一带一路"国际合作高峰论坛开幕式上指出："在各方共同努力下，'六廊六路多国多港'的互联互通架构已基本形成②"。

---

① "一带一路"建设成果丰硕 推动全面对外开放格局形成：党的十八大以来经济社会发展成就系列报告之十七［R/OL］.（2022–10–09）.https://www.gov.cn/xinwen/2022/10/09/content_5716806.htm.

② "十四五"规划《纲要》名词解释之216："六廊六路多国多港"［EB/OL］.（2022–12–24）. https://www.ndrc.gov.cn/fggz/fzzlgh/gjfzgh/202112/t20211224_1309483.html?state=123&state=123.

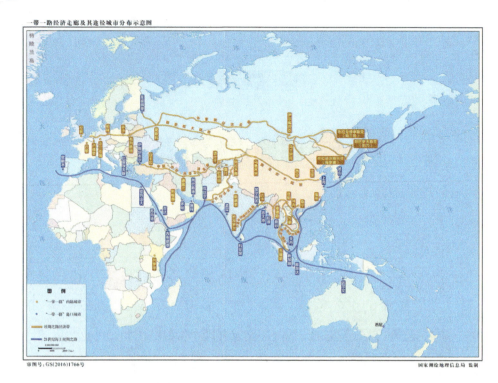

图 6-1 六大经济走廊及其途径城市分布示意图（国家测绘地理信息局绘）

图片来源：中国一带一路网。

第一节 中蒙俄经济走廊

一、基本情况

中蒙俄经济走廊是"一带一路"建设的重要组成部分和关键节点，还是推动共建"一带一路"过程中向北开放、促进中蒙俄共同合作发展的重要平台，也是连接东北亚和欧洲的重要桥梁。中蒙俄经济走廊主要有华北通道、东北通道两条线路：华北通道是从中国京津冀到呼和浩特，再到蒙古国和俄罗斯；东北通道是从中国大连、沈阳、长春、哈尔滨到满洲里，再到俄罗斯赤塔。两条线路互相衔接、补充，共同构成一个开放式的新型经济发展区。

2014年9月，习近平主席在出席中国、俄罗斯、蒙古国三国元首会晤时提出，将"丝绸之路经济带"同"欧亚经济联盟"、蒙古国"草原之路"发展战略对接，打造中蒙俄经济走廊。2015年7月，中蒙俄三国签署了《关于编制建设中蒙俄经济走廊规划纲要的谅解备忘录》。2016年6月，中蒙俄三国元首共同见证《建设中蒙俄经济走廊规划纲要》(以下简称《纲要》)的签署，这是共建"一带一路"框架下首个多边合作规划纲要。[1] 在中蒙俄三方共同努力下，该《纲要》已进入具体实施阶段。2022年9月，中蒙俄三国元首第六次会晤在乌兹别克斯坦撒马尔罕举行，会上三国元首达成共识，确认将《纲要》延期5年[2]，推动三方在交通、物流、跨境运输、能源、高新技术、旅游、人文等领域合作，扩大相互间贸易本币结算规模，继续搭建高质量交流平台。

中蒙俄经济走廊项目重点在于实现交通运输基础设施的互联互通，以及在跨境物流方面进行更紧密的合作。此前，在与交通运输基础设施相关的十多个项目中，对中蒙俄经济走廊中线铁路进行全面现代化改造和发展亚洲公路网3号线沿途的公路货运被列为优先合作项目。

中蒙俄三国积极推动形成以铁路、公路和边境口岸为主体的跨境基础设施联通网络。中蒙俄三国地理位置毗邻，历史渊源深厚，有着多年的合作基础与合作经验。截至2023年1月，中蒙俄经济走廊有华北通道和东北通道两条通道，这两条通道既是共建"一带一路"倡议中的重要组成部分，又是对内连接京津冀协同发展及振兴东北的国家战略。我国"十四五"规划提出东北地区各省区参与中蒙俄经济走廊建设、提升对外开放水平的战略构想，对我国经济发展及战略规划意义十分重大。

二、经贸合作概况

能源合作在三国务实合作中成果多、分量重、范围广。中蒙俄三国地域广阔，纵贯寒温热三带，自然资源禀赋各异，经济互补性显著。中俄两

① 习近平主持中俄蒙三国元首第三次会晤［EB/OL］.（2016-06-24）. http://fj.people.com.cn/GB/339045/340945/376787/index.html.

② 习近平出席中俄蒙元首第六次会晤［EB/OL］.（2022-09-16）. http://www.news.cn/mrdx/2022-09/16/c_131066 3455.htm.

国关系始终保持健康发展势头。2022年，中俄双边贸易额达到创纪录的1902.7亿美元，同比增长29.3%，中国连续13年成为俄罗斯第一大贸易伙伴国。①中俄持续加强在互联互通、能源开发、经贸投资等领域合作，取得丰硕成果。

能源领域合作是中俄经贸合作的"压舱石"。俄罗斯是中国第一大能源进口来源国、第二大原油进口来源国、第一大电力进口来源国，中国是俄罗斯第一大贸易伙伴国。截至2022年12月，中俄原油管道分东线及西线两段，东线为俄罗斯"东西伯利亚—太平洋"石油管道的一条支线，西线为中俄原油管道二线工程。2022年12月，中俄东线"泰安—泰兴（江苏）"段正式投产，标志着我国东部能源通道全面贯通。②

中蒙贸易额再创新高。2022年，中蒙双边贸易总额136.4亿美元，同比增长34.3%，占蒙古国同期外贸总额的64.3%。③其中，我国自蒙古国进口105.7亿美元，同比增长38.5%；我国对蒙古国出口30.7亿美元，同比增长21.8%。蒙古国是我国主要的煤炭进口来源国，而我国则主要通过跨国供电线路向蒙古国输送电能。2021年12月，随着内蒙古电力集团所辖甘其毛都口岸110千伏变电站合闸成功，"巴彦淖尔市向蒙古国查干哈达海关监管区跨国供电项目"正式投运。内蒙古电力集团在五个口岸通过七个送电通道，向蒙古国南部地区出口电力。

2018年，中俄双边贸易额首次突破1000亿美元，中俄两国元首共同确定了到2024年双边贸易额翻一番达到2000亿美元的目标。2022年，中俄两国贸易额已超1900亿美元。2023年3月，习近平主席访问俄罗斯期间，共同签署发布《中华人民共和国和俄罗斯联邦关于深化新时代全面战略协

---

① 中俄经贸合作广度深度不断拓展（专家解读）［EB/OL］.（2023-04-03）.http://world.people.com.cn/n1/2023/0403/c1002-32656601.html.

② 加强天然气产供储销体系建设，推动能源高质量发展："北气南下" 东部能源通道全面贯通实现俄气入沪［EB/OL］.（2022-12-30）.https://www.ndrc.gov.cn/fggz/jjyxtj/mdyqy/202212/t20221230_1345055.html.

③ 2022年蒙古国国民经济运行情况［EB/OL］.（2023-02-02）.http://file.mofcom.gov.cn/article/zwjg/zwxw/zwxwyz/202302/20230203382052.shtm.

作伙伴关系的联合声明》和《中华人民共和国主席和俄罗斯联邦总统关于2030年前中俄经济合作重点方向发展规划的联合声明》，将"大力发展互联互通物流体系"作为重点。

在俄罗斯方面，2020年9月，俄罗斯政府批准《2024年前远东发展国家纲要及2035年远景目标》，作为指导远东未来15年发展的重要规划。远东将发展出口导向经济，主要包括能源、矿产资源开采、农业、木材加工业、渔业和水产养殖、航空、造船、物流、旅游等，提高重点经济领域投资吸引力。[①]

在蒙古国方面，蒙古国与中国陆地绵延相连4700余公里，蒙古国"草原之路"发展战略高度契合中国"一带一路"倡议。推动"一带一路"与"草原之路"对接，加强双方在产能、大项目和金融等领域的务实合作，将为中蒙关系发展注入新动力。根据规划，总投资约500亿美元的"草原之路"倡议由5个项目组成，包括连接中俄的997公里高速公路、1100公里电气化铁路，扩展跨蒙古国铁路以及天然气和石油管道等。[②]此外，蒙古国地区风能及太阳日照资源丰富，风光发电潜力巨大，亦是双方合作重点领域。

2022年2月，俄罗斯天然气工业公司与中国石油天然气有限公司签署了一份通过远东路线每年向中国出口100亿立方米天然气长期合同，实施后每年供气总量将增至480亿立方米。从2019年起，俄罗斯经"西伯利亚力量"管道对华供气，供气量在30年内增长至380亿立方米/年。2022年12月，位于俄罗斯伊尔库茨克州的科维克塔天然气凝析气田与"西伯利亚力量"天然气管道线路科维克塔—恰扬达段正式投入运营，这也意味着"西伯利亚力量"管道全线贯通。2022年，俄罗斯通过"西伯利亚力量"管道对华天然气

---

① 俄罗斯《2024年前远东发展国家纲要及2035年远景目标》基本情况［EB/OL］.（2020-10-28）. http://oys.mofcom.gov.cn/article/oyjjss/ztdy/202010/20201003011224.shtml.

② 中国"一带一路"携手蒙古国"草原之路"［EB/OL］.（2016-07-14）. http://www.scio.gov.cn/31773/35507/35513/35521/Document/1533061/1533061.htm.

供应量达到155亿立方米，创下历史新高。①

2023年5月，俄罗斯国家杜马（议会下院）已批准关于俄罗斯经远东线路向中国供应天然气的协议。②这份政府间协议旨在建设天然气管道跨境段，它起于俄罗斯达利涅列琴斯克的天然气测量站，穿越乌苏里河，在中国虎林起点站结束（不含天然气测量站和起点站）。俄罗斯境内线路段的建设和运行由俄罗斯天然气工业股份公司负责，中国境内线路段由中国石油天然气股份有限公司负责，双方均提倡使用本币结算。

第二节　新亚欧大陆桥经济走廊

一、基本情况

两千多年前，古丝绸之路上，山间回荡的声声驼铃，大漠飘飞的袅袅孤烟，伴随着中国与亚欧各国友好交往的脚步绵延不绝。两千多年后，一列列中欧班列仿若"钢铁驼队"，驰骋在新亚欧大陆桥经济走廊上，延续着丝路古道的繁荣。

东起中国连云港，西至荷兰鹿特丹的新亚欧大陆桥经济走廊是连接中国与欧洲的重要通道。全长10900公里的新亚欧大陆桥经济走廊，途经山东、江苏、安徽、河南、陕西、甘肃、青海、新疆等8个省、区，65个地、市、州的430多个县、市，从中国与哈萨克斯坦边境的阿拉山口口岸出境，然后可通过三条线路抵达荷兰的鹿特丹港。这条经济走廊，辐射着亚欧大陆的30多个国家和地区。新亚欧大陆桥经济走廊的快速发展，共商共建共享的中国理念，亚欧大陆的合作共赢，为高质量共建"一带一路"注入了强大动力。③

---

① 俄副总理：2022年俄罗斯经"西伯利亚力量"管道对华供气量创新高［EB/OL］.（2023-01-17）. https://www.mzfxw.com/e/action/ShowInfo.php?classid=15&id=171387.

② 俄总理签令，批准关于俄通过远东路线向中国输送天然气的协议［EB/OL］.（2023-05-14）. http://news.china.com.cn/2023-05/14/content_85304758.shtml.

③ 瞭望｜从连云港到鹿特丹［EB/OL］.（2023-01-28）. http://m.news.cn/xj/2023-01/28/c_11293 16677.htm .

二、经贸合作概况

近年来，中欧经贸务实合作保持良好势头、成果丰硕，推动双方经济高质量发展。

双边贸易额再创历史新高。2022年，中国与欧盟贸易额达8473亿美元，同比增长2.4%，2022年中欧互为第二大贸易伙伴，贸易结构不断优化，形成强大的经济共生关系，以电动汽车、光伏产品、锂电池为代表的引领绿色转型的"新三样"产品贸易额迅速增长。

双向投资领域不断拓展。截至2022年底，中欧双向投资存量已超2300亿美元；2022年，欧洲对华投资121亿美元，同比大幅增长70%，汽车领域继续成为最大投资热点；同年，中国对欧投资111亿美元，同比增长21%，新增投资集中在新能源、汽车、机械设备等领域。[①]

合作领域持续拓宽。中欧地理标志合作再提速，中欧第二批清单互认工作取得新进展，双方已完成《中欧地理标志协定》第二批清单公示，增加350个地标产品的互认互保；中欧牵头制定并更新发布《可持续金融共同分类目录》。匈塞铁路是中国与欧洲基建领域合作的标志性工程，设计速度最高为每小时200公里，运行速度为每小时160公里，匈塞铁路旧诺段于2022年3月建成通车。

企业合作交流热情高。2023年以来，多家欧洲知名企业高管相继来华，推动对华合作项目，深耕中国市场，共享中国机遇，展现了在华投资发展的坚定信心。欧洲企业积极参加中方举办的进博会、广交会、服贸会、消博会、投洽会等重要展会，法国已确认担任2024年服贸会和进博会主宾国。

拉近亚欧时空距离。在江苏连云港，一尊铁轨和船锚相融相连的雕塑矗立在港口码头，寓意"铁路与码头在这里交汇"，也意味着新亚欧大陆桥经济走廊与海上丝绸之路在这里衔接。雕塑后方停着一个充满年代感的"功勋

---

① 商务部：2022年中欧贸易额8473亿美元 平均每分钟160万美元贸易往来［EB/OL］.（2023-05-05）. https://www.chinanews.com/cj/shipin/cns-d/2023/05-05/news958477.shtml.

火车头"。1992年12月，正是这个"火车头"带动首个国际班列离开连云港，驰骋在新亚欧大陆桥经济走廊上，使东亚、中亚和欧洲更加紧密相连。20世纪90年代，最初的国际班列平均时速仅有四五十公里，如今铁路都已经实现电气化，平均速度也提升到80~120公里/时。随着陆桥和口岸信息化改造速度加快，以前的货物运输中需要人员"跟车"的"苦差事"已经一去不复返，现在通过互联网随时都能了解物流的动态信息。如今，从连云港发出的中欧班列，7天左右就能到达哈萨克斯坦阿拉木图，12天左右就能够到达德国杜伊斯堡，20天左右就可以到达土耳其伊斯坦布尔。相比海运，新亚欧大陆桥经济走廊的铁路运输速度更快，对于一些紧急业务，运输时间可以比海运节省近2/3。①

促进中欧经贸合作。横贯万里的新亚欧大陆桥经济走廊，不仅持续拉近了亚欧板块的时空距离，更密切了中国与欧洲国家间的经贸合作。法国的红酒、俄罗斯的伏特加、韩国的化妆品等，进入连云港跨境电商体验中心，来自欧洲、中亚、日韩等国家或地区的商品琳琅满目，吸引不少市民驻足观看、询价、购买。与此同时，近年来，在一些欧洲国家的家庭中，衣服、窗帘、地毯、电磁炉、液晶电视等商品，多是通过新亚欧大陆桥经济走廊运输而来的。在德国杜伊斯堡的各大货运站，大货车载着集装箱进进出出，其中蓝底白字的"中欧班列专用箱"十分醒目。每周，多趟中欧班列将服装鞋帽、电子设备、家具家电等商品运至欧洲。杜伊斯堡市位于"德国工业心脏"鲁尔区，拥有欧洲最大的内陆港，中欧班列带来的多元化商品，有效满足了当地的交通运输、仓储、批发零售、租赁商业和服务业需求。

开辟亚欧陆路运输新通道。中欧班列是新亚欧大陆桥经济走廊建设的重要依托。中国铁路在早期探索开行亚欧国际列车的基础上，以重庆、成都、郑州、武汉等城市为起点，开行通往德国、波兰等国家的中欧班列。2015年3月，中国发布《推动共建丝绸之路经济带和21世纪海上丝绸之路的愿景

---

① 畅通亚欧经贸循环的"大动脉"：新亚欧大陆桥跨境运输30年［EB/OL］.（2022-12-08）. http://ydyl.jiangsu.gov.cn/art/2022/12/8/art_76281_10701686.html.

与行动》，明确提出打造中欧班列品牌。2016年6月，中欧班列统一品牌正式启用。2016年6月，习近平主席在波兰出席统一品牌中欧班列首达欧洲仪式。中欧班列的开行推动了亚欧国际联运通道网络的逐步完善。

第三节　中国—中亚—西亚经济走廊

一、基本情况

中国—中亚—西亚经济走廊东起中国新疆，向西经中亚抵波斯湾、地中海沿岸和阿拉伯半岛，主要途经中亚五国（哈萨克斯坦、吉尔吉斯斯坦、塔吉克斯坦、土库曼斯坦、乌兹别克斯坦）、土耳其、伊朗等国，是"一带一路"倡议的重要组成部分。

依托常态化的高层互访和政府间合作机制，中国积极推进"一带一路"倡议同哈萨克斯坦"光明之路"等沿线国家发展战略间的全面对接，并同哈萨克斯坦、吉尔吉斯斯坦、塔吉克斯坦、土库曼斯坦、乌兹别克斯坦等国签署了共建"一带一路"相关的双边合作协议，已与土耳其、伊朗、沙特阿拉伯、卡塔尔、科威特等国签署了共建"一带一路"合作文件。2014年6月，中阿合作论坛第六届部长级会议在北京召开。习近平主席在会议开幕式上发表重要讲话，倡导构建中阿"1+2+3"合作格局，即以能源合作为主轴，以基础设施建设、贸易和投资便利化为两翼，以核能、航天卫星、新能源三大高新领域为突破口，全面加强中国同阿拉伯国家之间的合作，这为中阿关系发展和丝绸之路经济带建设创造了良好条件。[①]

二、经贸合作概况

中国与中亚、西亚国家贸易联系紧密，互补性较强。中国—中亚—西

---

① 习近平在中阿合作论坛第六届部长级会议开幕式上讲话［EB/OL］.（2014-06-05）. https://www.gov.cn/govweb/xinwen/2014-06/05/content_2694830.htm.

亚经济走廊沿线国家自然资源丰富，但经济发展水平差距较大，大部分国家经济结构较为单一。西亚地区以沙特阿拉伯和阿拉伯联合酋长国等国家为代表的能源出口国，工业制成品则主要依赖进口。中亚地区国家地处乌拉尔—蒙古国巨型构造带，矿产资源丰富，尤其是铬铁矿、铀、金和煤炭等资源丰富。而我国工业门类齐全，"中国制造"品牌响彻全球，出口产品主要以制造品为主，但石化燃料资源缺口较大，中国与上述国家有很强的互补性，贸易潜力巨大。

重点产能合作项目顺利建成投产。中亚天然气管道西起土库曼斯坦和乌兹别克斯坦边境，穿越乌兹别克斯坦中部和哈萨克斯坦南部，经我国新疆霍尔果斯口岸入境，截至2022年11月，实现ABC三线并行，入境后通过霍尔果斯压气首站与西气东输二、三线管道相连，全长1833公里，设计输气能力为600亿立方米/年。中亚天然气管道自2009年12月投产以来，实现累计安全平稳运行4730天，单日最高输量曾超1.63亿立方米。①哈萨克斯坦阿克托盖年产2500万吨铜选矿厂、巴甫洛达尔年产25万吨电解铝厂、梅纳拉尔年产100万吨水泥厂等重点产能合作项目顺利建成投产，填补了本地市场的不足。②

基础设施建设积极推进。中塔公路二期于2022年9月开始建设，由中国铁建股份有限公司（以下简称"中国铁建"）承建的2022年卡塔尔世界杯主场馆——卢塞尔体育场顺利举办第二十二届世界杯。中国企业在中亚和西亚地区投资建设多个境外经贸合作区，取得积极进展。2015年起，西安爱菊粮油工业集团积极响应共建"一带一路"倡议，走出国门寻找优质粮源，在哈萨克斯坦建设农产品物流加工园区，投资5亿元建设年加工油料30万吨油脂厂系哈萨克斯坦最大的油脂厂，为当地农产品就地转化、产业链有效延伸贡献了"中国方案"。

中亚国家参与共建"一带一路"进入快车道。2022年9月，上海合作组

①　中亚天然气管道今年向我国输气超400亿方［EB/OL］.（2022-11-28）. http://m.news.cn/xj/2022-11/28/c_1129167789.htm.

②　迎接建党百年华诞中哈合作成果巡礼之十五：中色股份倾力打造中哈矿业合作精品工程［EB/OL］.（2021-07-20）. http://kz.mofcom.gov.cn/article/todayheader/202107/20210703177290.shtml.

织成员国领导人会议发表《撒马尔罕宣言》，中亚国家重申支持"一带一路"倡议，加强与欧亚经济联盟对接。哈萨克斯坦近年来受石油收入增加、外国投资持续增长以及经济多元化举措的推动，基建行业规模增长较为迅速。在交通运输方面，哈萨克斯坦政府增加在公路、铁路建设方面的投资，其中多斯特克—莫因特铁路线已经开始建设，项目总投资将超20亿美元，预计在2025年完成，完工后其运力预计能增加到5倍。在能源建设方面，哈萨克斯坦政府继续推进对现有电厂的现代化改造及新建电厂，以满足日益增长的电力市场需求。

与西亚国家共建"一带一路"提质升级。2022年，我国与西亚国家之间的关系在传统低调务实合作基础上进一步深化。阿拉伯联合酋长国、卡塔尔领导人出席了北京冬奥会开幕式，沙特阿拉伯、伊朗、土耳其等中东6国外长和海湾合作委员会秘书长密集访华，中国—海合会自贸区谈判也在停滞5年后重启并取得积极进展。从多重角度看，中亚、西亚国家参与共建"一带一路"进入历史性机遇期。

> **📖 专栏 6-1**
>
> ### 习近平在首届中国—阿拉伯国家峰会上发表主旨讲话
>
> 2022年12月，首届中国—阿拉伯国家峰会在沙特阿拉伯首都利雅得阿卜杜勒阿齐兹国王国际会议中心举行。峰会发表《首届中阿峰会利雅得宣言》，宣布中阿双方一致同意全力构建面向新时代的中阿命运共同体。
>
> 2022年12月，习近平主席在首届中国—海湾阿拉伯国家合作委员会峰会、首届中国—阿拉伯国家峰会上分别发表题为《继往开来，携手奋进 共同开创中海关系美好未来》《弘扬中阿友好精神 携手构建面向新时代的中阿命运共同体》的主旨讲话。
>
> 中国同海合会国家友好交往源远流长，海合会成立40余年来，双方谱写了团结互助、合作共赢的灿烂篇章。在首届中国—海湾阿拉伯国家

合作委员会峰会上，习近平主席用四个"归根于"阐述中海关系实现跨越式发展的真谛，倡议"以中海战略伙伴关系为契机，充实中海关系战略内涵"，并表示未来3到5年，中国愿同海合会国家在5个重点合作领域发力，共同开创中海关系美好未来。

中国和阿拉伯国家的友好交往可以追溯到两千多年前，和平合作、开放包容、互学互鉴、互利共赢始终是中阿历史交往的主旋律，凝聚成"守望相助、平等互利、包容互鉴"的中阿友好精神。在首届中国—阿拉伯国家峰会上，习近平主席详细阐释中阿友好精神的内在关系，提出4点倡议，并表示未来3到5年，中方愿同阿方一道推进"八大共同行动"，携手构建面向新时代的中阿命运共同体。

沙特阿拉伯作为传统的能源出口国，政府财政实力雄厚。2018年10月，中国土木工程集团有限公司（以下简称"中土集团"）与沙特阿拉伯公共交通管理总局签署大陆桥项目合作谅解备忘录，该项目建成后，将与沙特阿拉伯南北铁路、利雅得至达曼铁路和麦麦高铁连接起来，形成贯穿沙特阿拉伯东西的铁路大动脉。其中，中土集团参与实施了南北铁路中的CW400标段和麦麦高铁中的麦麦桥项目。2022年，沙特阿拉伯公布未来城市"THE LINE"设计方案，预计投资将达1万亿美元，打造长度170公里、宽200米的超级城市。中国建筑集团有限公司中标其先导项目沙特阿拉伯交通隧道项目（山区部分二、三标段项目），合同金额约24.7亿美元。此外，根据沙特阿拉伯的"2030愿景"，将充分利用在港口、铁路、公路和机场建设方面的投资，开展一系列全新的国际合作。

中伊全面合作加快推进。伊朗以石油开采业为主，为世界石油天然气大国。2021年3月，中国与伊朗签署25年全面合作协议，这项协议包含经济、军事和安全合作。2022年1月，时任中国国务委员兼外交部长王毅在江苏无锡同伊朗外长阿卜杜拉希扬举行会谈，并宣布启动两国全面合作计划。①

📖 专栏 6-2

中国—中亚各国深化能源全产业链合作

全球能源格局持续震荡背景下，基于中国和中亚各国积累的深度政治互信，各方进一步拓展更高、更深和更广的能源合作领域与合作方式，以"硬联通"保障沿线国家实现能源安全，以"软联通"促成能源合作实现更高质量发展，以"心联通"推动能源合作携手共赢。

2023年5月，习近平主席在西安市主持首届中国—中亚峰会并发表主旨讲话，哈萨克斯坦、吉尔吉斯斯坦、塔吉克斯坦、土库曼斯坦、乌兹别克斯坦五国总统出席。这是2023年中国首场重大主场外交活动，也是中国与中亚五国建交31年来，六国元首首次以实体形式举办峰会，在中国同中亚国家关系发展史上具有里程碑意义。②

外交关系迈上新台阶，能源合作将提质升级。此次峰会为中国同中亚合作开辟了新前景、拓展了新领域、搭建了新平台。中方倡议建立中国—中亚各国能源发展伙伴关系，加快推进中国—中亚天然气管道D线建设，推动能源领域全产业链合作，加强核电和新能源领域合作，为构建更高质量的中国—中亚伙伴关系提供了有力支撑。

凸显新能源合作优势，结成能源转型好伙伴。中国和中亚各国应充分发挥地理优势，推动能源优势向发展优势转变，打造"油气＋新能源"的新型能源伙伴关系。在夯实传统油气合作基础的同时，中国积极推进水电、风电、太阳能等新能源开发技术与中亚能源资源紧密对接。本次

---

① 王毅同伊朗外长阿卜杜拉希扬举行会谈［EB/OL］.（2022-01-15）. http://www.news.cn/2022-01/15/c_1128264751.htm.

② 王林.中国—中亚深化能源全产业链合作［N/OL］.中国能源报，2023-05-29. http://www.cnenergynews.cn/zhiku/2023/05/29/detail_20230529133230.html.

峰会期间，为加快绿色低碳和循环经济发展，在清洁能源领域达成一系列新合作项目。2023年5月18日，国家电力投资集团公司中电国际与哈萨克斯坦能源部等相关方签署在哈建设1吉瓦"风电＋储能"谅解备忘录。同期，中国铁建、国家电投在吉尔吉斯斯坦总统萨德尔·扎帕罗夫见证下，与吉方签订吉首个大型集中式光伏项目——伊塞克库尔1000兆瓦光伏发电厂项目投资框架协议。

亚欧大陆桥南线是中国—中亚—西亚经济走廊基建重点。2023年5月，国家发展改革委与吉尔吉斯斯坦交通和通信部、乌兹别克斯坦交通部签署了《中华人民共和国国家发展和改革委员会、吉尔吉斯共和国交通和通信部、乌兹别克斯坦共和国交通部关于就中吉乌铁路建设项目（吉境内段）可行性研究三方联合评审达成共识的谅解备忘录》，标志着项目可行性研究工作已接近尾声。[1]中吉乌铁路是新亚欧大陆桥经济走廊南线建设的"桥头堡"，具体线路从新疆喀什开始，往北穿过帕米尔高原的图尔奈特山口，到达吉尔吉斯斯坦的边境城市贾拉拉巴德，然后进入乌兹别克斯坦的重要城市安集延，再往南进入伊朗境内，接入伊朗国内的铁路网，抵达伊朗首都德黑兰，再从德黑兰一路往西，进入土耳其境内，最终抵达南部欧洲。

第四节　中国—中南半岛经济走廊

一、基本情况

中国—中南半岛经济走廊以广西南宁和云南昆明为起点，以新加坡为终点，贯穿越南、老挝、柬埔寨、泰国、缅甸、马来西亚等国家，既是中国

---

[1] 国家发展改革委与吉尔吉斯斯坦交通和通信部、乌兹别克斯坦交通部签署中吉乌铁路相关合作文件［EB/OL］.（2023-05-19）. https://www.ndrc.gov.cn/fzggw/wld/zsj/zyhd/202305/t20230519_1355981.html.

连接中南半岛的大通道，也是中国与东盟合作的区域经济走廊。从地理位置看，该经济走廊连接了我国西南地区重要的国际门户——北部湾和东南亚大多数国家，海陆运输条件极为便利，是RCEP合作协议中重要的经济分区。

促进共同发展。2016年5月，第九届泛北部湾经济合作论坛暨中国—中南半岛经济走廊发展论坛在南宁举行，以持续推进泛北部湾区域务实合作为目的。自2006年以来，论坛已成功举办8届，共签订协议、备忘录21个，签约投资项目15个，金额32.56亿元，成为促进中国—东盟合作的重要推动力量。十年来，泛北合作领域全面拓展，中国—东盟港口城市合作网络成立，区域互联互通基础设施建设加快，国际园区合作渐入佳境，经贸、金融、旅游、文化等领域的合作务实推进。[①]

双边互联互通进一步提升。早在2006年，联合国亚洲及太平洋经济社会委员会便策划筹建泛亚铁路，而东南亚铁路网络则是其重要的组成部分。泛亚铁路东南亚段主要分为三个部分：一是以中越铁路为主的东线；二是以中老铁路为主的中线；三是以中缅铁路为主的西线。三条主要线路均从中国昆明出发，分别途经越南、老挝、缅甸等国家，最终汇于泰国曼谷，再南下连接马来西亚及新加坡。东线的崇凭铁路正线全长81.5公里，桥隧比85.6%。全线于2022年7月实现全面开工，预计2025年建成通车。2023年2月，越南交通运输部称，根据《越南2021—2030年铁路网规划和2050年愿景》，越南政府将投资扩建铁路网络。其中，到2030年新建铁路线路16条，总里程约4802公里；到2050年新建铁路线路25条，总里程约6354公里。中线的中老铁路已于2021年12月通车，其延伸段中泰铁路分两期进入全面建设阶段，一期预计于2027年竣工。西线的中缅国际铁路大理至保山段于2022年7月正式开通运营，其将起到助推中国与周边国家基础设施互联互通的积极作用。

---

① 第九届泛北部湾经济合作论坛举行发布《中国—中南半岛经济走廊建设倡议书》［EB/OL］.（2016-05-27）. http://www.xinhuanet.com/politics/2016/05/27/c_129019345.htm.

二、经贸合作概况

东盟已成为我国第一大贸易伙伴。十年来，我国与东南亚地区互联互通水平不断提升，双边经济合作关系不断巩固，带动贸易规模实现了快速增长。2013—2022年，中国与东盟双边货物贸易额从4436亿美元增加到9753亿美元，年均增长9.1%，高于中国进出口4.7%的增速，占中国进出口的比重从10.7%增加到15.5%。2022年RCEP正式落地实施，更进一步促进了中国与东盟十国经贸关系的发展。

对东盟投资稳步增长。2021年我国对东盟直接投资流量197.3亿美元[①]，同比增加22.8%，较2013年增长171.5%，复合增长率13.3%；在存量方面，2021年我国对东盟直接投资存量1403亿美元，同比增长9.9%，较2013年增长293.3%，复合增长率18.7%。新加坡为我国对东盟十国投资最多的国家，达672亿美元，占东盟投资存量的47.9%；第二为印度尼西亚，达200.8亿美元，占比为14.3%；越南居第三位，达108.5亿美元。

交通领域基建项目成果颇丰。我国与沿线国家共同推进基础设施项目建设，铁路、公路、桥梁等领域合作成果丰硕。中老铁路、中泰铁路、中缅铁路等众多铁路项目先后立项并开工建设，中国—中南半岛铁路网逐步完善。以柬埔寨为例，截至2022年12月，中国已经帮助柬埔寨修建3000多公里道路，对完善柬埔寨公路网建设、提高双边互联互通水平具有重要意义。

一条跨越山河的"友谊之路"。中老铁路是两国互利合作的旗舰项目，中老铁路打通合作发展"黄金路"，老挝从"陆锁国"变"陆联国"。2015年，中老两国领导人一道作出了共建中老铁路的重大决策。2021年12月，中老铁路通车，北起中国云南昆明，经玉溪、普洱、西双版纳，穿过老挝北部森林、琅勃拉邦等地区至老挝首都万象，全长1035公里，是第一条全线采用中国标准、合作建设运营，并与中国国内铁路网直接连通的境外铁路。自此

---

① 四大机遇与四项措施，挖掘中国—东盟金融合作新潜能［EB/OL］.（2023-05-13）. https://world.gmw.cn/2023-05/13/content_36558722.htm.

中老两国间的货运时间成本和物流成本大幅下降。昆明到万象的货运时间从3天降至30小时，客运从昆明到万象10小时可通达。一条中老铁路，为老挝乃至东南亚国家搭建起"友谊之路""绿色之路""繁荣之路""幸福之路"，是"一带一路"倡议造福周边国家的生动缩影。

一条互联互通的"繁荣之路"。世界银行发布的一份题为《从"陆锁国"到"陆联国"——解锁老挝—中国铁路链接潜力》的报告指出，中老铁路是共建"一带一路"倡议的一部分，通过与"一带一路"网络连接，从长期来看，中老铁路有可能会使老挝的总收入提升21%[①]。到2030年，每年沿中老铁路途经老挝的过境贸易将会达到390万吨，预计每年有400万的老挝人和来自周边区域1000万的游客使用中老铁路，推动老挝旅游业蓬勃发展，给老挝经济社会发展带来更多机遇。

专栏 6-3

打造互联互通的黄金线路——中老铁路客货运输量质齐升

中老铁路是泛亚铁路（中线）的重要组成部分，中老铁路作为"一带一路"的标志性工程，是中老两国互利合作的旗舰项目，自2021年开通运营，有效推动了两国互联互通、互利共赢局面的形成，同时，沿线综合开发成效明显，"黄金大通道"的作用日益显现，为"一带一路"沿线各国的经济发展作出了积极贡献。

为高质量共建"一带一路"作出了有效示范。中老铁路是"一带一路"共商合作、共建项目、共享红利的生动例证，可以向南逐步延伸至泰国、马来西亚、新加坡，这将超越中老两国双边范畴，为湄公河国家发展带来新的利好，为东南亚国家打造新型的互利共赢样本，展开生动创新实践，加快推动RCEP全面实施与不断升级，助推中国—东盟自由

① 中老铁路续写60年友谊：贯穿交通动脉承载发展梦想［EB/OL］.（2021-12-06）. https://www.yidaiyilu.gov.cn/p/204732.html.

贸易区建设迈向更高水平。

为构建中老人类命运共同体提供了生动实践。中老两国山同脉、水同源，自古以来亲仁善邻。中老铁路建成通车，帮助老挝实现由"陆锁国"变"陆联国"的国家战略梦想，拉动沿线乡村旅游、生态农业、通道物流等产业发展，让中老人民更加心连心、手牵手，为两国人民带来巨大福祉，中老铁路成为中老人民的发展路、幸福路、友谊路。

为实现国内国际双循环发挥积极作用。中老铁路探索实现"澜湄快线+跨境电商""中老铁路+中欧班列"等国际运输新模式，与陆海新通道、中欧班列无缝对接，增强了辐射效应和跨境货运能力，全国已有25个省（区、市）依托中老铁路开展国际货物运输业务，为区域经济繁荣发展注入新动能。

2022年12月，中老铁路开通运营一周年。据老挝新闻文化旅游部的数据显示，一年来，累计发送旅客126万人次。中老铁路运输的货物种类已由开通初期的化肥、橡胶、百货等100多种扩展至电子、光伏、通信、汽车、鲜花、冷链水果等2000多种，有效带动了沿线各国经济的发展。中老铁路搭起了一座连接中国和东盟国家的桥梁，降低了跨境运输的物流成本，提高了物流效率，扩大了双边市场，有效带动沿线国家物流、产业、贸易融合发展，为沿线国家经济社会发展注入强劲动力。

第五节 中巴经济走廊

一、基本情况

中巴经济走廊是共建"一带一路"的重要先行先试项目，起点在中国新疆喀什，终点在巴基斯坦瓜达尔港，是一条包括交通运输、油气能源和光缆通信在内的通道走廊，两国政府积极开展远景规划的共同编制工作。2015年4月，习近平主席访问巴基斯坦，将中巴关系由战略合作伙伴关系升级为全天候战略合作伙伴关系，确定了以中巴经济走廊为中心，瓜达尔港、能源、交通基础设施和产业合作为四大重点的"1+4"合作布局。2015年4月，两国领导人出席中巴经济走廊部分重大项目动工仪式，其中有近40项合作协议和备忘录涉及中巴经济走廊建设。

二、互联互通共同繁荣

中巴双边贸易额自"一带一路"倡议提出以来增长迅速。2022年，我国与巴基斯坦间贸易总额265亿美元[①]，较2013年增长86.4%，复合增长率7.2%；出口巴基斯坦230.9亿美元，较2013年增长109.5%，复合增长率8.6%；自巴基斯坦进口34.13亿美元；我国长期保持对巴基斯坦的贸易顺差，2022年我国对巴基斯坦贸易顺差196.76亿美元，较2013年扩大151.6%，复合增长率10.8%。

中巴经济走廊项目稳步推进。截至2023年7月，中国在南亚地区累计投资接近150亿美元，完成工程承包营业额超过2000亿美元。中巴经济走廊项目稳步推进，斯里兰卡汉班托塔港、巴基斯坦瓜达尔港带动驻在国产业升级，为南亚国家发展和地区互联互通作出了实实在在的贡献[②]。

经济发展焕发新活力。中巴经济走廊于2013年启动建设。2015年，中巴两国政府签署了逾50项合作协议，确定了以中巴经济走廊建设为中心，瓜达尔港、能源、基础设施建设、产业合作为四大重点的"1+4"合作布局，走廊建设和巴基斯坦发展驶入快车道。此后短短数年，一批批项目开工、建成、投入运行。随着萨希瓦尔、卡西姆港、胡布燃煤电站以"中国速度"建成投入商运，巴电力紧缺局面从2017年开始大幅改善；卡洛特水电

---

① 中国同巴基斯坦的关系［EB/OL］.（2023-07）. https://www.mfa.gov.cn/web/gjhdq_676201/gj_676203/yz_6762 05/1206_676308/sbgx_676312/.

② 商务部：中国在南亚地区累计投资接近150亿美元［EB/OL］.（2023-07-25）. http://www.chinanews.com.cn/cj/2023/07-25/10049631.shtml.

站、大沃风电项目、巴哈瓦尔普尔光伏电站等一批可再生能源项目丰富了巴能源结构；塔尔煤田一、二区块煤电一体化项目投入商运，助力巴能源燃料自给自足。

造福人民释放新红利。十年来，中巴经济走廊扎扎实实地用经济建设造福巴基斯坦人民，促进了中巴两国进一步融合发展，助力构建新时代更加紧密的中巴命运共同体。中国驻巴基斯坦大使馆提供的数据显示，截至2022年底，中巴经济走廊累计为巴带来直接投资254亿美元，累计创造23.6万个就业岗位，帮助巴新增510公里高速公路、8000兆瓦电力和886公里国家核心输电网[①]。

走廊的延伸将促进地区发展和社会稳定。中巴经济走廊作为六大经济走廊之一，通过两国全方位、多领域的合作，不仅促进了巴基斯坦的经济社会发展，而且进一步密切了中巴全天候战略合作伙伴关系，也为巴基斯坦的发展提供了重要机遇。中巴经济走廊建设显著改善了巴基斯坦的营商环境，使巴基斯坦对外资吸引力大幅提高，阿富汗、塔吉克斯坦、哈萨克斯坦等中亚国家也对加入中巴经济走廊表示出兴趣。中巴经济走廊不仅推动中巴两国经济社会发展，也致力于促进地区互联互通建设和共同繁荣。

📖 **专栏 6-4**

巴基斯坦总理盛赞中巴经济走廊项目成果

2023年既是"一带一路"倡议提出10周年，也是中巴经济走廊启动10周年。中巴经济走廊为巴基斯坦工业化、现代化和互联互通奠定了良好基础。

位于巴基斯坦南部塔尔沙漠的塔尔煤田一区块煤电一体化项目，是

---

① 启动十年 中巴经济走廊释放多重发展红利［EB/OL］.（2023-08-01）. http://ydyl.jiangsu.gov.cn/art/2023/8/1/art_76283_10969480.html.

中巴经济走廊框架下的能源合作重点项目。该项目在致力于为巴基斯坦提供稳定、廉价电力的同时，也在助力当地改善生态、发展经济。

在塔尔煤田一区块煤电一体化项目的燃煤电站，两座巨大的冷却塔冒着水汽。该项目由上海电气集团股份有限公司自主开发、建设、运营，包括年产量780万吨褐煤的露天煤矿及一座拥有两台660兆瓦高参数超临界火力发电机组的燃煤电站。2023年2月，项目完成了168小时可靠性试验后进入商运阶段，预计每年可向巴基斯坦国家电网提供约90亿度电力。[①]

第六节　孟中印缅经济走廊

一、基本情况

在古代，中国与南亚、东南亚经贸交往频繁、人员往来不断，在人类文明交流史上留下了互学互鉴、交相辉映的精彩华章。"丝绸西去"和"佛陀东来"即为中华文明与东亚、南亚、东南亚文明交流互动的典型。

建设孟中印缅经济走廊是中国和印度两国于2013年共同提出的倡议，得到孟加拉国和缅甸两国积极响应。这一经济走廊连接东亚、南亚、东南亚三大区域，沟通太平洋、印度洋两大海域，涉及逾30亿人口的巨大市场，被各方寄予厚望。孟中印缅四国组建了联合研究工作组，对经济走廊的建设开展了联合研究。在双边层面，中缅、中孟在交通、能源、经贸、人文、抗疫等诸多领域取得了丰富合作成果，对促进区域互联互通和多边合作起到了积极作用。

[①] 中国煤电技术"点亮"巴基斯坦塔尔沙漠［EB/OL］.（2023-04-11）. http://www.ccedia.com/power_detail/249.html.

二、经贸合作概况

从经贸关系看，中印、中孟、中缅贸易规模近年来均实现了翻倍增长，折射出地区合作的旺盛需求和巨大潜力。2013—2022年，中印贸易额从654.2亿美元增长到1359.8亿美元，中孟贸易额从103.1亿美元增长到277.9亿美元，中缅贸易额从102.0亿美元增长到251.1亿美元。

中缅经济走廊建设正在加快推进。2017年11月，中国提出建设北起中国云南，经中缅边境南下至曼德勒，再分别延伸到仰光新城、皎漂经济特区的"人字形"中缅经济走廊，打造三端支撑、三足鼎立的大合作格局。2018年9月，中缅双方签署了共建中缅经济走廊谅解备忘录。2022年7月，澜湄合作第七次外长会期间，中缅双方一致同意加快推进中缅经济走廊建设，抓好跨境电网协议实施，保障中缅油气管道顺利运营，适时探讨"中缅经济走廊+"合作，提升双边经贸合作水平。

设施联通稳步推进。昆明至瑞丽、昆明至腾冲猴桥、昆明至临沧清水河等高速公路已全线贯通或接近贯通，昆明至大理、大理至临沧、大理至保山铁路已开通运营，昆明机场开通了至缅甸的仰光、内比都、曼德勒的航线。中缅铁路中国境内最后一段保山至瑞丽段正在抓紧建设；缅甸木姐至曼德勒铁路由中国中铁二院编制了项目可行性研究报告，相关资料已移交缅方。

2021年8月，中缅印度洋新通道海公铁联运首发，连接环印度洋—缅甸仰光港—中国清水河口岸—临沧火车站—中国各地的贸易物流新通道试运行成功。2022年以来，中缅印度洋新通道海公铁联运/公铁联运德阳—临沧—缅甸、重庆—临沧—缅甸国际班列、深圳—临沧—仰光—印度钦奈等相继开通。截至2022年底，中缅印度洋新通道累计完成海公铁联运/公铁联运20批次，货运量2.18万吨，货值3.48亿元[①]。

中孟双边合作成果丰硕。2016年中国领导人访问孟加拉国期间，中孟

---

① 瞭望丨建设孟中印缅经济走廊［EB/OL］.（2023-01-29）. http://lw.news.cn/2023-01/29/c_1310693386.htm.

双方签署27个协议和谅解备忘录，涵盖了贸易投资、海洋经济、路桥建设、电力能源、海事合作、通信技术等国民经济多个领域，两国在上述领域的合作将极大提升孟加拉国的工业生产能力和社会治理水平。[①]作为象征中孟友谊的标志性项目，由中国企业承建的帕德玛大桥于2022年6月建成通车。帕德玛大桥全长9.8公里，跨越帕德玛河，连接孟加拉国首都达卡和南部21个地区，被孟加拉国人民称为"梦想之桥"。帕德玛大桥自建成通车后可拉动孟加拉国国内生产总值增长1.2%，同时降低贫困率0.8%。

中缅合作成效显著。中缅油气管道、莱比塘铜矿、达贡山镍矿等重大项目建成投产，为中缅合作共赢树立了典范。中缅油气管道包括原油管道和天然气管道，是我国能源进口的重要通道之一。原油管道起于缅甸皎漂港马德岛，止于昆明安宁市，设计年输送能力为2300万吨。天然气管道起于缅甸兰里岛，止于广西贵港，设计年输送能力为120亿立方米。2013年7月，中缅天然气管道正式投运，2017年6月，中缅原油管道全线投产成功。中缅油气管道贯通后，油气资源无须绕行马六甲海峡抵达中国沿海地区，可直接从缅甸皎漂港通过油气管道抵达中国腹地。截至2022年7月，已安全输送天然气356.7亿标方，原油5135.99万吨。[②]中缅油气管道不仅为缅方带来了税收、投资分红、路权费、过境费等巨大收益，而且带来上下游产业商机和创造大量就业岗位。

---

① "一带一路"孟加拉湾发展综述：多个重大项目落地生根［EB/OL］.（2018-01-05）. https://www.yidaiyilu.gov.cn/p/42612.html.

② 中缅油气管道累计向中国输送原油超5000万吨［EB/OL］.（2022-07-27）. http://www.chinanews.com.cn/cj/2022/07-27/9813504.shtml.

第二章

物流通道综合效益日益显见

近年来，随着中欧班列、国际陆海贸易新通道的建设，从中国西部腹地划出的一道道弧线，正成为联通中国与世界的纽带。基础设施的互联互通，不仅带来了物流链的不断扩容、产业链的双向互动，更促进了共同发展的区域经济体加速形成。

第一节 驭风驰骋的中欧班列跑出"加速度"

中国铁路依托新亚欧大陆桥和西伯利亚大陆桥，在早期探索开行亚欧国际列车的基础上，以重庆、成都、武汉、苏州、义乌等城市为起点，开行通往德国、波兰等国家的中欧班列，拉开了中欧班列联通亚欧大陆、推动共建"一带一路"的大幕。

开行数量持续增加、货物种类不断丰富。古时驼铃声声，今日车轮滚滚。在"一带一路"倡议推动下，中欧班列发挥其在时、效、价等方面的比较优势，被中欧地区广大客户所接受，逐渐成为中欧间除海运、空运外的第三种重要物流方式。自开行以来，开行班列数量不断迈上新台阶，2022年，中欧班列共开行1.6万列，较2013年增长约200倍（见图6-2）。截至2022年底，中欧班列联通中国境内108个城市，通达欧洲25个国家208个城市，全国中欧班列累计开行突破6.5万列、运输货物超600万标箱、货值3000亿美元。①

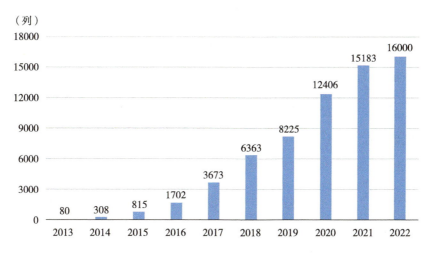

图6-2 2013—2022年中欧班列开行数量

资料来源：中国国家铁路集团有限公司。

一、发展成效

（一）开辟亚欧陆路运输新通道

优化了亚欧陆路运输网络。经中国阿拉山口、霍尔果斯、二连浩特、满洲里、绥芬河五大口岸出境的西、中、东三条通道，构成了中欧班列主要运输轴线。在此基础上，中欧班列沿线国家不断优化完善通道网络，成功开辟了俄罗斯—波罗的海轮渡—德国、哈萨克斯坦—里海轮渡—阿塞拜疆—格鲁吉亚等新路径，形成了"多向延伸、海陆互联"的空间布局。

推动亚欧物流运输模式创新。中欧班列运输费用约为空运的1/5，运输时间约为海运的1/4，综合考虑高附加值货物在途时间成本，中欧班列与传统的铁海联运相比可节约8%～20%的综合物流成本，②且具有受外界环境影响小、稳定性高的特点，在满足高附加值和高时效性要求的特定物流需求方

---

① 十年来中欧班列已通达欧洲 208 个城市，累计开行突破 6.5 万列［EB/OL］.（2023-03-16）.
https://www.bjnews.com.cn/detail/167894575014685.html.

② 推进"一带一路"建设工作领导小组办公室发布《中欧班列发展报告（2021）》［EB/OL］.
（2022-08-18）.https://www.ndrc.gov.cn/fzggw/jgsj/kfs/sjdt/202208/t20220818_1333112.html.

面具有比较优势。中欧班列平均碳排放量仅为航空运输的1/15、公路运输的1/7，在应对全球气候变化、引领全球交通运输可持续发展中发挥了良好的示范作用。

（二）助力沿线国家经济发展

优化了区域开放格局。中欧班列贯穿东西、联通内外，为亚欧内陆地区开辟了开放新通道。作为内陆国家的哈萨克斯坦借助中欧班列开辟了出海口，将小麦等本国优势产品经中国发往东南亚等其他市场。重庆依托中欧班列吸引惠普、华硕等国际龙头企业入驻，博世、保时捷、LG、达能等重点企业在重庆建立保税分拨中心，促进重庆外向型产业产值实现约30%的年均增长。

扩大了沿线国家经贸往来。中欧班列的发展，有效促进了中欧间贸易往来。通过中欧班列，中国的消费类电子产品、机电、日杂等多种产品，以更快速度、更高品质、更优价格到达欧洲，提高了欧洲消费者的福利和生活品质。同时，中欧班列为欧洲生产商和贸易商扩大对华出口开辟了新的运输途径，特别是为其众多中小企业和"隐形冠军"的产品进入中国市场提供了经济快捷的运输方式，为俄罗斯、德国、荷兰等国家的木材、粮食、畜牧业产品、水果等特色产品输华创造了更加广阔的市场空间。

📖 **专栏6-5**

中欧班列拉动沿线经贸增长 深化了国际产能合作

中欧班列开辟了亚欧大陆"一带一路"共建国家新的陆路运输和国际贸易通道，奏响了中国与世界各国合作发展的新乐章。自2011年开行以来，班次不断增加、线路不断延伸、领域不断拓宽。疫情期间，中欧班列持续有序的畅通运行，为护佑沿线各国人民生命安全和身体健康发挥重要作用，并成为拉动沿线国家经济社会发展的新引擎。

中欧班列创新了现代物流、现代交通运输和现代运营新模式，大幅度降低了物流成本，提高了物流效率，缩短了物流时间，增加了商品附加值。沿线国家积极探索"班列＋园区"发展模式，共同搭建物流、贸易、投资一体化平台。白俄罗斯中白工业园、匈塞铁路、塔吉克斯坦杜尚别议会大楼、乌兹别克斯坦光伏电站等重大项目建设，中欧班列均保障了各类物资运输通畅。

中欧班列不仅为推动区域经济转型升级、助力中国制造走出国门、构建新发展格局提供了强劲的动力支撑，同时也开辟了守望相助、携手抗疫的生命通道。中国与沿线国家共享诸多贸易红利，有力印证了"一带一路"建设的强大生命力和感召力。

（三）开行品质稳步提升

质量效益不断提升。在运行时效方面，中欧班列比传统国际联运快1/3，境内外最高运行速度分别可达1300公里／天和1000公里／天。在运输价格方面，沿线各国铁路均对中欧班列给予运价优惠政策。在装载利用方面，中欧班列综合重箱率已达到98%，其中，西行中欧班列（中国—欧洲）重箱率基本达到100%。在去回比例方面，东行（欧洲—中国）与西行中欧班列的比例达到0.8:1，重点枢纽间开行数量基本实现双向均衡。[①]

运输业态更加多元。随着中欧班列开行规模的不断扩大，新的运输业态不断出现，"中欧班列＋跨境电商专列""中欧班列＋邮政班列""中欧班列＋贸易""中欧班列＋口岸""中欧班列＋园区"等新业态快速发展。

二、成功经验

（一）沿线国家的重视支持为中欧班列发展奠定重要基础

中欧班列作为沿线国家务实合作的重要载体，发展伊始就得到了各国领导人的高度重视，为中欧班列畅通运行提供了多方面多层次的支撑与保障。

---

① 中欧班列的"朋友圈"为何越来越广？［EB/OL］.（2022-05-18）. https://www.yidaiyilu.gov.cn/p/244349.html.

部门协调配合是关键支撑。国内相关职能部门认真落实高层共识，加强与沿线国家相关部门政策沟通，为班列稳定运行营造良好合作环境。沿线国家外交、商务、海关、交通、铁路等部门深入开展交流合作，签署跨境运输协议，推进国际联运规则的制定及修订和标准统一；完善多双边贸易规则；优化经贸合作机制；创新通关合作模式，加强信息互换、监管互认、执法互助；提供定制化金融服务产品，促进沿线国家资金融通，不断提升中欧班列的基础设施保障、经贸合作基础、物流通关效率和资金支持能力。

深化务实合作是最终目的。中欧班列的发展离不开沿线国家城市和企业间的互动交流与合作。重庆与德国杜塞尔多夫、武汉与德国杜伊斯堡、成都与德国汉堡等城市间的深度合作，加速了两国两地产业、技术、人文等合作交流，扩大了两国经贸合作规模，促进了重庆、成都、武汉等城市至欧洲各国城市中欧班列的探索开行，为中欧班列的发展奠定了良好基础。

（二）沿线国家共商共建是中欧班列发展的重要前提

通过共商实现沿线国家互利共赢。2017年4月，中国、白俄罗斯、德国、哈萨克斯坦、蒙古国、波兰、俄罗斯7国铁路部门共同签订《关于深化中欧班列合作协议》。[①]沿线各运营参与方根据中国段、宽轨段、欧洲段铁路运输的特点，围绕提高运输效率、降低物流成本、保障运输安全等方面，共同签署并实施了《中欧班列运输计划商定办法》等，有力推动了货源高效组织、列车均衡开行、运输统一协调、口岸顺畅衔接、故障及时处理。

通过共建充分发挥沿线国家比较优势。一是共建联运通道。沿线国家齐心协力，打破过去铁路联运通道"连而不通、通而不畅"的状况，加大对中欧班列沿线铁路线路、作业场站、换装口岸、联运码头等基础设施设备的扩能改造投资建设力度，口岸和通道能力显著增强。二是共建服务网络。为实现中欧班列货物的快速集散，沿线国家不断加大对中欧班列枢纽节点集疏运体系的建设力度。中国铁路通过与境外港口、物流等企业合作，加大境外集

---

① 七国铁路部门签署深化中欧班列合作协议 助推"一带一路"［R/OL］.（2017-04-29）. https://www.yidaiyilu.gov.cn/p/11581.html.

装箱还箱点建设力度。跨境贸易和电商企业在境外建立多个海外仓、物流中心和物流园区，构建中欧班列货物境外物流分拨网络，提升"一站式"全程供应链物流服务能力。三是共建班列经济带。沿线国家依托中欧班列不断推动产业集聚，实现中欧班列发展与沿线产业经济深度融合和相互促进。中欧班列（成都）运营平台公司通过与波兰罗兹经开区、白俄罗斯中白工业园、西班牙萨拉戈萨物流园等开展经贸合作，组建"一带一路"产业园区联盟，推动中欧班列沿线产业集聚和创新发展。

（三）沿线国家协同创新是中欧班列提质增效的重要途径

创新运输方式。针对中欧班列沿途窄轨段和宽轨段列车编组数量不统一、各换装口岸能力不匹配的问题，中国铁路在霍尔果斯、满洲里口岸探索开展列车"3并2""2并1"集并运输组织创新，提升了中哈、中俄双边口岸通过能力，提高了宽轨段线路能力利用率和换装作业效率；通过探索实施"干支结合，枢纽集散"运输组织模式，优化了列车运行线配置，提高了干线利用效率；通过实施集拼集运组织模式，提高国内段干线编组能力。各国铁路部门加强合作，实现了空箱的跨国调配周转，开展"重去重回"运输组织，节省了全程物流成本。

创新通关模式。创新和优化海关与海关、铁路与铁路间合作模式，显著提高中欧班列通关效率。中国海关相继推出减少报关次数、降低报关成本、关铁电子信息互换、铁路进出境快速通关等多项创新举措，助力中欧班列通关便利化。中国边检机构优化查验流程，开设"快捷通道"，提供7×24小时通关保障服务，并充分发挥边境三级代表联系机制作用，全面保障中欧班列安全高效通关。

第二节　与世界联结更深更广的陆海新通道

陆海新通道又称国际陆海贸易新通道，是在共建"一带一路"框架下，以重庆为运营和组织中心，西部12个省区市与海南省、广东省湛江市、湖南省怀化市等共同打造的国际大通道。6年来,陆海新通道从无到有、从倡议到共建,由最初渝桂两地合作拓展至国内多个省区市共建的新格局。

一、陆海新通道建设成效显著

国际贸易运输通道进一步畅通。近年来,各地积极参与共建陆海新通道,陆海新通道铁海联运班列实现从2017年178列到2022年8800列的飞跃,班列数量增长49倍。累计开行量已超过25000列[①]。截至2022年12月底,陆海新通道铁海联运班列累计发送集装箱75.6万标箱,同比增幅18.5%。[②]铁海联运进一步提质增效,互联互通不断取得新突破,成果惠及"一带一路"沿线国家和地区。2022年以来,陆海新通道新开通线路是2021年的5倍达78条,创通道运营5年来的新高。这条新通道已然成为一条开放的大通道,成为连接东盟和亚欧大陆的重要通道,形成了联通亚欧辐射全球的国际贸易新格局,推动"一带一路"高质量发展。

📖 专栏 6-6

陆海新通道在建设中构建发展新格局

陆海新通道纵贯中国西部腹地,北接丝绸之路经济带,南连21世纪海上丝绸之路,协同衔接长江经济带,是构建区域发展和对外开放新格局的重大战略部署。无论是东南西北国际通道"四向齐发",还是铁公水空"四式"联运等建设,都为陆海新通道的发展壮大添上了浓墨重彩的一笔。

陆海新通道"朋友圈"越变越大。通道建设之初,这个"朋友圈"成员有重庆、广西、贵州、甘肃4个省区市及部分新加坡企业。如今,

---

① 25000列!西部陆海新通道海铁联运班列开行数量新突破[EB/OL].(2023-03-24).http://gx.news.cn/newscenter/2023-03/24/c_1129459513.htm.

② 2022年西部陆海新通道铁海联运班列累计发送货物75.6万标箱[EB/OL].(2023-01-01).http://news.cnr.cn/local/dftj/20230101/t20230101_526111552.shtml.

该"圈"成员已增至"13+2";辐射范围则从起初的"北部湾港—沙坪坝区团结村"双向开行[①],拓展至17省61市115站,实现西部12个省区市全覆盖,并延伸至中部地区,物流网络覆盖119个国家和地区的393个港口,涉及品类740种。国际国内"朋友圈"名单数量不断增加,必将进一步打开内陆开放的大门,推动经贸合作向更广、更深的领域拓展,助力区域一体化发展取得新的更大成效。

陆海新通道运行成效递增。现在,陆海新通道实现了从"一条线"到"一张网"的转变,成为连接东南亚国家和亚欧内陆国家的陆桥纽带,对破解我国西部地区物流难题、激发西部开放潜能具有重要意义。如今,沿着陆海新通道,新疆哈密瓜、贵州红茶、西藏牛肉干、重庆麻花等越来越多的西部地区特色产品由西部边陲走向国际市场,正在成为拉动当地外贸增长的新发力点,让高质量发展动能澎湃、活力十足。

二、陆海新通道为西部地区高质量发展注入澎湃动力

6年来,陆海新通道实现从无到有、从单一到多元的发展,改变了西部地区长久以来面向东盟却"西货东出"的局面。陆海新通道逐渐发展成为沿线地区"经济大动脉",以改革创新为动力,以数字赋能为手段,一体打造大通道、大枢纽、大口岸、大物流、大平台,更好辐射西部,服务全国、链接东盟、融入全球。

（一）强化举措协同推进,构筑通道"强磁场"

习近平总书记多次为新通道发展指明方向。加快建设陆海新通道,是以习近平同志为核心的党中央作出的重大战略部署,是党的二十大提出的重要战略任务,习近平总书记多次对推进陆海新通道建设发表重要讲话、作出

[①] 西部陆海新通道铁海联运班列从0到20000的跃升［EB/OL］.（2022-09-15）. http://www.cq.xinhuanet.com/2022-09/15/c_1129003099.htm.

重要指示。2017年以来，习近平总书记在会见新加坡、马来西亚、柬埔寨、文莱等东盟国家领导人时，多次提到希望各方一起共建陆海新通道；视察贵州、广西、海南等地方时，要求各地要积极参与通道建设、高水平共建陆海新通道。习近平总书记高度重视陆海新通道在"一带一路"建设中的作用，在第二届"一带一路"国际合作高峰论坛期间，多次指出要建设中欧班列、陆海新通道等国际物流和贸易大通道。

中央各部门大力支持新通道建设。2019年8月，陆海新通道建设上升为国家战略。2021年3月，《中华人民共和国国民经济和社会发展第十四个五年规划和2035年远景目标纲要》中提出，面向服务国家重大战略，实施陆海新通道等重大工程，进一步明确陆海新通道建设的重要性。2022年6月，商务部与新加坡相关部门印发《中新（重庆）战略性互联互通示范项目"国际陆海贸易新通道"合作规划》，将加强通道数字化建设作为五项重点任务之一，划定国际共建陆海新通道路线图。[①]

通道沿线省区市合作不断扩大。6年来，陆海新通道高速发展的背后，是通道沿线省区市的通力协作。在品牌塑造上，"陆海优品"于2021年成立，新疆葡萄干、西藏牛肉干、青海黑枸杞、湖南怀化魔芋干、宁夏枸杞原浆、贵州遵义红茶等沿线省区市的特色产品汇聚一堂，以共同品牌，通过"线上+线下"方式向境内外分销。6年来，各省区市步调一致，共同为陆海新通道建设交出令人惊叹的答卷。

（二）基础设施网络不断完善

6年来，"13+2"省区市充分利用现有交通设施资源，促进铁路、公路、水路、机场和港口建设，加快完善"通道+枢纽+网络"的现代物流体系，充分发挥关键枢纽节点作用，释放运输潜力，使陆海新通道成为我国中西部地区货物进出的最便捷通道。

铁路运输骨干作用发挥良好。2017年以来，陆海新通道铁路建设有序推

---

① 共同推动！各部门谈《中新（重庆）战略性互联互通示范项目"国际陆海贸易新通道"合作规划》如何实施［EB/OL］.（2022-06-08）. https://app.cqrb.cn/html/2022-06-08/1235846_pc.html.

进，一批重大铁路项目建成投运，已基本形成以东、中、西三条主干道为骨架，各省内线路为网络，跨越亚欧大陆、联通中南半岛的国际铁路格局。通道内铁路项目规划建设有序推进，主通道布局初步形成，运输能力进一步加强，骨干作用进一步发挥。

公路网络结构更加优化完善。6 年来，在国家统筹推进下，共建省区市间公路交通网络日渐加密，一批对通道具有重要支撑作用的公路项目建成通车，运输能力得到较大提升。广东湛江建成通往广西和海南的玉湛高速、湛徐高速徐闻港支线。贵州全线贯通重庆—松桃—铜仁—柳州—防城港高速公路贵州境内路段。G75 渝黔复线、G69 银百高速城口至开州段、G65 渝湘复线、G93 渝遂复线建设有序推进。渝泸北线、渝武高速扩能等项目开工建设。

水运支撑保障作用显著增强。水运作为重要运输方式，承担了我国大量的跨区域货物运输和约 95% 的外贸物资运输量，是畅通国内国际双循环的重要保障。6 年来，陆海新通道水运设施建设加快推进，一批码头修建项目、航道疏浚整治项目完成，初步形成以北部湾深水港为国际门户港、各港口协同合作的大型港口群，有力支撑北货南下和南货北上，高效辐射国内国外两个市场，水运通道通航条件和通航能力明显改善，为陆海新通道"通筋活络"，增添活力。此外，共建省区市抓紧建设升级内河航道基础设施，重庆果园港充分发挥重庆位于长江黄金水道和陆海新通道交汇点的区位优势，实现陆海新通道与长江黄金水道无缝衔接。右江百色水利枢纽通航设施工程开工，西江、乌江等国家内河高等级航道建设稳步推进。

专栏 6-7

中国—东盟共建多式联运联盟　助力陆海新通道高质量发展

2022 年 12 月，中国—东盟多式联运发展论坛以线上线下相结合的方式在广西南宁举行。本次论坛以"共建中国—东盟多式联运联盟，助力陆海新通道高质量发展"为主题。来自中国和东盟国家经贸、物流、交通、数字经济等领域的政府官员、知名专家学者、协会代表、企业家代表等出席论坛。①

与会嘉宾围绕"加强中国和东盟交通设施互联互通，构建多式联运网络硬件基础""促进中国和东盟多式联运标准规则衔接，搭建信息交互与共享平台""多式联运在推动中国和东盟国家产业链、供应链、价值链融合中发挥的重要作用"等议题展开研讨与交流。

广西北部湾国际港务集团有限公司、中国远洋海运集团有限公司、广西新中产业投资有限公司、广西机场管理集团有限责任公司、新加坡PSA国际港务集团、中物联物流规划研究院共同签署了"共建中国—东盟多式联运联盟"备忘录。各方将在依托陆海新通道建设，积极共建中国—东盟多式联运联盟，以及对接行业政策、促进行业交流、推动标准衔接、加强信息交互、优化运输组织、加强设施互联、推动融合创新等方面加强合作。

物流枢纽集聚辐射能级不断加强。共建省区市推进运输场站建设，完成一批物流枢纽建设工程，形成以重庆、成都为综合交通枢纽，贵阳、南宁、昆明、遵义、柳州等为节点，海港、河港、空港、陆港等为支撑，各枢纽节点密切联系的立体枢纽模式。重庆作为陆海新通道的重要枢纽，建立"一主两辅多节点"始发体系，充分发挥团结村集装箱中心站、鱼嘴站、小南垭主辅枢纽功能，提升物流整合程度和效率。

（三）多种运输方式联通中国与世界

共建省区市推进优化运输组织，通过铁路、公路、水运、航空等多种运

① 中国—东盟多式联运发展论坛在南宁成功举办［EB/OL］.（2022-12-24）. https://gx.chinadaily.com.cn/a/202212/24/WS63a6d1dda3102ada8b22829d.html.

输方式，打造连接中国西部内陆和海外的多式联运通道。

铁海联运班列实现规模化发展。6年来，铁海联运服务模式不断创新，效率显著提升，"铁海联运＋内外贸同船"创新模式班列成功出运，提供物流方案新选择，铁海联运铁路箱下海出境专列成功开行，无须在港口换用海运集装箱，全程使用铁路集装箱，实现全程"一次委托、一运到底"，缩短在途运输时间2天，每标箱减少费用1000元①，有效解决"一箱难求"问题。

国际铁路班列线路越织越密。2017年以来，陆海新通道国际铁路联运保障能力提升，运输网络持续拓展，实现与中欧班列无缝连接，形成跨越亚欧大陆、连接东南亚市场的国际铁路联运格局。一方面，班列开通数量增加，辐射范围扩大。重庆陆续开通通往越南、泰国、缅甸等国国际铁路班列与由越南出发跨里海和黑海的"两海"线路，实现"东南亚—中国重庆—里海—黑海—欧洲"整条线路常态化、高密度运行。新疆先后开通通往中亚、欧洲、南亚的国际班列，发展了通道经济。四川陆海新通道国际铁路班列实现全域多点齐发，"四向拓展、全域开放"新态势加快形成。另一方面，国际铁路班列服务水平持续提升，依客户需求开通定制化专列。重庆开通至印度、印度尼西亚、菲律宾等国定制化专列，提供全程一体化优质联运服务；成都开通至越南的"定制货运"专列，为企业运输提供了多样化选择。

助力跨境公路班车运输提速优化。陆海新通道共建省区市充分发挥公路运输灵活性优势，优化至东盟跨境公路班车直通模式，加密实施至中南半岛的跨境公路班车全覆盖。形成经广西、云南等省区口岸出境，辐射整个中南半岛国家的跨境公路运输格局。重庆使用西部内陆省区市获批的第一个大湄公河次区域（GMS）行车许可证，开行至老挝跨境公路班车，无须在边境口岸换装换车，便可直达目的地，降低货损、提升时效，推进通道建设取得新突破、新成效。

----

① 助推重庆从内陆腹地到开放高地［EB/OL］.（2022-01-02）. http://cq.cqnews.net/html/2022-01/02/content_926926730 516852736.html.

（四）改善营商环境增强综合竞争力

共建省区市相关部门从税收、通关、物流、信息服务等多方面发力，全方位降低企业成本，有力支持陆海新通道建设。

财税政策加力提效。减税降费缩减企业运营成本。6年来，共建省区市为通道建设出台一批财税支持政策，为企业降低成本提供切实有力支持，为推动陆海新通道建设加力赋能。陆海新通道推出铁海联运"一口价"产品，降低物流成本，给予部分货物种类运价下浮优惠。贵州印发《贵州省进一步降低物流成本若干政策措施》，提出降低物流成本的12条具体举措。重庆、广东湛江均对物流领域收费做出规范，降低运输企业成本。成都铁路、公路口岸实现基础操作"零收费"。海南洋浦港利用自贸港"零关税"政策推进国际船舶回归登记，降低航运企业购船成本，积极落实内外贸同船运输船舶加注保税油政策，节省企业油料成本。

优化服务提升通关便捷度。共建省区市以优化营商环境为支撑，不断创新陆海新通道监管服务模式，提升通道开放水平，提供有效服务保供保畅，提升通关便利化水平，通关效率显著提升。重庆海关率先在西南地区开展"两步申报""两段准入"监管创新，将通关时间从3天左右缩短为半天。青海、陕西、四川不断优化"单一窗口"建设，扩大"单一窗口"业务覆盖率。在国家口岸管理办公室指导下，重庆牵头沿线省区市共同建设"单一窗口"陆海新通道平台。2022年4月，"单一窗口"陆海新通道服务专区开通，单证处理耗时降低80%，准确率提高到99.99%，为促进交通、物流、商贸、产业深度融合奠定了基础。

科技赋能切实提升信息服务水平。共建省区市积极提升服务能力，全面推广应用"单一窗口"，提供便利线上服务，提升平台数字化水平，为企业提供高效便捷的信息服务。重庆推动数字陆海新通道建设，升级国际贸易"单一窗口"陆海新通道平台，上线贸易、金融等4大应用模块，建设陆海新通道数字化供应链服务平台和智慧关务平台。甘肃建成涉企政策精准推送和"不来即享"服务系统，提供便利线上服务，被国务院办公厅作为优化营商环境10项典型之一并向全国推广。洋浦港建立港区公共信息服务平台，上线"一线径予放行"功能，对于不涉证、不涉检货物，企业可不填报关单，直接提货发货，简化了货物进出境通关手续。

（五）国际合作拓宽发展空间

6年来，中央相关部门及陆海新通道共建省区市与沿线国家积极开展国际合作，构筑常态化交流合作平台，进一步提升通道国际合作水平，为陆海新通道建设拓空间、添动力。

搭建国际合作机制，凝聚共建合力。陆海新通道共建各方加强政策对接，以机制建设促进更大范围、更宽领域、更深层次合作，有效提升各方参与度，促进通道发展成果共享。2020年8月，澜沧江—湄公河合作第三次领导人会议召开，发布《关于澜湄合作与"国际陆海贸易新通道"对接合作的共同主席声明》，各方领导人就支持澜湄合作与陆海新通道建设开展对接，并就提供必要的政策和各类资源支持达成一致。此后，陆海新通道建设纳入澜湄合作第五次、第六次外长会议议题及成果文件，国际合作基础进一步巩固。2022年4月，中国商务部与新加坡贸工部共同召开陆海新通道中新高官会第三次会议，双方商议，将重点围绕基础设施、冷链物流、贸易数字化、人才培养等领域开展合作，确保《陆海新通道合作规划》尽早落地见效。[①]

制定规划政策，筑牢合作根基。共建省区市出台国际合作支持政策，推动与东盟国家通道畅通和产业合作，促进国内国外两个市场深度融合，激发通道经济活力。2023年5月，为加快建设陆海新通道，服务成渝地区双城经济圈建设，重庆印发《重庆市加快建设西部陆海新通道五年行动方案（2023—2027年）》，提出要坚持创新驱动、数字引领、开放融合、绿色生态、共建共享，加快构建更加经济、更高效率、更为安全、更可持续的陆海新通道，进一步发挥通道物流和运营组织中心作用，更高水平推进内陆开放高地建设。

---

① 中国商务部亚洲司与新加坡贸工部东北亚司召开陆海新通道中新高官会第三次会议［EB/OL］.（2022-04-18）. http://sg.mofcom.gov.cn/article/dtxx/202204/20220403305800.shtml.

第七篇

民心相通篇

　　"国之交在于民相亲，民相亲在于心相通。"民心相通是共建"一带一路"的社会根基。习近平主席指出，"要坚持以人民为中心的发展思想，聚焦消除贫困、增加就业、改善民生，让共建'一带一路'成果更好惠及全体人民，为当地经济社会发展作出实实在在的贡献"。十年来，中国着力同共建国家增进民心相通，加大国际发展合作力度，共筑医疗卫生长城，一大批民生工程、民心项目落地开花，各层级文化交流精彩纷呈。"一带一路"成为造福世界的"发展带"和惠及人类的"幸福路"，成果越来越多，人气越聚越旺，道路越走越宽，展现出更加广阔的发展前景。

第一章

国际发展合作雪中送炭

国际发展合作是指在南南合作框架下，通过对外援助等方式在经济社会发展领域，包括人道主义援助方面开展的多双边国际合作，中国的国际发展合作始于1950年。[①]2013年"一带一路"倡议的提出为新时代的国际发展合作锚定了战略定位，搭建了实践平台。2018年4月，国家国际发展合作署成立，服务共建"一带一路"明确成为国际发展合作的重大使命职责。[②]作为建设"一带一路"的政策工具，国际发展合作聚焦"五通"，持续推进互联互通和民生改善，加强战略对接和经验分享；在基础设施、社会民生、公共治理等领域实施了一批"小而美、见效快、惠民生"的援助项目，为打造和平、繁荣、开放、绿色、创新、文明、廉洁的"一带一路"项目积极贡献力量。

第一节　总体规模稳步扩大

中国以"一带一路"为合作平台，不断加大对其他发展中国家的援助力度。2013—2018年，中国对外援助总金额为2702亿元人民币（币种下同）。

① 《新时代的中国国际发展合作》白皮书［EB/OL］.（2021-01-10）. https://www.gov.cn/zhengce/2021-01/10/content_5578617.htm.
② 关于国务院机构改革方案的说明［EB/OL］.（2018-03-14）. https://www.gov.cn/guowuyuan/2018-03/14/content_5273856.htm.

其中，无偿援助资金占47.3%，无息贷款资金占4.2%，援外优惠贷款占48.5%。如果不考虑年度增长因素，年均规模为450.3亿元，较2010—2012年年均规模增长51.2%（见表7-1）。也就是说，"一带一路"倡议提出后的国际发展合作增速显著。

表 7-1　中国对外援助规模

单位：亿元

年份	无偿援助	无息贷款	优惠贷款	资金总规模	年均规模
1950—2009年	1062	765.4	735.5	2562.9	42.7
2010—2012年	323.2	72.6	497.6	893.4	297.8
2013—2018年	1278	113	1311	2702	450.3
总计	2663.2	951	2544.1	6158.3	—

数据来源：根据2011、2014年《中国的对外援助》白皮书和2021年《新时代的中国国际发展合作》白皮书整理。

在2017年和2019年两届"一带一路"国际合作高峰论坛上，习近平主席都宣布了一系列援助举措，丰富了国际发展合作的内涵和实践。其中包括：

——未来3年内[1]提供600亿元无偿援助和无息贷款，建设更多民生项目。参与"一带一路"建设的发展中国家根据民生发展的核心关切问题，与中国驻有关国家使领馆和经济商务机构保持密切沟通，确定优先发展合作重点，围绕政策沟通、设施联通、贸易畅通、资金融通、民心相通等领域提出具体项目需求。[2]

——提供20亿元人民币紧急人道主义粮食援助。中方根据有关国家具体需求，通过多双边渠道向有关国家提供紧急人道主义粮食援助，为第一时间挽救有关国家民众生命、缓解食品短缺、改善营养不良和逐步提高农业生产水平作出努力和贡献，与国际社会一道共同提升全球粮食安全水平。

---

[1]　指2017—2020年。

[2]　商务部援外司负责人详解"一带一路"合作发展项目［EB/OL］．（2017–05–15）．https://www.gov.cn/xinwen/2017-05/15/content_5194160.htm.

——向南南合作援助基金①增资10亿美元，使基金规模扩大至30亿美元，以更好地推动南南合作，特别是支持促进发展中国家经济社会发展，改善民生福祉。

——实施100个"幸福家园"、100个"爱心助困"、100个"康复助医"②等面向沿线发展中国家基层民众的小微民生援助项目。积极调动政府、企业、社会组织等各方资源，与沿线发展中国家和有关国际组织密切合作。

——向有关国际组织提供10亿美元，定向用于在沿线发展中国家合作开展减贫、农业、教育、卫生、环保、工业发展、贸易促进等领域的发展合作项目。

——同有关国家一道，实施"一带一路"应对气候变化南南合作计划。

——深化农业、卫生、减灾、水资源等领域合作，同联合国在相关发展领域加强合作，努力缩小发展差距。

——未来5年③，邀请"一带一路"共建国家的政党、智库、民间组织等1万名代表来华交流。

——鼓励和支持沿线国家社会组织广泛开展民生合作，联合开展一系列环保、反腐败等领域培训项目，深化各领域人力资源开发合作。

——持续实施"丝绸之路"中国政府奖学金项目，举办"一带一路"青年创意与遗产论坛、青年学生"汉语桥"夏令营等活动。

上述举措既涉及粮食和农业、教育、医疗卫生、气候变化、减灾、水资源等与民生直接相关的众多领域，也包括政党、青年、学生等人力资源开发合作和人文交流项目；既尊重受援国自主发展意愿，也带动了相关国际组织、当地社会组织共同支持发展中国家，并提出明确资金保障支持，充分展

---

① 2015年9月，习近平主席在出席联合国发展峰会时宣布设立"南南合作援助基金"，首期提供20亿美元，用于支持发展中国家落实联合国《2030年可持续发展议程》。

② 通过实施"幸福家园"项目，帮助有关国家提高基本教育、技能培训、农业生产、社区发展水平等；通过"爱心助困"项目，为有关国家老年人、残疾人、妇女儿童等特殊群体提供服务和救助；通过"康复助医"项目，与有关国家加强传染病的联防联控，加强传统医药联合研究，提升健康命运共同体合作水平。

③ 指2019—2024年。

现了中国为支持"一带一路"共建国家发展的决心和力度。

第二节　地区分布更加突出

国际发展合作规模在稳步增长的同时，受援地区分布呈现出覆盖面广、重点突出的特点。

第一，"一带一路"建设涉及亚洲、欧洲和非洲等地区，共建国家中大部分发展中国家均为中国受援国。据《新时代的中国国际发展合作》白皮书统计，2013—2018年，中国共向亚洲、非洲、拉丁美洲和加勒比、大洋洲及欧洲等地区122个国家与20个国际和区域性多边组织提供援助。其中，亚洲地区30国、非洲地区53国、大洋洲地区9国、拉丁美洲和加勒比地区22国、欧洲地区8国，基本覆盖"一带一路"共建国家。

第二，援助更多向亚洲、非洲最不发达国家倾斜。"一带一路"源自亚洲、依托亚洲，六大经济走廊横跨亚洲。亚洲作为国际发展合作政策的基础和优先方向，重点受援国多为中蒙俄、新亚欧大陆桥、中国—中亚—西亚、中国—中南半岛、中巴、孟中印缅等经济走廊上具有重要地缘战略意义的关键国家。非洲是发展中国家最集中的大陆，是对外援助的重点。因此从规模上看，非洲地区占援助总额最大，为44.7%，亚洲地区占比36.8%，拉丁美洲和加勒比地区占比7.3%，大洋洲地区为3.7%，欧洲地区为3.3%，国际组织及其他为4.2%。

"一带一路"倡议为区域合作赋予了开放包容、均衡普惠的含义，助力打造更高水平、更深层次的区域合作。中国通过中非合作论坛、上海合作组织、中国—葡语国家经贸合作论坛、中国—阿拉伯国家合作论坛、中国—拉共体论坛、中国—加勒比经贸合作论坛、中国—太平洋岛国经济发展合作论坛、澜沧江—湄公河合作等区域合作机制，提出同各地区发展中国家的合作方案，帮助有关国家促进经济社会发展、增进民生福祉，探索南南合作新范式，为共建"一带一路"多点开花注入新的活力。

亚洲各国山水相连、唇齿相依。巴基斯坦白沙瓦—卡拉奇高速公路（苏库尔—木尔坦段）、昆曼公路（云南昆明—泰国曼谷）老泰跨湄公河大桥、巴基斯坦瓜达尔新机场、斯里兰卡汉班托塔港等一批项目建成或开工，有力促进了与共建国家互联互通。东盟是中国周边外交的优先方向和高质量共建"一带一路"的重点地区。中国积极实施东亚减贫示范合作技术援助项目，自2014年起在老挝、柬埔寨、缅甸开展6个东亚减贫示范合作项目，被誉为"减贫合作的标杆"。①新冠疫情暴发以来，双方启动中国—东盟公共卫生合作倡议，不断完善"中国—东盟疫苗之友"平台，促进疫苗政策沟通和信息分享。②2021年11月，习近平主席在中国—东盟建立对话关系30周年纪念峰会上宣布，中国将再向东盟国家提供1.5亿剂新冠疫苗无偿援助，再向东盟抗疫基金追加500万美元，未来3年再向东盟提供15亿美元发展援助，用于东盟国家抗疫和恢复经济。澜湄合作是由澜沧江—湄公河沿岸国家③共同建立的次区域合作机制。2016年3月，中国提出设立澜湄合作专项基金，在5年内提供3亿美元，支持六国提出的中小型合作项目。水资源合作中心、湄公河缅甸万崩港扩建可行性研究、水稻良种培育及优化种植、农村发展和蔬菜栽培技术转移、青年文化交流以及遗产保护等一批"小而美"项目落地开花，让澜湄流域经济合作更显蓬勃生机。

中非合作论坛成立于21世纪初，已历经八届，形成了议题广泛、务实高效的定期会晤机制，成为引领对非合作和南南合作的典范。在"一带一路"倡议提出后举办的中非合作论坛约翰内斯堡峰会和北京峰会上，习近平主席分别宣布"十大合作计划"和"八大行动"，两次承诺提供总额600亿美元的资金支持。为推动"十大合作计划"，提供50亿美元无偿援助和无息贷款，提供350亿美元优惠性质贷款及出口信贷额度，实施100个"农业富

---

① 中国—东盟合作事实与数据：1991—2021［A/OL］.（2021-12-31）. http://new.fmprc.gov.cn/web/wjb_673085/zzjg_673183/yzs_673193/xwlb_673195/202201/t20220105_10479078.shtml.

② 王毅：中国已向东盟十国提供1.9亿多剂疫苗［EB/OL］.（2021-08-03）. http://www.xinhuanet.com/world/2021-08/03/c_1127726775.htm.

③ 澜沧江和湄公河一水二名，是连接中国、柬埔寨、泰国、老挝、缅甸、越南6国的天然纽带。

民工程",实施100个清洁能源和野生动植物保护项目、环境友好型农业项目和智慧型城市建设项目,实施50个促进贸易援助项目和200个"幸福生活工程"等。为推动"八大行动",提供150亿美元无偿援助、无息贷款和优惠贷款,在产业促进、健康卫生、和平安全、绿色发展、贸易促进、人文交流等六大领域宣布各50个援助项目。这些资金和项目为非洲国家发展提供了积极动力,助力其可持续发展,并更好融入全球产业链。2020年6月在中非团结抗疫特别峰会上,习近平主席宣布将继续全力支持非洲国家抗疫行动,加快落实中非合作论坛北京峰会成果,将合作重点向健康卫生、复工复产、改善民生领域倾斜。

上海合作组织成员国位处丝绸之路经济带,对形成东西相济、互联互通的经济廊道具有重要地缘意义。习近平主席多次提出教育、文化、农业、能力建设等领域发展合作举措,如为上海合作组织成员国培训2000名人才的计划,在产业规划、项目可行性研究、咨询等领域提供技术援助,为成员国培训农业技术人员,帮助各国提高能力建设水平和农业生产水平;①向上海合作组织国家提供1000名扶贫培训名额,建成10所鲁班工坊,在"丝路一家亲"行动框架内开展卫生健康、扶贫救助、文化教育等领域30个合作项目,②以务实进取的合作理念为与上海合作组织合作注入更多动力,进一步丰富区域发展观和治理观。

可以说,区域合作机制下的一个个援助行动是共建"一带一路"时代浪潮下的生动缩影。中非命运共同体、"澜湄精神""上海精神"等理念因跨五洲、遍四海的各类发展合作项目而更加熠熠生辉,汇聚起共建"一带一路"的磅礴动力。

---

① 习近平在上海合作组织成员国元首理事会第十五次会议上的讲话 [EB/OL].(2015-07-11). https://news.12371.cn/ 2015/07/11/ARTI1436544269766792.shtml?from=singlemessage.

② 习近平在上海合作组织成员国元首理事会第二十一次会议上的讲话(全文)[EB/OL].(2021-09-17). https://www.gov.cn/xinwen/2021-09/17/content_5638055.htm.

第三节 合作方式更趋多元

国际发展合作的方式是多元的，在长期历史实践中产生了无偿援助、无息贷款、优惠贷款3种资金类型，形成了成套项目、一般物资、技术援助、人力资源开发合作、援外医疗队、紧急人道主义援助、志愿者、债务减免、全球发展和南南合作基金等9种方式①。为积极配合共建"一带一路"，国际发展合作结合"软"援助和"硬"援助，统筹无偿和优惠贷款资金，兼顾双边与多边渠道，注重创新和实效，不断丰富政策工具箱。

第一，"软""硬"援助结合，既着眼当下，也立足长远。既有成套基础设施建设项目、提供物资等"硬"援助，也包含技术援助、规划咨询、人力资源开发合作、派遣援外医疗队和志愿者等"软"援助。一方面，成套项目"交钥匙"工程、物资援助等具有让当地直接受益的工具性特点。2013—2018年，中国共建设社会公共设施、经济基础设施、农业、工业等成套项目423个，提供机械设备、检测设备、交通运输工具、药品以及医疗设备等物资援助890批。另一方面，"软"援助以"授渔""造血"为理念，意在让当地拥有更有后劲、更可持续的发展能力。2013—2018年，共完成工业生产和管理、农业种植养殖、文化教育、体育训练、医疗卫生、清洁能源开发、规划咨询等技术合作项目414个，举办7000余期人力资源开发合作项目，派遣1069批次27484名医疗队员、青年志愿者和汉语教师志愿者。②

第二，搭配无偿和贷款资金，有效扩大资金规模。中国稳步扩大无偿援助资金规模，无偿援助占比较2012—2014年有所提高，但无偿援助的国家财政资金性质决定了其有限性。因此，中国从1995年起设立援外优惠贷款，

---

① 2015年9月，习近平主席在出席联合国发展峰会时宣布设立"南南合作援助基金"，支持其他发展中国家落实联合国《2030年可持续发展议程》。2022年6月24日，习近平主席在主持全球发展高层对话会时宣布，中国将加大对全球发展合作的资源投入，把南南合作援助基金升级为"全球发展和南南合作基金"，并在30亿美元基础上增资10亿美元。

② 《新时代的中国国际发展合作》白皮书［EB/OL］.（2021-01-10）. https://www.gov.cn/zhengce/2021-01/10/content_5578617.htm.

本金由中国进出口银行通过市场筹措，贷款利率低于中国人民银行公布的一年期对金融机构再贷款基准利率，产生的利息差额由国家财政资金补贴，在不大量增加财政负担的情况下扩大了资金来源。针对特殊国别和项目，实施多档次、差异化的优惠贷款利率，保障贷款的优惠度。这能够有效帮助解决发展中国家资金困难问题，支持较大规模的基础设施项目融资，积极贡献于发展中国家经济社会发展和建设。同时，中国免除最不发达国家、重债穷国、内陆发展中国家和小岛屿发展中国家的到期无息贷款债务，2013—2018年共免除98笔，累计金额达41.84亿元，减轻了发展中国家的债务负担，释放了更多财政活力。

第三，双边和多边并举，带动形成全球发展合作伙伴。"一带一路"是开放式的区域和地缘经济合作，破除了西方传统地缘政治观，推动新型发展合作，[1]意在将少数国家的点状式经济增长扩展为全球均衡发展，为新的经济发展提供新路径。另外，中国对外援助向国际发展合作转型升级，也意味着要拓宽传统"中国政府—受援国政府"的双边援助渠道，转向多双边并进，以双赢、多赢、共赢的理念丰富全球发展合作伙伴关系，打造更加包容的全球治理、更为有效的多边机制和更加积极的区域合作，彰显"一带一路"共商共建共享的全球治理观。中国积极履行国际义务、承担大国责任，及时足额缴纳联合国会费，通过核心和非核心捐款支持多边援助。2015年，中国宣布成立南南合作援助基金（2022年升级为全球发展和南南合作基金），进一步增强援助资金的灵活性和创新性，为国际组织等机构参与中国国际发展合作提供了可能性，拓宽了传统以双边为主的援助渠道，以中国资源撬动国际各方优势资源，推动南南合作，支持联合国《2030年可持续发展议程》。基金支持人道主义援助、农业发展与粮食安全、卫生健康、扶贫、防灾减灾、教育培训、可持续工业发展、生态环保、贸易促进、投资便利化等优先领域，合作伙伴包括联合国世界粮食计划署、联合国开发计划署、联合国难民

---

① 张蕴岭等.世界大势：把握新时代变化的脉搏[M].北京：中共中央党校出版社，2021：143.

署、联合国儿童基金会、国际电信联盟、国际民用航空组织等国际组织。截至2021年10月，南南合作援助基金在50多个国家开展了100多个民生项目，受益人数达2000多万，[①]为丰富全球发展合作伙伴关系注入了新动能。

第四，创新模式，提高受援方参与度。长期以来，传统成套援助项目为"中方代建"模式，由中国企业承建后移交外方使用。中国创新援助模式，在部分有条件的国家或地区试点"受援方自建"（也称本土化项目），由中国提供资金或技术支持，由有关国家招标选定当地施工企业，或负责项目的勘察、设计或建设等过程管理，让当地企业参与项目的设计或施工。这提升了受援方的融入感和参与度，促进了互动交融式的发展合作。

第五，兼顾常规和紧急援助，提高援助时效。常规援助项目程序需要历经项目储备、可行性研究、立项、招标采购、组织实施等多重环节，耗时相对较长。面对当前全球紧急灾难和危机突发、多发的态势，中国坚持急事急办、特事特办，尽可能简化紧急人道主义援助流程，提高快速响应能力。2013—2018年，在发生海啸、地震等自然灾害时，中国向60个国家提供了紧急人道主义援助，包括提供紧急人道主义援助物资设备、派遣国际救援队和医疗专家组、抢修受损设施等。新冠疫情暴发后，开展跨部门协作，快速、高效组织抗疫援助，保障抗疫物资和疫苗第一时间运抵受援国，在服务全球抗疫大局中体现出中国速度和中国效率。

---

① 国新办举行我国抗疫援助及国际发展合作发布会［EB/OL］.（2021-10-26）. http://www.scio. gov.cn/xwfbh/xwbfbh/wqfbh/ 44687/47280/.

民生项目泽被四方

民生是人民幸福之基、社会和谐之本。改善民生、减少贫困是许多"一带一路"共建国家的首要目标。在"一带一路"高标准、惠民生、可持续的目标中，就蕴含了以人民为中心的发展思想，走经济、社会、环境协调发展之路。中国秉持正确义利观，努力将人类命运共同体理念转化为各国同舟共济、守望相助的举措和行动，在减贫、农业、医疗卫生、教育、市政设施、打井供水等领域，实施一批顺民意、惠民生、得民心的援助项目，让发展成果惠及受援国民众，以改善民生福祉促民心相通，让"一带一路"真正走到共建国家民众的心中，助力"一带一路"走深走实。

第一节 农业减贫领域

2021年7月，中共中央总书记、国家主席、中央军委主席习近平在庆祝中国共产党成立100周年大会上庄严宣告，中国在中华大地上全面建成了小康社会，历史性地解决了绝对贫困问题。中国在减贫实践中探索形成的宝贵经验，既属于中国，也属于世界，拓展了人类反贫困思路，为人类减贫探索了新的路径。[①]"一带一路"对共建国家而言，是一条"减贫之路""增长之路"。为更好帮助受援国农村地区加快减贫进程，2017年，中国在老挝、柬

---

① 人类减贫的中国实践［A/OL］.（2021-04-06）. http://www.scio.gov.cn/ztk/dtzt/44689/45216/index.htm.

埔寨、缅甸三国乡村基层社区实施"东亚减贫示范合作技术援助项目"，由中国政府提供资金和技术支持，以中国扶贫开发"整村推进"的工作经验为基础，为6个示范村新建饮水、桥梁、道路、电力等基础设施和公共服务设施，组织种植养殖技术示范，多渠道增加村民收入，提升示范村自主发展能力。联合国秘书长古特雷斯指出，"一带一路"倡议为有关国家摆脱经济困境、实现联合国《2030年可持续发展议程》目标提供了现实路径。[①]到2030年，共建"一带一路"有望帮助全球760万人摆脱极端贫困、3200万人摆脱中度贫困。[②]

农业对于农民就业、农村脱贫具有重大意义。中国援助在为其他发展中国家提升农业生产能力和粮食安全方面发挥了积极作用。第一，中国为吉尔吉斯斯坦、乍得、尼日尔、斐济等国援建了灌溉系统项目，并提供水稻联合收割机、插秧机、直播机、拖拉机等农用机械设备和农用物资，帮助解决受援国在农业生产过程中"巧妇难为无米之炊"的投入问题。第二，中国坚持派遣农业技术专家，将良种繁育、试验试种与示范种植、技术推广结合起来。首先"找对路"，为受援国试验试种，找到可复制可推广的农业品种，填补当地农业技术空白，增强受援国发展农业的信心；其次"带上路"，将品种、技术示范推广，手把手引导当地民众走上正确的生产道路，转变"靠天吃饭"的种植传统，实现粮食丰收。第三，中国重视对农业生产后环节的援助，帮助东帝汶、赞比亚、古巴、佛得角等国建设了粮仓和粮食加工厂、玉米粉加工厂、猪牛屠宰厂、农产品初加工中心等，完善生产、储存、加工和销售等农业全产业链发展，提高农产品附加值和农民收入。

杂交水稻是中国农业科技史上的一座丰碑，也是中国援外的亮丽名片。中国政府援建了20多个农业技术示范中心、数十所农业技术学校、200多个农业技术援助项目，向57个国家派出了160个农业技术专家组，为数百万人提供农业技术和管理培训。从培训、传授种植技术到协助打造水稻产业链，

---

① 联合国秘书长："一带一路"为应对全球性挑战提供新机遇［EB/OL］.（2017-05-12）. http://news.china.com.cn/2017-05/12/content_40799485.htm.

② 习近平在博鳌亚洲论坛2021年年会开幕式上发表主旨演讲［EB/OL］.（2021-04-20）. https://www.gov.cn/xinwen/ 2021-04/20/content_5600759.htm.

从实施种植规模化、本土化到推动节粮减损，杂交水稻在中国以外的国家和地区种植总面积达到800万公顷，促进了当地粮食增长，为实现"零饥饿"贡献了中国方案。得益于杂交水稻技术，尼日利亚大米进口降低了90%，尼泊尔获得至少40%的粮食增产，有效增进了共建国家民众的获得感。2017年，中国杂交水稻被印上了马达加斯加的新版货币，被永久铭记。

发展中国家农村具有劳动力充足的比较优势。中国抓住这一特点，根据受援国农村地区的资源和基础条件，通过技能培训等方式，传授多种手工艺技术，帮助农村人口就业和提高收入。在时任福建省省长习近平亲自推动下，菌草技术作为官方援助项目2001年在巴布亚新几内亚落地，至今菌草技术已在全球100多个国家落地生根，为当地创造数十万个绿色就业岗位。中国在利比里亚、卢旺达、埃塞俄比亚等多个国家传授竹藤编技术，讲授竹家具设计与制作、竹资源可持续经营与管理、竹材防护处理等实用技术。参与学员利用所学技能进行创业，大大提高了就业能力，带动了大量贫困人口和弱势群体以技术促就业，以就业促减贫，实实在在将发展成果惠及受援国人民。

第二节　公共卫生领域

2015年发布的《推动共建丝绸之路经济带和21世纪海上丝绸之路的愿景与行动》①中提到，"向有关国家提供医疗援助和应急医疗救助，在妇幼健康、残疾人康复以及艾滋病、结核、疟疾等主要传染病领域开展务实合作，扩大在传统医药领域的合作"。医疗卫生领域是中国援助长期实践的领域。中国在老挝、柬埔寨、斯里兰卡、突尼斯、赞比亚、卢旺达、莱索托、马达加斯加、塞内加尔、几内亚、尼日尔、莫桑比克、刚果（金）、南苏丹、牙买加、苏里南、多米尼克等国建设了一批医院、诊所等医疗卫生基础设施项目，向受援国提供医用设备器械、药品、疫苗及医用耗材，为缓解发展中国家医疗资源紧缺状况作出了积极贡献。斯里兰卡北中部地区肾病高发，长期

---

① 2015年3月由国家发展改革委、外交部、商务部发布。

困扰斯里兰卡政府和当地民众。中国为斯里兰卡波隆纳鲁沃省援建肾内专科医院，该医院成为南亚地区最大的肾病医院，辐射斯里兰卡全国乃至东南亚，有效扩大当地肾病接治能力。2018年，时任斯里兰卡总统西里塞纳视察援斯里兰卡肾病医院项目，表示该项目是"中国送给斯里兰卡的礼物"，将惠及整个斯里兰卡人民。

中国自1963年向阿尔及利亚派出第一支援外医疗队起，已累计向亚非拉70余个国家和地区派出共1069批次27484名医疗队员，[①]这些白衣天使长期扎根当地，为当地民众提供宝贵的医疗服务。2017年9月，中国红十字会总会派出首支援外医疗队赴巴基斯坦瓜达尔港，开始为期两年的医疗服务。这是中国派出的第一支常驻非洲以外国家的援外医疗队，有助于进一步提高"一带一路"共建国家的医疗服务能力。此外，中国还为斯里兰卡、苏丹、喀麦隆等亚非发展中国家开展白内障手术"光明行"、唇腭裂手术"微笑行"、心脏病手术"爱心行"等短期医疗服务。一次次会诊、千百台手术，体现了"一带一路"上大爱无疆的医者仁心和心手相连的深情厚谊。

一些"一带一路"共建国家公共卫生体系建设薄弱，疟疾、血吸虫病等传染性疾病高发。中国实施了疾病防控与人群健康改善项目，加强公共卫生体系建设。2017年4月，中国援桑给巴尔血吸虫病防治技术合作项目启动，使用中国成熟的经验和有效药物，帮助桑给巴尔开展灭螺，控制血吸虫病传播，实现消除血吸虫病的防治目标。经过中国专家们3年的不懈努力，项目试点区域血吸虫病患病率已大大下降。[②]为增强非洲应对新冠疫情等重大卫生危机的能力，2020年12月，中国计划在埃塞俄比亚首都亚的斯亚贝巴建设的非洲疾病预防控制中心总部大楼项目提前动工。2023年1月，项目竣工，成为第一所设施完善的全非疾控中心，包含应急响应中心、信息中心、生物实验室、办公行政区和专家公寓等多功能模块，将进一步助力中非双方开展

---

① 《新时代的中国国际发展合作》白皮书［EB/OL］.（2021-01-10）. https://www.gov.cn/zhengce/2021-01/10/content_5578617.htm.

② 为有源头活水来：记中国援建坦桑尼亚桑给巴尔血吸虫病防治供水工程落成［EB/OL］.（2019-12-06）. http://www.xinhuanet.com/world/2019/12/06/c_1125316632.htm.

公共卫生技术合作，帮助非洲国家筑牢公共卫生防线、提高突发公共卫生事件应急响应速度和疾病防控能力。非盟委员会主席法基表示："这是非中合作的成果，将改善非洲人民的健康并带来繁荣，彰显了非中坚实的全面战略合作伙伴关系。"非洲疾控中心首席地区协调员马埃达表示，从埃博拉疫情到新冠疫情，中国向非洲大陆提供了巨大支持。[①] 当前，非洲国家亟须改善医疗卫生基础设施，中国的援助及时且迅速。非洲疾控中心总部项目再次体现出，中国始终以实际行动支持非洲。

第三节　教育领域

"再穷不能穷教育"是中国人熟知的道理。教育不仅关系每个孩子的切身利益，更是阻断贫困代际传递的关键。中国援建的柬埔寨桔井农业技术学校、卢旺达北方省穆桑泽综合技术学校扩建项目、援佛得角大学新校区、援埃塞俄比亚梅莱斯领导力学院等项目建成移交，扩大了当地的教学资源，改善了当地教学条件，为当地学龄儿童创造更多受教育机会。中国还通过技术指导、教材编制等项目，助力当地建立现代化教育体系。苏丹恩图曼职业培训中心是中国于1989年援建的职业技术学校，根据苏丹发展职业教育的实际需要，中国于2013年对该校进行改扩建，并派遣十余名国内专家赴苏丹现场指导学校教学和运营管理，对学校教师及管理人员进行培训，将其打造为苏丹全国职业教育师资培养基地。

 专栏7-1

中国支持南苏丹编制教材

南苏丹于2011年7月建国，教育几乎从零起步。教学资源奇缺，教

---

① "中国兑现对非承诺的又一例证"：非洲疾病预防控制中心总部（一期）项目正式峻工［N］. 人民日报，2023-01-14（03）.

材来源不一、不成体系，常常六七个学生共同使用1本教材，国内教育事业亟待振兴。2017年，中国支持南苏丹综合性教育援外项目启动，包括顶层教育规划、教材开发、教师培训、信息通信技术（ICT）教师培训中心建设和教材印刷等五大板块，旨在为南苏丹建立现代化的完整教育体系。

实施单位中南传媒集结国内基础教育教材编写团队，与南苏丹方合作编写数学、英语、科学的教学大纲、教材及教师用书。教材编写为南苏丹量身定制，为了符合南苏丹的国情，在教材编写过程中，双方专家团队反复沟通，连教材中的人物姓名都注意选取了来自不同部落孩子的名字，教材中民居绘成尖顶草屋的样子也符合当地的实际情况。在一次探讨时，一名南苏丹老师指出，插画中画的人物看起来更像埃塞俄比亚人，于是编写团队立即按照他们指导，重新对人物进行了设计，确保教材实用、可读。[①] 截至2018年7月，中国向南苏丹移交84个品种、130.4万册教材。南苏丹教育部次长隆格里奥表示，"'十年树木，百年树人'。教育是发展的基础，中南传媒的援南苏丹项目正逢其时。"南苏丹驻华大使约翰·安德嘉·杜库表示，援南苏丹项目既体现了中国在教育发展领域的宝贵经验和先进水平，也密切结合了南苏丹当地特征和风俗民情，满足了南苏丹政府的殷切期待和南苏丹人民的实际需求，他对中国政府和中国人民对南苏丹的帮助和友好之情表示由衷感谢。援南苏丹教材项目既为这个"世界上最年轻的国家"教育发展打下了坚实基础，也创新了中国教育援助的空间和模式，深化了"一带一路"建设的教育合作。

---

① 湖南人编的课本走进非洲，"南苏丹模式"获国际点赞！[EB/OL].（2019-08-24）. https://moment.rednet.cn/pc/content/2019/08/24/5832089.html.

第四节　公益基础设施领域

中国在"一带一路"发展中国家实施了一批社会住房、乡村供水等公益基础设施项目，为当地民众提供了"幸福之家""惠民之泉"，让当地民众拥有更多获得感和幸福感。中国援助白俄罗斯社会保障住房项目已历经两期[①]，是近年来援助白俄罗斯周期最长、覆盖面最广的援助项目，住宅分布在白俄罗斯全国6省1市，使大批孤儿、多子家庭、残疾人等弱势人群受惠。2022年5月，中老铁路配套民生工程援老挝中老铁路搬迁安居村项目建成移交。项目在中老铁路沿线三省四县援建4个搬迁安居村，为当地349户居民建设安置房，同时配套建设幼儿园、小学、卫生所等公共服务设施，以及村内外道路、供水、数字电视等公共工程。安居村有效保障了中老铁路沿线移民安置需求，为铁路沿线居民带来长久幸福生活。在蒙古国，中国援建的残疾儿童发展中心于2019年竣工并移交，为当地提供了现代化、功能齐全的残疾儿童治疗康复场所，对完善蒙古国医疗体系建设、提升残疾儿童健康水平具有积极意义。

中国援柬埔寨体育馆、援哥斯达黎加体育场升级改造、援刚果（布）新议会大厦、援孟加拉国国父孟中友谊展览中心、援阿尔及利亚歌剧院、塞内加尔黑人文明博物馆、科特迪瓦文化官升级改造、老挝国家文化官更新维修等一批项目移交或启用，大大提高了当地公共服务供给能力，改善当地文化活动条件。此外，中国还在塞拉利昂、布隆迪、斐济、巴布亚新几内亚、尼泊尔、菲律宾、密克罗尼西亚联邦、吉尔吉斯斯坦、塔吉克斯坦、塞尔维亚等国实施了城区主干道建设、拥堵路段改造等市政项目，提升了城市路网通行能力。援马尔代夫友谊大桥连接了相邻岛屿，改变了以往只有摆渡船交通往来的状况，为大马累环礁的经济发展打通了交通大动脉。叙利亚历经战乱，当地市场公交车保有量仅有400辆，且不少车辆年久失修，无法运行。

---

① 一期16栋住宅楼，于2018年完工。二期22栋住宅楼，于2019年完工。

中国援叙利亚公交车服务于大马士革、阿勒颇、霍姆斯和拉塔基亚四座城市，覆盖10余条路线，缓解了叙利亚由于城市客车匮乏造成的公共交通压力，提升了叙利亚城市交通运输能力，为民众出行提供了便利。

专栏7-2

援毛里塔尼亚努瓦克肖特城市排水工程雨水系统项目

毛里塔尼亚首都努瓦克肖特市5个区内涝严重。努瓦克肖特虽紧邻大西洋，但地势平坦、坡度较小，加之低海拔地区水位受海水顶托，无法排出，形成了较严重的内涝。雨季来临时，政府只能用水车将积水拉至大西洋倾倒，效率十分低下，10万民众生活在"水深火热"之中。中国援毛里塔尼亚努瓦克肖特市排水工程雨水系统项目建成后，日均可抽走22.5万立方雨水，使得50毫米的降水在5个小时内就被及时排出。内涝问题解决，不少之前无奈迁出的民众又重回故土新建家园。同时，由于潮湿问题、蚊虫滋生问题也得以解决，间接减少了当地疟疾传播的可能性。毛里塔尼亚水利部部长在项目竣工仪式上激动地表示："2013年以来，努瓦克肖特市经历了灾难性内涝，中国援建项目将首都从糟糕的状态中解救出来，还给民众一个美丽的家园。"

第五节　人道主义领域

人类社会面临着自然灾害、疫情、气候变化等多重全球性挑战，没有哪个国家能够独自应对，"各人自扫门前雪"的处世之道已不合时宜。中国作为负责任大国，及时响应国际社会呼吁，在自然灾害救援、应对气候变化等方面第一时间开展人道主义援助，为受灾国雪中送炭、扶危济困，体现中国致力于构建人类命运共同体的情怀。

过去十年，在其他国家遭遇地震、飓风、泥石流、洪涝、干旱、火山喷发等自然灾害时，中国共安排近400次紧急人道主义救援行动，[①]根据受灾国实际情况和救灾需求，第一时间捐赠帐篷、清洁水、粮食、便携发电设备等救灾物资，派出搜救和医护人员，向受灾国提供紧急援助。面对尼泊尔地震，西非埃博拉疫情，安哥拉黄热病，苏里南和委内瑞拉寨卡病毒，马达加斯加鼠疫，缅甸H1N1流感，南苏丹、也门和刚果（布）霍乱，菲律宾超强台风"雷伊"袭击，南苏丹60年未遇特大洪涝灾害，中国及时开展了人道主义援助，帮助抗击灾难、重建家园。2021年11月阿富汗严冬将至时，中国提供了毛毯和羽绒服等一批越冬物资援助，传递了中国人民守望相助的温暖情谊。此外，为提升相关国家应对灾害的能力，中国还开展了主题多样的培训项目，包括气象灾害预警、防洪减灾技术与管理、地震灾害紧急救援、城市搜索与救援队伍能力建设、灾害管理等，传授灾害风险管理和防灾备灾、抗灾救灾、灾后复原等方面经验。

📖 **专栏 7-3**

中国援助汤加紧急物资

2022年1月15日，汤加火山爆发，引发海啸、火山灰等灾害，是汤加历史上最严重的自然灾害。习近平主席向汤加政府和人民致以诚挚的慰问，并表示愿为汤方提供力所能及的支持。中国"快"字当头，开展"海陆空"立体式救援，助力汤加战胜灾情。中国政府和中国红十字会向汤加政府分别提供了80万美元与10万美元现汇援助。中国驻汤加使馆筹措了一批饮用水、食品等应急物资，中国驻斐济使馆在斐紧急筹集50吨饮用水、罐头、饼干等应急食品，通过渔船运输于1月27日运抵。

---

① 罗照辉谈中国国际发展合作与世界人权［EB/OL］.（2022–12–30）. http://www.cidca.gov.cn/2022–12/30/c_1211713729.htm.

 1月27日至29日，中国空军出动运-20飞机，搭载首批30多吨应急和灾后重建物资，包括食品、饮用水、净水器、帐篷、折叠床、个人防护设备和无线电通信设备，经过一万多公里的长途飞行，迅速运抵汤加，成为灾害发生后汤加政府收到的首批应急救援物资。第二批物资于1月31日由中国海军舰艇编队运送，共计1400余吨，包括移动板房、拖拉机、发电机、水泵、净水器及应急食品、医疗防疫器材等，直接用于支持汤方修复因灾损毁的道路、桥梁、机场和港口。护航编队除夕启航，元宵节抵达，万家团圆时，官兵战风斗浪，团结协作，克服重重困难，帮助汤加人民早日重建家园，充分体现了万里驰援的中国速度和雪中送炭的中国温度。汤加国王图普六世表示："中国政府第一时间伸出援手，汤政府和人民被中方义举深深感动，对此深表感谢。"

文化交流精彩纷呈

　　一枝独秀不是春，百花齐放春满园。文化的交流互鉴，是推进共建"一带一路"各国不同文明传播和文化交融、促进民心相通、增进互信的重要途径。十年来，中国同"一带一路"共建国家开展了形式多样、领域广泛的公共外交和文化交流。从官方到民间，从分享治理经验到教育文化交流，中国开展多渠道、多层次的友好交流，与当地各界官员和民众建立了友好沟通桥梁，打造相互欣赏、相互理解、相互尊重的人文格局，进一步厚植了"一带一路"共建国家的民心民意根基。

第一节　文化交流形式多样

　　文明因交流而丰富，因互鉴而多彩。文化交流是民心相通的桥梁，在国际交往中发挥着不可或缺的作用。"一带一路"倡议提出十年来，中外文化交流成果丰硕，"一带一路"主题文化活动大幅增加，在全球掀起了"中国热"。

　　2016年，《文化部"一带一路"文化发展行动计划（2016—2020年）》印发，为"一带一路"文化建设绘制了路线图。2017年，《文化部"十三五"时期文化发展改革规划》发布，强调将加强中国与"一带一路"共建国家开展文化交流与合作。截至2022年底，中国已与157个国家签订文化合作协定，建立了41个多双边文旅合作机制，形成了覆盖全球的政府间合作网络。

中国与印度尼西亚、缅甸、塞尔维亚、新加坡、沙特阿拉伯等国签订了文化遗产合作文件，与阿富汗、巴基斯坦、伊朗等国签署《关于协同开展"亚洲文化遗产保护行动"的联合声明》，推动人类文明交流互鉴，积蓄更强人文动力。中国与新加坡、阿塞拜疆等国签署经典著作互译出版备忘录，支持双边经典著作的互译与出版，进一步加深两国人民对彼此优秀文化的理解和欣赏，推动文化交流和文明互鉴。

中国与中东欧、东盟、欧盟、俄罗斯、尼泊尔、希腊、埃及、南非等多个国家和地区共同举办文化年、旅游年活动。"丝路之旅""中华文化讲堂""欢乐春节""千年运河""青年汉学研修计划""金砖国家运动会"等多个中国国际文化和旅游品牌逐渐深入人心。另外，我国还举办了丝绸之路（敦煌）国际文化博览会、丝绸之路国际艺术节、海上丝绸之路国际艺术节、阿拉伯艺术节等以"一带一路"为主题的综合性文化节会，在埃及开罗、斐济、泰国曼谷、卢森堡等多个国家设立了中国文化中心。中央广播电视总台"丝路名人中国行"活动等品牌影响力显现，受到相关国家媒体和观众好评。

十年来，"一带一路"建设秉承和而不同、互鉴互惠的理念，中国尊重"一带一路"共建国家和地区人民的精神创造和文化传统，除了与共建国家互办艺术节、音乐节、文物展、电影节等活动，还合作创作了高质量图书、广播、影视作品以及互译互播。截至2022年，丝绸之路国际剧院联盟、博物馆联盟、艺术节联盟、图书馆联盟、美术馆联盟相继成立，已发展国内外成员单位539家，覆盖92个国家和2个国际组织。

"中俄视听传播周""中国—东盟电影文化周""繁华中国电影节""慕尼黑华语电影节"等视听活动以生动形象的电影互联方式，推动双方影视文化交流合作。媒体合作随着信息化的发展日益成为大势所趋。2022年，中国—阿拉伯媒体合作论坛举办，由中央广播电视总台与阿拉伯国家广播联盟共同发出《中国与阿拉伯国家深化媒体交流合作倡议》，呼吁中阿媒体机构加强互学互鉴，恪守职责，深化沟通合作，为推动中阿战略伙伴关系向高水平发展贡献力量。同年，中越主题出版交流合作工作会议和首届中亚媒体论坛举办，进一步增进地区媒体交流合作。

2019年4月，"一带一路"新闻合作联盟首届理事会议举办。联盟一直以来积极发扬丝路精神，加强交流合作，讲好"一带一路"故事，营造共建"一带一路"良好舆论氛围。2022年12月，"一带一路"新闻合作联盟第二届理事会议成功举办，来自23个国家的38家理事单位代表以线上线下相结合方式参加会议。

共建"一带一路"不是中国一家的"独奏"，而是共建国家的"合唱"，项目所在国当地民众的获得感是衡量共建"一带一路"成效的重要标准。从"一带一路"合作项目外方建设者和受益者的视角，讲述全球民众共商共建共享的故事具有重要意义。

商务部国际贸易经济合作研究院自2019年编撰"一带一路"故事丛书《共同梦想》以来，共编撰4辑，讲述了共建"一带一路"的真实故事，从多个视角展现了"一带一路"合作项目带来的巨大变化、共建中的感人情节、当地民众的获得感和幸福感。新媒体、数字化的发展催化了新业态的迅速发展。"一带一路"在地生活微视频征集活动于2020年启动，已经连续成功举办三届。通过微视频方式，收集共建"一带一路"最生动的声音，记录共建"一带一路"前线最真实的样貌，以融媒体稿件形式，真切质朴地向全球讲述海外民众参与共建"一带一路"的动人故事。

📖 专栏 7-4

讲好中国故事——"一带一路"故事丛书《共同梦想》

2019年，商务部为讲好"一带一路"故事，组织商务部国际贸易经济合作研究院编撰"一带一路"故事丛书《共同梦想》（以下简称"丛书"）。丛书旨在依托典型项目，创新对外表达方式，让参与建设或直接受益的当地人发声，让更多人了解推动共建人类命运共同体的重大意义，了解中国人民同世界各国人民梦想息息相通，了解共建"一带一路"

是推动共建人类命运共同体的重要实践平台。

商务部国际贸易经济合作研究院3年共编撰4辑"一带一路"故事丛书《共同梦想》，丛书每辑20个故事，以汉语、英语、法语、俄语、阿拉伯语、西班牙语版等6种联合国工作语言全球发行。80个故事承载着渴望与梦想，凝聚着辛勤与汗水，是中国与共建国家一道，铺筑互联互通桥梁、维护人民健康安全、促进经济社会恢复、推动绿色可持续发展的缩影。

连续3年，丛书由进博会走向世界。在第四届中国国际进口博览会上，1~4辑套装首次集结，扮靓"越办越好"的进博会。截至2023年7月，丛书在京东、当当等各大电商平台销售，图文及音视频内容在学习强国、商务部、进博会及广交会官网及平台、公众号等载体上总浏览量超2亿次。

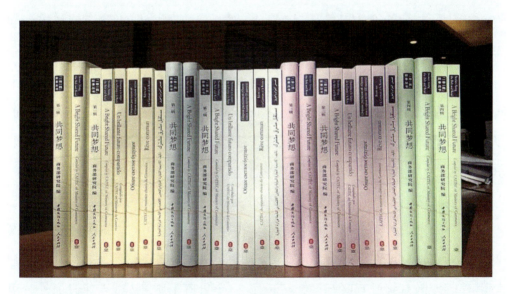

图7-1 "一带一路"故事丛书《共同梦想》

图片来源：商务部国际贸易经济合作研究院（CAITEC）。

第二节 教育培训成果丰富

教育不仅是不同文明之间互学互鉴的重要桥梁和纽带，还是文化交流的强力支撑。中国与"一带一路"共建国家共同扩大教育开放与交流,助力构建"一带一路"教育共同体,促进民意相融、民心相通。

2016年,中国教育部发布了《推进共建"一带一路"教育行动》(以下简称《教育行动》),为教育领域推进"一带一路"建设提供了支撑。《教育行动》设计了"四个推进计划":一是实施"丝绸之路"留学推进计划,设立"丝绸之路"中国政府奖学金,为各国专项培养行业领军人才和优秀技能人才;二是实施"丝绸之路"合作办学推进计划,促进高等学校、职业院校与行业企业深化产教融合;三是实施"丝绸之路"师资培训推进计划,加强先进教育经验交流,提升区域教育质量;四是实施"丝绸之路"人才联合培养推进计划,推进共建国家间的研修访学活动。2016—2019年,教育部陆续与18个省区市签署了《推进共建"一带一路"教育行动国际合作备忘录》。依托重点地区的"省部共建",成为"一带一路"教育行动的重要抓手。截至2022年底,已基本实现了与主要省份签约的全覆盖,基本形成推进"一带一路"的省部级教育行动网络。面对世界百年未有之大变局,推动"一带一路"高质量发展进入关键时期。2020年教育部等八部门《关于加快和扩大新时代教育对外开放的意见》提出,打造"一带一路"教育行动升级版,进一步助推"一带一路"教育合作。

截至2022年9月,中国已与181个建交国普遍开展了教育合作与交流,与159个国家和地区合作举办了孔子学院(孔子课堂),与58个国家和地区签署了学历学位互认协议[①]。中国深入实施共建"一带一路"教育行动,加强同共建国家教育领域互联互通,建设了23个鲁班工坊[②],试点建设海外汉语学校。中国还设立了"中国—东盟职业教育联合会",成立了中国上海合作组织经贸学院,启动了"未来非洲——中非职业教育合作计划",深化中国与中东欧教育交流与合作,持续完善教育领域点面结合的区域合作机制。

---

① 教育部国际合作与交流司. 党的十八大以来教育国际合作与交流有关情况介绍[EB/OL].(2022–09–20). http://www.moe.gov.cn/fbh/live/2022/54849/sfcl/202209/t20220920_662968.html.

② 鲁班工坊是天津率先主导推动实施的职业教育国际知名品牌。以鲁班的"大国工匠"形象为依托,在泰国、印度、印尼等国家相继设立"鲁班工坊"。

鲁班工坊

2018年，习近平主席在中非合作论坛北京峰会开幕式上宣布，在非洲设立10个鲁班工坊，向非洲青年提供职业技能培训。2019年3月，首个鲁班工坊落地吉布提，一期开设铁道运营管理、铁道工程技术等4个专业。随后两年间，中国又陆续在肯尼亚、南非、马里、尼日利亚、埃及、乌干达、科特迪瓦、马达加斯加、埃塞俄比亚等9个国家设立10个鲁班工坊，其中埃及拥有2个鲁班工坊。

鲁班工坊采用学历教育与职业培训相结合的方式，基于当地经济产业发展需求，依托中非合作的一些重点项目，有针对性地培养符合非洲社会发展需求的劳动力。在建设培训中心、提供教学设备的同时，还组织教师和技术人员为当地展开技术技能培训，并邀请其来华实地交流，形成双向交流渠道。鲁班工坊致力于推动非洲职业教育发展，有助于提升非洲自主创新能力和独立发展能力，为"一带一路"人文交流搭建了有效的合作平台。

十年来，教育部共组织召开中外高级别人文交流机制会议37场，签署了300多项合作协议，取得了近3000项具体合作成果。在文化交流机制框架内，一些教育品牌项目，如丝绸之路大学联盟、中美青年创客大赛等，为两国关系发展注入了正能量。自2015年成立以来，丝绸之路大学联盟已经由最初的8国47所高校，增至38国166所高校，构建高等教育共同体，促进教育、科技、文化等领域的全面交流与合作。

专栏 7-6

丝绸之路大学联盟助力"一带一路"文化交流互鉴

丝绸之路大学联盟（Universities Alliance of the Silk Road，UASR）是由海内外大学结成的非政府、非营利性的国际化高等教育合作平台。

UASR弘扬"和平合作、开放包容、互学互鉴、互利共赢"的丝路精神，致力于推动高等教育开放合作、倡导多元文化交流互鉴，并加强不同国家和地区大学之间在校际交流、政策研究、人才培养、科研合作、医疗服务等方面的交流合作。

2015年，西安交通大学向中国、哈萨克斯坦、俄罗斯、土耳其、印度、巴基斯坦、新加坡、波兰等12个国家发出"加强高等教育合作，携手共创美好未来——创建新丝绸之路大学联盟"的倡议，共同发起成立UASR。UASR成立以来，已吸引了来自38个国家和地区的166所高校加盟，打造了"校长论坛""暑期夏令营""机器人创意大赛"等品牌交流项目，子联盟、圆桌会议和各类培训课程建设蓬勃开展，形成先进制造子联盟、化学工程子联盟、航空航天子联盟、设计子联盟等多个子联盟和文化遗产圆桌会议，利用高等教育合作平台开展了多元交流合作。

中国政府奖学金的吸引力不断提高，引领在华留学生向更高水平、高质量发展。设立"丝绸之路"中国政府奖学金项目、"中缅友好奖学金"等项目，为"一带一路"共建国家培养优秀技能人才和行业领军人才。中国稳步推进境外办学，发布《高等学校境外办学指南》，启动中国特色海外国际学校建设试点，持续加强中外合作办学，截至2020年底中外合作办学机构和项目达2332个。过去十年，在中国新增本科以上中外合作办学机构和项目中，理工农医类占比达65%。在推进来华留学制度建设、质量保障、培养规范等方面，出台了一系列政策举措。在实施"丝绸之路"教育援助计划方面，启动了"中非高校20+20合作计划"，在中非各选择20所高校开展一对一长期稳定合作，鼓励合作双方在各自优势和特色学科开展交流合作，包括合作科研、师生互访、教师培训、学术交流、联合课程开发等。

随着全球化深入发展，各国对中文学习的需求持续旺盛，全球180多个国家和地区开展汉语教学，81个国家国民教育体系中包含汉语，8万多所学校及培训机构开设中文课程，超3000万人的国际学生正学习中文。2022年12月，国际中文教育大会在京召开，来自90多个国家和地区近1800名有关政府部门、学校、企业、中文教育机构等各界代表参加大会。《国际中文教育中文水平等级标准》《国际中文教师专业能力标准》相继发布，对加快构建国际中文教育标准体系、提高标准服务质量、提升标准国际化水平、促进国际汉语教育高质量发展意义重大。例如，埃及、土耳其等共建国家积极开展中文教育，启动埃及中学中文教育试点项目，开展孔子学院中文课堂走进土耳其总统府等活动。国际汉语教育的蓬勃发展，有力促进了中外文化交流、文明互鉴和民心相通，彰显了汉语学习交流在推动构建人类命运共同体中的重要作用。

第三节　智库合作稳步推进

习近平总书记强调，"一带一路"建设中要"智力先行，强化智库的支撑引领作用"。"一带一路"倡议自提出以来，得到国内外学界热烈响应。作为咨政启民和人文交流重要力量的中国特色新型智库，锚定建设需求，创新合作形式，投身"一带一路"政策研究、学术研讨和国际交流，成为助推"一带一路"建设的独特力量。

2013年11月，党的十八届三中全会提出，加强中国特色新型智库建设，建立健全决策咨询制度。2015年1月，中共中央办公厅、国务院办公厅印发《关于加强中国特色新型智库建设的意见》(以下简称《意见》)，首次全面系统地提出了中国特色新型智库体系的建设方案。2022年4月，中共中央办公厅印发的《国家"十四五"时期哲学社会科学发展规划》明确提出，要加强中国特色新型智库建设，着力打造一批具有重要决策影响力、社会影响力、国际影响力的新型智库，为推动科学民主依法决策、推进国家治理体系和治理能力现代化、推动经济社会高质量发展、提升国家软实力提供支撑。十年来，我国智库建设顶层规划取得了显著成效，具有中国特色的智库体系正逐渐完善，智库在咨政建言、舆论引导、公共外交等方面发挥了重要作用，为推动社会主义现代化建设作出了重要贡献。

一批聚焦"一带一路"的智库积极对接国家需求，充分发挥了"外脑"作用，开展了全方位、多层次、宽领域的战略咨询研究，持续向有关部门提供各类决策咨询报告，为中央科学决策提供了重要支撑。从智库类别区分，涵盖了《意见》中的七类智库。其中代表性智库既有中国社会科学院、中央党校（国家行政学院）、国务院发展研究中心、商务部国际贸易经济合作研究院、上海社会科学院等官方智库，也有北京师范大学"一带一路"研究院、中国人民大学重阳金融研究院等高校智库，还有"一带一路"百人论坛、全球化智库等社会智库。从研究成果看，截至2023年9月8日，以"一带一路"为关键词在中国知网进行检索，共有超过2.6万篇文章，而以"一带一路"为主题词检索，则有超过13万篇文章。外国学者对"一带一路"的研究也日益丰富。澳大利亚智库洛伊国际政策研究所、俄罗斯国际事务理事会、新加坡东南亚研究所等多家外国知名智库密切关注"一带一路"。例如，新加坡学者卢沛颖的《"一带一路"倡议》、德国记者乌韦·赫尔辛的《长征2.0：作为发展模式的中国新丝绸之路》、美国学者彭泊宇的《"一带一路"：从创意到现实》等成果颇受关注。在智库建设方面，由中国人民大学国家发展与战略研究院和泰国国家研究院泰中战略研究中心共建的泰中"一带一路"合作研究中心、多名日本学者在东京发起成立的日本"一带一路"研究中心等"一带一路"相关智库不断发展。

各高校与研究机构积极参与"一带一路"研究，逐步建立起一系列智库品牌。中国科学院2013年以来率先打造"人才、平台、项目"相结合的"一带一路"科技合作体系，相继启动实施"一带一路"科技合作行动计划和"发展中国家科教合作拓展工程"，率先牵头建设"一带一路"科技组织联盟。截至2020年初，中国科学院每年与"一带一路"国家和地区科技交流规模超过2万人次，每年举办国际学术会议近400场，已同国际上60多个国家和地区的主要科教机构签署200多份院一级国际合作协议与1000多份所一级合作协议。华侨大学举办了"一带一路"研究高级讲习班、"一带一路"与海外华人发展研修班，暨南大学成立了"21世纪丝绸之路研究院"，上海社科院创办了丝路信息网、"一带一路"上海论坛、"一带一路"研究英文刊物等，更好地服务"一带一路"建设。国家信息中心致力于打造以大数据为特色的"一带一路"智库品牌，连续3年发布《"一带一路"大数据报告》。商务部国际贸易经济合作研究院立足经贸合作研究，自2018年起，连续5年发布《中国"一带一路"贸易投资发展报告》。

2015年4月，中共中央对外联络部牵头，国务院发展研究中心、中国社会科学院、复旦大学等单位联合成立了"一带一路"智库合作联盟，有效统筹了国内外智库资源。2019年4月，"一带一路"国际智库合作委员会成立，为各国智库加强思想对话、进行决策咨询提供了重要平台。会议论坛精彩纷呈，成为智库机构的交流平台。2017年5月，"一带一路"国际合作高峰论坛"智库交流"平行主题会议成功召开，邀集了来自40多个国家的智库负责人、前政要和专家学者约200人深入探讨，传递中外智库共同建设"智力丝绸之路"的时代心声和坚定信心。2022年11月，第二届"中国+中亚五国"智库论坛以线上线下相结合的方式举行。

数字化的迅猛发展加速了"一带一路"智库合作的信息化建设。由国务院发展研究中心发起成立的"丝路国际论坛"和"丝路国际智库网络"是在国际范围内构建"一带一路"智库合作网络的较早尝试，经过多年经营，已取得了显著效果。"一带一路"百人论坛（One Belt One Road 100，OBOR100）于2015年5月成立，由政府官员、企业家、专家学者、媒体从业者等各界精英组成,基本定位是要打造"一带一路"的"网络型智库",为"一带一路"建设提供源源不断的智力支持。

第四节 旅游合作逐步扩大

"旅游是传播文明、交流文化、增进友谊的桥梁"[1],"旅游是不同国家、不同文化交流互鉴的重要渠道"[2]。在"一带一路"倡议实施过程中,旅游不仅是一个重要的经济合作领域,而且是连接"五通"的重要载体。旅游能以民间外交方式带动政策融合、设施互通、经济合作、人员往来和文化交融。十年来,"一带一路"旅游合作快速发展,成效显著。

2021年4月,文化和旅游部出台了《"十四五""一带一路"文化和旅游发展行动计划》(以下简称《行动计划》),以文促旅、以旅彰文,擘画了"一带一路"文化和旅游产业发展与国际合作在"十四五"时期的蓝图,为"一带一路"文旅产业融合发展指明了方向。《行动计划》对"十四五""一带一路"文化和旅游交流与合作工作进行总体设计和任务谋划,部署了三大任务、十二个专栏,成为未来五年推进"一带一路"文化和旅游工作高质量发展的纲要指南。2022年1月,国务院发布《"十四五"旅游业发展规划》,提出要深化旅游国际合作,办好中国文化年、旅游年,积极服务和对接高质量共建"一带一路",扩大与共建国家交流合作,打造跨国跨境旅游带。与"一带一路"人员交流更加方便快捷,已有多个"一带一路"共建国家面向中国游客开放便利签证政策。

十年来,中国推动金砖国家文化部长会议、二十国集团旅游部长会议等16个多边交流合作机制以及中俄、中意等25个双边合作机制不断发展,与文莱、老挝、柬埔寨、马来西亚、缅甸等国家举办文化旅游年活动,与多米尼

---

[1] 习近平在俄罗斯中国旅游年开幕式上的致辞 [EB/OL]. (2013-03-23). http://politics.people. com.cn/n/2013/0323/c70731-20888536.html.

[2] 习近平向联合国世界旅游组织第22届全体大会致贺词 [EB/OL]. (2017-09-13). http://www. xinhuanet.com/politics/ 2017-09/13/c_1121655327.htm.

加、萨尔瓦多等新建（复）交国家开展文化和旅游交流，推动澜湄旅游城市合作联盟交流活动、澜湄旅游城市合作联盟大会相继在华举办。"东亚文化之都"品牌建设持续推进。创办丝绸之路旅游市场推广联盟、海上丝绸之路旅游推广联盟、"万里茶道"国际旅游联盟等旅游合作机制。据中国旅游研究院的数据显示，"十三五"期间我国在"一带一路"共建国家旅游消费超过2000亿美元，"一带一路"共建国家已成为我国最大的海外旅游目的地。截至2021年末，文化和旅游部在全球设有45家海外中国文化中心、23家驻外及驻港台旅游代表机构（见图7-2）。这些海外中国文化中心和驻外及驻港台旅游代表机构致力于同驻在地文旅机构部门深入合作，积极开展了海外中国旅游文化周等一系列交流项目，已成为弘扬中华文化的重要平台。

图 7-2　海外中国文化中心和驻外及驻港台旅游代表机构基本情况

数据来源：文化和旅游部。

随着《粤港澳大湾区文化和旅游发展规划》的实施，机制运转顺畅、政策落地有效、项目扎实推进，粤港澳大湾区文化和旅游交流合作不断深化、统筹协调发展不断取得新突破。[①]"十三五"时期，经文化和旅游系统审批的内地与香港文化交流项目达5011项，内地与香港双向旅游人数近5.2亿人。

_____

① 郭子腾.旅游合作民相亲　文化交流心相通[N].中国旅游报，2022-9-26（001）.

"美丽中国·心睇验"推广活动为深化内地与港澳地区的交流合作发挥了重要作用。在台湾举办的"美丽中华"系列推广活动已成为联结两岸同胞情感、推广大陆文化和旅游资源的重要品牌。

📖 **专栏 7-7**

文化遗产交流合作日渐深入

中国等十国共同发起成立"亚洲文化遗产保护联盟",建立了政府间文化遗产专业性合作交流机制与对话平台,推动各国积极投入亚洲文化遗产保护行动。2022年11月,中乌科技考古与文化遗产保护国际联合实验室正式成立,为中国和乌兹别克斯坦进一步深化文化遗产交流合作作出积极贡献。根据《新时代的中国国际发展合作》白皮书,中国与17个"一带一路"共建国家开展33个文物援助项目,包括柬埔寨吴哥窟、缅甸蒲甘地区震后受损佛塔、哈萨克斯坦伊赛克拉特古城拉哈特遗址、孟加拉国毗诃罗普尔遗址联合考古等。中国、哈萨克斯坦、吉尔吉斯斯坦"丝绸之路:长安—天山廊道的路网"联合申遗成功。"丝绸之路:长安—天山廊道的路网"被列入联合国教科文组织世界遗产名录,海上丝绸之路联合申遗工作也取得积极进展。形式多样的展览展会也成为促进"心相通"的平台。"一带一路"倡议提出以来,"华夏瑰宝展""海上丝绸之路主题文物展"等文化遗产展览相继举办,拉近了"一带一路"共建国家民众心与心的距离,为增进彼此理解、文化认同作出了积极贡献。

📖 **专栏 7-8**

为推进亚洲文化遗产保护贡献中国智慧

2021年10月,在北京成功举办亚洲文化遗产保护对话会。会议发起成立"亚洲文化遗产保护联盟",设立亚洲文化遗产保护基金,并启动"亚洲文化遗产保护青年大使"计划,进一步为亚洲文化遗产保护行动凝聚共识、搭建合作机制。

多年来,中国积极参与亚洲文明脉络探究,与15国开展了28项联合考古项目,包括蒙古国、塔吉克斯坦、乌兹别克斯坦、老挝、孟加拉国、柬埔寨、哈萨克斯坦、斯里兰卡、阿拉伯联合酋长国、沙特阿拉伯、巴基斯坦等。

中孟联合发掘毗诃罗普尔佛教遗址、中斯联合考古曼泰港遗址等,涉及古丝绸之路、海上丝绸之路重要遗址,为进一步揭示亚洲文明起源与发展提供有力支撑。

中国还积极守护亚洲文明,与柬埔寨、缅甸、蒙古国、乌兹别克斯坦、吉尔吉斯斯坦、尼泊尔等6国合作开展了11项历史古迹保护修复项目。中柬吴哥古迹周萨神庙、茶胶寺、王宫遗址保护修复项目,中尼加德满都杜巴广场九层神庙修复项目,中乌希瓦古城历史古迹联合保护修复项目等古迹修复项目让亚洲人民的共同记忆得以重现生机与光彩。

分享中国方案的典型代表是南南合作与发展学院(以下简称"南南学院")。南南学院是2015年9月习近平主席在联合国南南合作圆桌会上宣布成立的,由北京大学国家发展研究院承办,开设国家发展专业硕士和博士学位项目,通过驻外使领馆遴选招生。截至2022年11月,已招收来自70多个国家的300多名硕、博士。[①]南南学院系统总结提炼中国在经济发展、国家治理等方面的经验,帮助发展中国家培养政府管理高端人才,为推动广大发展中国家实现国家治理体系和治理能力现代化提供人才支撑。这是援外人力资源

---

① 唐文弘副署长出席南南合作与发展学院2022年秋季学期开学典礼并致辞[EB/OL].(2022–11–15).http://www.cidca.gov.cn/2022–11/15/c_1211701085.htm.

开发合作向高端化、精英化方向发展的成果,既体现了中国进一步分享国家治理经验的愿望和决心,也为发展中国家进一步提升自主发展能力提供了重要公共产品。2017年,南南学院首届26名硕士毕业生在毕业典礼现场朗读致习近平感谢信,感谢中国政府给予他们提升知识水平、学习中国改革开放成功经验的机会,表示他们在南南学院学习到了清晰的理念和丰富的管理知识。习近平主席专门回信,祝贺他们完成学业,祝愿他们学以致用,成为各自国家改革发展的领导者和全球南南合作的践行者,帮助广大发展中国家共同走上发展繁荣之路。①

中国还在"一带一路"国家开展规划类技术合作项目,派出规划咨询专家与共建国家相关官员深入交流,联合制定发展规划和政策法规,在探讨中凝聚共识,共同为共建"一带一路"擘画蓝图。2015年,为适应柬埔寨经济社会发展实际需要,中国帮助柬埔寨制定国家路网规划,改善柬埔寨长期制约经济发展的综合交通运输体系,为当地交通运输可持续发展发挥了积极作用。另外,中缅经济走廊规划、中白(俄罗斯)工业园政策、巴基斯坦瓜达尔市整体规划、两洋铁路、孟加拉国防洪规划等都得益于中国专家的智力和技术支持,这也推动了"一带一路"理念和实践在各国的落地生根,为共建"一带一路"行稳致远提供了助力。

2020年,受国内疫情防控需要和国际疫情形势影响,知识经验交流互鉴受到阻碍。2021年,中国适应新形势,首次依托互联网技术,采用线上直播方式开展教学。"发展中国家吸引国际投资研修班""发展中国家人工影响天气技术与管理研修班""发展中国家新冠肺炎等传染病中西医结合防控高级人才研修班"等一大批研修班先后在线上举行。线上培训打破了疫情造成的全球交流"封锁圈",为疫情背景下分享中国经验、传播中国声音开辟了新的平台和渠道,对维持治国理政交流互鉴热度、各国人文交流情谊温度、提升中国方案和经验的能见度具有积极意义。

---

① 习近平给南南合作与发展学院首届硕士毕业生回信〔EB/OL〕.(2017-10-19).https://news.cnr.cn/native/gd/20171019/t20171019_523992308.shtml.

第八篇

新领域合作篇

　　健康、绿色和数字正成为高质量共建"一带一路"的发力点和新增长点。"健康丝绸之路"筑起为生命护航的万里长城，"绿色丝绸之路"拉紧可持续发展的共同纽带，"数字丝绸之路"激活全球发展的强劲引擎。中国以共建健康、绿色、数字、创新丝绸之路为契机，打造合作新亮点，努力实现更高合作水平、更高投入效益、更高供给质量、更高发展韧性，推动高质量共建"一带一路"取得更多积极成果，为后疫情时代世界经济复苏作出更大贡献。

健康合作守护生命安全

卫生与健康领域合作是"一带一路"倡议中的重要内容，也是各国民心相通的纽带。"健康丝绸之路"为高质量共建"一带一路"筑起为生命护航的深厚屏障。中国积极参与全球公共卫生治理，抗疫合作凸显了中国携手各国打造人类卫生健康共同体的信心和决心。中国已经从全球卫生治理的参与者、贡献者向倡导者、引领者转变，"一带一路"正日益成为维护世界人民健康安全的健康之路。

第一节　政策倡议与平台合作共筑健康丝路

"一带一路"倡议自提出以来，关于"健康丝绸之路"的顶层设计不断完善，政策导向日益明确，卫生健康交流合作的平台日渐丰富，中国正与各国携手共筑健康长城。

一、顶层设计日渐完善

"一带一路"倡议自提出以来便涵盖卫生健康领域的合作，其后2015年原国家卫计委[①]发布《国家卫生计生委关于推进"一带一路"卫生交流

[①] 中华人民共和国国家卫生和计划生育委员会，2018年更名为中华人民共和国国家卫生健康委员会（国家卫健委）。

合作三年实施方案（2015—2017）》，提出打造"健康丝绸之路"，重点从合作机制建设、传染病防控、能力建设与人才培养、卫生应急和紧急医疗援助、传统医药、卫生体制和政策、卫生发展援助和健康产业发展8个方面推进"一带一路"卫生交流合作。2018年1月，原国家卫计委会同外交部、教育部、财政部、人力资源和社会保障部、商务部联合印发《关于改进和加强援外医疗队工作的意见》，进一步改进和加强援外医疗队工作，对优化调整援外医疗队海外布局、改革和创新派遣机制、兼顾公共卫生援外、加大人才培养力度等方面做了优化，为"健康丝绸之路"发展保驾护航。

2016年6月，习近平主席在乌兹别克斯坦最高会议立法院演讲时强调，"着力深化医疗卫生合作，加强在传染病疫情通报、疾病防控、医疗救援、传统医药领域互利合作，携手打造'健康丝绸之路'"①，"健康丝绸之路"理念第一次走出国门。2017年1月，习近平主席在日内瓦访问世界卫生组织（WHO）时提出，中国欢迎WHO积极参与"一带一路"建设，共建"健康丝绸之路"。访问期间，双方还签署了《中华人民共和国政府和世界卫生组织关于"一带一路"卫生领域合作的谅解备忘录》等协议。同年5月，为进一步落实谅解备忘录，中国与WHO签署《中华人民共和国政府与世界卫生组织关于"一带一路"卫生领域合作的执行计划》，以全面提升中国同"一带一路"共建国家人民健康水平为主线，以多双边合作机制为基础，创新合作模式，双方务实合作扩展到"一带一路"共建国家和全球层面，"健康丝绸之路"正式走向世界。

二、合作平台日益丰富

近年来，随着卫生与健康的重要性日益突出，政府主导、上下联动、多方参与的健康合作机制不断完善，区域卫生合作论坛丰富多彩。"中国—中

---

① 习近平在乌兹别克斯坦最高会议立法院的演讲［EB/OL］.（2016–06–22）. https://news.12371. cn/2016/06/23/ARTI146661 3999277104.shtml.

东欧国家卫生部长论坛"自2015年首届在捷克布拉格成功举办后，又先后在中国苏州、匈牙利布达佩斯、保加利亚索菲亚举办。2015—2019年，四届"中国—中东欧国家卫生部长论坛"的成功举办，为搭建中国—中东欧国家卫生合作平台，开拓中国—中东欧国家全方位合作新局面，促进中欧全面战略伙伴关系均衡、可持续发展作出了贡献。两届"中阿卫生合作论坛"的成功举办，为分享中阿卫生事业发展的做法和经验、推动中阿在卫生领域合作交流、增进中阿人民健康福祉作出了积极贡献。截至2022年底，四届"健康丝绸之路建设暨中国—东盟卫生合作论坛"的成功举办，进一步深化了中国与东盟国家卫生健康各领域交流合作，助力构建中国—东盟卫生健康共同体。

"健康丝绸之路"走进国际舆论场，已逐渐成为会议论坛的"主心骨""心头爱"。2016年11月，第九届全球健康促进大会在上海成功举办，是推进全球健康发展的重要里程碑，中国成为全球健康治理的"引领者"。两届"一带一路"国际合作高峰论坛均把卫生与健康作为交流互鉴的重要领域。2017年8月，"一带一路"暨"健康丝绸之路"高级别研讨会在北京举行，并发布《北京公报》，强调了以下卫生与健康合作共识：成立"一带一路"卫生政策研究网络，促进"一带一路"共建国家在重大传染性疾病监测、防控和应对方面的协调和合作；促进传统医药政策、技术、研发和人员交流；鼓励医学科研机构间合作，在前沿医学科技、重大疾病防治、疫苗研发、临床研究等领域开展联合研究和技术攻关；支持发展健康服务贸易、健康医疗旅游和养生保健，探讨"一带一路"国家相关药械准入标准互认等合作。会议和公报进一步明确了"健康丝绸之路"的新内涵和新外延，有助于进一步推动实现开放、包容和普惠的人类健康命运共同体。

中国与"一带一路"共建国家医疗卫生合作紧密结合当地实际。中国与澜沧江—湄公河国家开展艾滋病、疟疾、登革热、流感、结核病等防控合作，与中亚国家开展包虫病、鼠疫等人畜共患病防控合作，与西亚国家开展脊髓灰质炎等防控合作。

专栏 8-1

"健康快车"为"健康丝绸之路"贡献公益力量

"健康快车",是中国唯一流动的、专门从事慈善医疗活动的眼科火车医院,专门为中国贫困地区白内障患者实施复明手术。为践行"一带一路"倡议,为共建国家提供国际合作新平台,"健康快车"与国家卫健委(原国家卫计委)合作,开展了"一带一路国际光明行"卫生援助与合作交流。

自2016年以来,"健康快车"选派了中国优秀的眼科医护人员组成专家团队,远赴斯里兰卡、缅甸、巴基斯坦、乌兹别克斯坦等国家,为当地贫困百姓免费实施白内障复明手术,并带教当地眼科医生,进行学术交流,深化了医疗卫生领域合作,体现了和平、交流、理解、包容、合作、共赢的精神。截至2018年1月,"健康快车"在斯里兰卡、缅甸、巴基斯坦,使1502名患者重获光明。

"健康快车""一带一路国际光明行"时间线[1]

资料来源:"健康快车"网站。

---

[1] 健康快车一带一路国际光明行慈善项目进度 [EB/OL]. http://ydyl.lifeline-express.com/front/web/about.progress.

卫生健康领域合作进一步助推民心相通。中国先后派出多支眼科医疗队赴柬埔寨、缅甸、老挝、斯里兰卡等国开展"光明行"活动，派遣短期医疗队赴斐济、汤加、密克罗尼西亚、瓦努阿图等太平洋岛国开展"送医上岛"活动①。"授人以鱼，不如授人以渔"。2019年11月，国务院总理李克强在第22次中国—东盟领导人会议上指出，中方将实施"中国—东盟健康丝绸之路人才培养项目（2020—2022）"，未来3年为东盟培养1000名卫生行政人员和专业技术人员，提高地区公共卫生服务水平。

第二节　抗疫合作共建人类健康共同体

2020年，新冠疫情席卷全球，"健康丝绸之路"的重要性进一步凸显。面对世纪疫情延宕反复，中国团结"一带一路"共建国家携手抗疫的步伐从未停歇，始终秉持人类命运共同体理念，积极推进国际抗疫合作，同相关国家并肩作战、共克时艰。

一、积极参与全球交流合作

在全球抗击新冠疫情的关键时刻，习近平主席多次呼吁打造"健康丝绸之路"并提出"人类卫生健康共同体"，对于强化全球战疫信心、加强协调与合作具有重要引领作用。

面对世纪疫情，中国与"一带一路"共建国家开展多次疫情防控交流活动，积极开展国际联防联控，与各国携手应对疫情挑战。2020年3月，习近平主席出席二十国集团领导人特别峰会并发表讲话，介绍中国抗疫经验，提出坚决打好新冠疫情防控全球阻击战、有效开展国际联防联控、积极支持国际组织发挥作用、加强国际宏观经济政策协调4点倡议，呼吁国际社会直面挑战、迅速行动。5月，习近平主席出席第73届世界卫生大会开幕式，并发表

---

① 推进"一带一路"建设工作领导小组办公室.共建"一带一路"倡议：进展、贡献与展望［R/OL］.（2019-04-22）. https://www.yidaiyilu.gov.cn/p/86708.html?eqid=dffe32d8000167740000000066461f89a.

题为《团结合作战胜疫情 共同构建人类卫生健康共同体》的致辞，呼吁各国团结合作战胜疫情，宣布了5项重大举措支持全球抗疫。6月，"一带一路"国际合作高级别视频会议在北京成功举行，主题为"加强'一带一路'国际合作、携手抗击新冠肺炎疫情"。习近平主席向会议发表书面致辞，表示愿同合作伙伴一道，把"一带一路"打造成团结应对挑战的合作之路、维护人民健康安全的健康之路、促进经济社会恢复的复苏之路、释放发展潜力的增长之路。通过高质量共建"一带一路"，携手推动构建人类命运共同体。

2021年5月，第74届世界卫生大会和全球健康峰会相继召开，中国呼吁各方坚持多边主义，团结抗疫，确保疫苗、诊断试剂等公共产品公平可及，确保大流行防范与应对机制可持续，推动构建人类卫生健康共同体。8月，新冠疫苗合作国际论坛首次会议在"云端"成功举办，20多个国家的高级官员或代表、联合国等国际组织负责人、中外29家疫苗企业代表等与会，各方达成全年超过15亿剂的合作意向，会议期间"人民至上、生命至上"的理念被写入共同发表的联合声明，呼吁团结协作应对疫情挑战。10月，习近平主席出席二十国集团领导人第十六次峰会，提出全球疫苗合作行动倡议，核心就是加快实现疫苗在发展中国家的公平可及，早日构筑起"免疫屏障"。

专栏 8-2

"一带一路"疫苗合作伙伴关系倡议助力"健康丝绸之路"建设

2021年6月23日，"一带一路"亚太区域国际合作高级别会议以视频连线方式举行，主题为"加强抗疫合作、促进经济复苏"，习近平主席向会议发表书面致辞。中方同28国在会上共同发起"一带一路"疫苗合作伙伴关系倡议，呼吁加强疫苗研发、生产、分配国际合作，提高疫苗在全球特别是发展中国家的可及性和可负担性。

中方积极落实倡议内容，已同倡议共同发起国达成了总量7.75亿剂疫苗和原液的合作共识。病毒无国界，健康是经济社会发展的重要基础，"健康丝绸之路"是共建"一带一路"的重要组成部分。"一带一路"合作伙伴聚焦疫苗监管政策沟通，促进疫苗联合研发和技术交流，扩大全球疫苗生产，加强"一带一路"互联互通合作，确保疫苗跨境运输畅通，共同提升共建国家整体医疗卫生和健康水平，让"一带一路"惠泽民众、焕发生机。

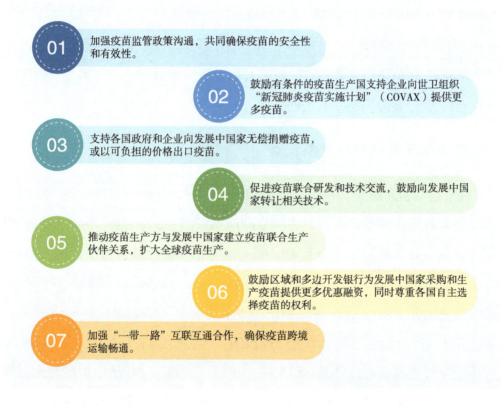

01 加强疫苗监管政策沟通，共同确保疫苗的安全性和有效性。

02 鼓励有条件的疫苗生产国支持企业向世卫组织"新冠肺炎疫苗实施计划"（COVAX）提供更多疫苗。

03 支持各国政府和企业向发展中国家无偿捐赠疫苗，或以可负担的价格出口疫苗。

04 促进疫苗联合研发和技术交流，鼓励向发展中国家转让相关技术。

05 推动疫苗生产方与发展中国家建立疫苗联合生产伙伴关系，扩大全球疫苗生产。

06 鼓励区域和多边开发银行为发展中国家采购和生产疫苗提供更多优惠融资，同时尊重各国自主选择疫苗的权利。

07 加强"一带一路"互联互通合作，确保疫苗跨境运输畅通。

作为全球最早进入抗疫战线的国家，中国一步步摸索出疫情防控的有效措施，积极与其他国家分享抗疫经验。中国开创的方舱医院模式在意大利、伊朗、塞尔维亚、俄罗斯等国得到广泛应用，有效解决了医院床位紧张的难题。2020年3月，中央广播电视总台中国国际电视台（CGTN）推出特别节目"全球疫情会诊室",以视频连线方式向全球分享中国抗疫经验。中国搭台,全球共享,节目播出以来引发了国内外热烈反响。2020年6月,国务院新闻办发布了题为《抗击新冠肺炎疫情的中国行动》的白皮书,记录了中国抗击疫情的艰难历程,与国际社会分享了中国在抗击疫情方面的经验做法,阐述了中国在全球抗疫中的理念和主张。白皮书全文约3.7万字,正文分为四个部分,分别是中国抗击疫情的艰辛历程、防控和救治两个战场协同作战、凝聚抗击疫情的强大力量、共同构建人类卫生健康共同体。白皮书提到,国家卫生健康委员会汇编诊断、治疗和防控方案,将其翻译成3种语言,并与全球180多个国家及10余个国际和地区组织分享,以供参考和使用,并与WHO联合举办"新冠肺炎防治中国经验国际通报会"[1]。中方专家还参与了WHO确定的新冠疫情9个中长期重点研究方向和10个工作组,还与流行病防范创新联盟(CEPI)就疫苗研发等开展信息交流合作,以务实高效的国际科技合作为全球抗疫提供有力支撑。

二、携手共筑健康免疫长城

面对这场世纪疫情,中国高举多边主义旗帜,与各国患难与共、守望相助、共克时艰。疫情发生后,中国立即向WHO、相关国家和地区组织通报疫情信息,分享新冠病毒全基因组序列信息和核酸检测引物探针序列信息,为全世界的诊断试剂设计、药物筛选、疫苗研发、病毒溯源等疫情防控工作赢得宝贵时间。2020年1月,中国与世界分享新冠病毒基因序列供疫苗开发,并于3月开始进行第一个新冠疫苗的人体试验。国药集团中国生物新冠灭活疫苗获得国家药监局批准附条件上市后,国药集团积极以捐赠和无偿援助等方式向发展中国家提供疫苗。2020年10月,中国秉持人类卫生健康共同体理念,同全球疫苗免疫联盟签署协议,加入"新冠肺炎疫苗实施计划"(COVAX)(以下简称"实施计划"),向"实施计划"提供1000万剂疫苗,

---

① 抗击新冠肺炎疫情的中国行动[EB/OL].(2020-06-07).https://www.gov.cn/zhengce/2020-06/07/content_5517737.htm.

通过实际行动促进疫苗公平分配，同时鼓励更多有能力的国家加入并支持
"实施计划"。此外，中国还与欧盟、东盟、亚太经合组织、加勒比共同体等
国际和地区组织，以及韩国、俄罗斯、美国、德国等国家，举办近百次疫情
防控交流活动。

中国向WHO提供两批共5000万美元现汇援助；向联合国新冠肺炎疫情
全球人道主义应对计划提供5000万美元支持；同联合国合作在华设立全球
人道主义应急仓库和枢纽，为全球抗疫贡献中国力量。中国以"公共产品"
方式为世界各国提供疫苗，在全球疫苗开发和分配中发挥不可或缺的作用。
截至2022年12月初，中国已向120多个国家和国际组织交付超22亿剂新冠
疫苗，向153个国家和15个国际组织交付数千亿份抗疫物资。中国疫苗在国
际社会享有良好声誉，其安全性、有效性得到认可。此外，中国还多次向联
合国维和人员捐赠疫苗，提升联合国系统应对疫情能力，帮助维和人员更好
地履行职责、完成使命。

中国不断推进疫苗合作，以联合生产造福"一带一路"。2021年3月，
墨西哥首批康希诺疫苗完成灌装与交接；中国与阿拉伯联合酋长国合作生产
的国药灭活疫苗原液灌装生产线首批疫苗"生命之苗"下线。7月，埃及完
成首批100万剂科兴疫苗生产。9月，欧洲地区首家中国疫苗工厂在塞尔维
亚奠基；在乌兹别克斯坦制药企业祖拉贝克实验室有限公司，由中国科学院
微生物研究所和安徽智飞龙科马生物制药有限公司联合研发的新冠重组蛋白
疫苗正式投产。"中国疫苗、多国制造、服务全球"的生产网络已初步形成。

中国援助"一带一路"共建国家的医院、诊所、卫生中心等公共卫生基
础设施项目，在抗击新冠疫情期间发挥了积极作用。疫情暴发后，毛里塔尼
亚国家医院传染病专科门诊楼、多米尼克中多友好医院等项目部分提前竣
工并移交使用，满足当地急迫的抗疫需要。2020年7月，建设工期仅40天
的援巴基斯坦伊斯兰堡隔离医院暨传染病治疗中心投入使用，共有250张
床位，专门用于新冠病人救治。非洲疾控中心总部项目于2020年12月提前
开工，援赤道几内亚新涅方医院启动建设，为改善当地医疗条件发挥作用。

2021年2月，中国援建的斯里兰卡国家肾病医院在波隆纳鲁沃完成验收并顺利移交，医院规划建筑面积为25917平方米，包括200个普通住院床位及100个血液透析床位。2022年12月挂牌的中国巴新友好微创外科中心除开展微创手术外，还对当地医护人员进行培训，助推巴布亚新几内亚微创外科发展。

第三节　中医药为全球卫生治理贡献中国力量

推进中医药国际化是构建卫生合作伙伴关系的重要举措，是推进共建"一带一路"高质量发展的重要内容，也是推动构建人类卫生健康共同体的重要载体。同时共建"一带一路"也为中医药国际化发展提供了良好机遇。

早在2013年的上海合作组织成员国元首理事会第十三次会议上，习近平主席就说道，"传统医学是各方合作的新领域，中方愿意同各成员国合作建设中医医疗机构，充分利用传统医学资源为成员国人民健康服务"[①]。2016年底，国家中医药管理局与国家发展和改革委员会联合发布《中医药"一带一路"发展规划（2016—2020年）》，提出实施高层次中医药国际科技合作项目，共建联合实验室或研究中心，加强与"一带一路"共建国家和地区在中医药领域的交流与合作。2021年底，国家中医药管理局、推进"一带一路"建设工作领导小组办公室联合发布《推进中医药高质量融入共建"一带一路"发展规划（2021—2025年）》，提出"十四五"时期，中国将与"一带一路"共建国家合作建设30个高质量中医药海外中心，向"一带一路"共建国家民众提供优质中医药服务。2022年3月，国务院办公厅印发《"十四五"中医药发展规划》，在提出的十项主要任务中，第八项任务是加快中医药开放发展，提出推进中医药高质量融入"一带一路"建设，实施中医药国际合作专项，推动社会力量提升中医药海外中心、中医药国际合作基地建设质量，依

---

① 习近平在上海合作组织成员国元首理事会第十三次会议上的讲话［EB/OL］.（2013-09-13）. https://www.gov.cn/govweb/ldhd/2013-09/13/content_2488259.htm.

托现有机构建设传统医学领域的国际临床试验注册平台。同年10月和11月，国家中医药管理局分别印发《"十四五"中医药人才发展规划》和《"十四五"中医药信息化发展规划》，为中医药信息化高质量发展和中医药人才队伍建设指引方向。在地方层面，内蒙古自治区卫生健康委员会进一步出台《关于推进中医药（蒙医药）高质量融入共建"一带一路"发展规划》，全面提升中医药（蒙医药）事业发展质量与水平，推动中医药（蒙医药）参与共建"一带一路"发展规划。

📖 专栏 8-3

《推进中医药高质量融入共建"一带一路"发展规划（2021—2025年）》指引中医药发展方向

2021年底，国家中医药管理局、推进"一带一路"建设工作领导小组办公室联合印发《推进中医药高质量融入共建"一带一路"发展规划（2021—2025年）》（以下简称《规划》）。《规划》的出台和实施，有利于更好地解决中医药全球化发展面临的问题，更有利于各部门、各地区和社会各方面力量的充分动员，形成推动中医药融入共建"一带一路"发展的合力。

站在新发展阶段起点，《规划》聚焦推进共建"一带一路"高质量发展的总体要求，充分发挥中医药特色，进一步深化中医药国际交流与合作，提出了"十四五"时期推进中医药高质量融入共建"一带一路"的重点任务，主要包括政府合作、医疗、科研、贸易、产业、区域国际合作、教育等8个方面。

据不完全统计，截至2022年4月，中国已在150多个国家和地区推出了抗击病毒的中医药诊疗方案，向10多个有需求的国家和地区提供中医药产品，并向29个国家和地区派遣中医专家，帮助指导抗击疫情。2021年3月，

"中医药与抗击新冠肺炎疫情国际合作论坛"成功举办，通过了《支持中医药参与全球疫情防控倡议》，来自28个国家和地区的政府官员及WHO代表和专家通过视频连线深入交流。同月，在WHO中医药救治新冠肺炎专家评估会上，来自全球的21名国际专家交流评估了中方专家分享的关于中医药救治新冠肺炎相关报告，专家评估会报告对中医药救治新冠肺炎的有效性和安全性作出了明确肯定。

 专栏 8-4

抗击疫情 中医"有方"

2022年3月，WHO发布《世界卫生组织中医药救治新冠肺炎专家评估会报告》，明确肯定了中医药救治新冠肺炎的安全性和有效性，鼓励WHO成员国在其卫生保健系统和监管框架内考虑使用中医药治疗新冠肺炎的可能性。

中医药是中华民族的瑰宝，也是世界人民的财富。WHO专家评估会报告对中医药的抗疫作用明确肯定，是中医药获得越来越多国际认可的一种体现。中国将进一步发挥中医药等传统医药的独特优势和作用，深化传统医药领域合作，持续推进疫情防控国际交流，构筑人类卫生健康共同体。

"一带一路"中医药发展论坛先后在欧亚经济论坛、中国国际贸易投资洽谈会、中国国际服务贸易交易会等框架下成功主办了五届。其中，第四届、第五届作为服贸会的重点活动举办。由世界中医药学会联合会主办的世界中医药大会已成功举办十九届。2022年11月，第十九届世界中医药大会在巴西圣保罗隆重召开，会议主题为"推动中医药高质量全球发展，为增进各国人民健康福祉做贡献"。2018年11月，在意大利罗马举办的第十五届世界中医药大会决定将每年的10月11日确立为世界中医药日。中医药是中国特色医药卫生事业的重要组成部分，"一带一路"中医药发展论坛等会议论坛的成功举办，提升了中医药传承创新发展水平和"一带一路"中医药影响力，推动了中西医药相互补充，为构建人类卫生健康共同体贡献力量。

近年来，中国推动成立了中医药技术委员会（ISO/TC 249），并陆续制定和颁布89项中医药国际标准。截至2022年9月，中医药已传播至196个国家和地区，中国已与40多个外国政府、地区主管机构和国际组织签署了专门中医药合作协议，建设了30个优质中医药海外中心、75个中医药国际合作基地和31个国家中医药服务出口基地；中医药内容被纳入16个自由贸易协定。根据《推进中医药高质量融入共建"一带一路"发展规划（2021—2025年）》设定的发展目标，"十四五"时期，我国将与"一带一路"共建国家合作建设30个高质量中医药海外中心，颁布30项中医药国际标准，打造10个中医药文化海外传播品牌项目，建设50个中医药国际合作基地，建设一批国家中医药服务出口基地。

第二章

绿色合作保护共同家园

"一带一路"倡议提出十年来，中国始终将生态文明领域合作作为共建"一带一路"的重点内容，绿色发展理念不断深入，国际合作平台不断完善，务实合作举措不断深化。绿色成为高质量共建"一带一路"的鲜明底色。

第一节　顶层设计定向把舵

2015年在《推动共建丝绸之路经济带和21世纪海上丝绸之路的愿景与行动》中明确提出要突出生态文明理念，加强生态环境、生物多样性和应对气候变化合作，共建绿色丝绸之路。"绿色丝绸之路"提出以来，共建"一带一路"绿色发展取得积极进展，制度建设不断完善，我国成为全球生态文明建设的重要参与者、贡献者、引领者。

十年来，中国制度设计不断完善，为"绿色丝绸之路"建设指明了方向，以中国力量彰显大国担当。2017年以来，《关于推进绿色"一带一路"建设的指导意见》《"一带一路"生态环境保护合作规划》等文件陆续出台，"绿色丝绸之路"的重要意义、基本内涵和主要任务进一步明确。2022年，《关于推进共建"一带一路"绿色发展的意见》系统部署了新时期共建"一带一路"绿色发展的目标、任务和路径，提出共建国家要加强在绿色基建、绿色能源、气候变化等重点领域的合作；规范企业境外的环境行为、促进煤电项目的低碳发展；完善"绿色丝绸之路"的资金支持、平台保障、能力建设支撑和风险管控体系。《中华人民共和国国民经济和社会发展第十四个五年规划和2035年远景目标纲要》《中共中央国务院关于完整准确全面贯彻新发展理念做好碳达峰碳中和工作的意见》以及《国务院关于印发2030年前碳达峰行动方案的通知》等系列文件，也将绿色丝绸之路建设相关工作纳入其中。从提出宏观愿景到出台指导意见再到编制合作规划，制度设计的不断完善（见表8-1），不仅擘画了"绿色丝绸之路"的发展蓝图，也指明了实现路径。

表8-1　"绿色丝绸之路"相关政策文件

时间	文件名称	印发（发布）单位	主要内容
2015年3月	《推动共建丝绸之路经济带和21世纪海上丝绸之路的愿景与行动》	国家发展和改革委员会、外交部、商务部	在投资贸易中强调生态文明理念，提出加强生态环境、生物多样性和应对气候变化合作，共建"绿色丝绸之路"
2016年11月	《"十三五"生态环境保护规划》	国务院	设置了关于推进"一带一路"绿色化建设的章节，统筹规划未来五年"一带一路"生态环保总体工作
2017年4月	《关于推进绿色"一带一路"建设的指导意见》	环境保护部、外交部、国家发展和改革委员会、商务部	明确了"绿色丝绸之路"的重要意义、基本原则、主要目标、主要任务和组织保障
2017年5月	《"一带一路"生态环境保护合作规划》	生态环境部（原环境保护部）	制定了具体规划目标与六大重点任务，确定了"绿色丝绸之路"的合作思路、重大项目和"新五通"[①]建设
2017年12月	《标准联通共建"一带一路"行动计划（2018—2020年）》	国家标准委员会	紧扣提高与"一带一路"相关国家标准体系兼容性的主线，部署了九大重点任务，其中之一是加强节能环保标准化合作，服务"绿色丝绸之路"建设
2019年4月	《共建"一带一路"倡议：进展、贡献与展望》	推进"一带一路"建设工作领导小组办公室	全方位回顾五年多来共建"一带一路"历史进程，加强与共建国家生态环境保护合作，倡导与更多国家和地区签署"绿色丝绸之路"合作建设协议

① 即生态环保政策沟通、基础设施绿色联通、绿色贸易畅通、绿色资金融通、绿色交流民心相通。

时间	文件名称	印发（发布）单位	主要内容
2020年10月	《关于促进应对气候变化投融资的指导意见》	生态环境部、国家发展和改革委员会、中国人民银行、中国银行保险监督管理委员会、中国证券监督管理委员会	推动气候投融资积极融入"一带一路"建设，积极参与气候投融资国际标准的制定和修订，推动中国标准在境外投资建设中的应用，鼓励金融机构支持"一带一路"和"南南合作"的低碳化建设，推动气候减缓和适应项目在境外落地
2021年7月	《对外投资合作绿色发展工作指引》	商务部、生态环境部	具体列出了十项新时期推动对外投资合作绿色发展的重点工作，涵盖气候和生物多样性等多方面内容，鼓励企业在对外投资过程中开展绿色发展相关活动，在活动过程中履行环境责任，遵循相关规则标准
2022年1月	《对外投资合作建设项目生态环境保护指南》	生态环境部、商务部	进一步明确适用范围，明确生态环境的内涵，理顺项目全生命周期管理流程，突出重点行业的要求，增强应对气候变化和生物多样性保护的要求，引导企业开展可持续基础设施投资和运营，不断提高项目环保的管理水平
2022年3月	《关于推进共建"一带一路"绿色发展的意见》	国家发展和改革委员会、外交部、生态环境部、商务部	加强与"一带一路"共建国家在绿色基础设施、绿色能源、绿色交通、绿色贸易等重点领域的合作

资料来源：根据网络公开资料整理。

第二节 绿色伙伴关系更加紧密

中国持续加强绿色"一带一路"框架下的多边战略对接，提高参与引领全球环境治理领导力，共谋区域绿色发展未来。

绿色发展伙伴关系持续拓展。2018年发布的《"一带一路"绿色投资原则》成员规模持续扩大，已包括来自17个国家和地区的44家签署机构与14家支持机构，其持有或管理资产超过41万亿美元。2019年4月，第二届"一带一路"国际合作高峰论坛期间，中国与29个国家共同发起并建立"一带一路"能源合作伙伴关系，并对外发布《"一带一路"能源合作伙伴关系合作原则与务实行动》。2021年6月，中国会同31国发起"一带一路"绿色发展伙伴关系倡议，发出携手推动各国绿色低碳可持续发展的积极信号，进一步彰显了国际社会对绿色发展理念的认同和支持。中国已与俄罗斯、匈牙利、新加坡等国签署绿色发展投资合作谅解备忘录，深挖清洁能源、应对气候变化等领域合作潜力，"一带一路"绿色发展的朋友圈持续扩大。中国与联合国环境规划署签署了《关于建设绿色"一带一路"的谅解备忘录》，与有关国家及国际组织签署了50多份生态环境保护领域合作文件，彰显中国致力于推动全球绿色低碳可持续发展的信心和决心。此外，中国还与共建国家持续加强多双边绿色发展战略对接，通过联合国环境大会、二十国集团环境部长会、金砖国家环境部长会、中阿合作论坛、中非合作论坛等多双边合作机制展开对话交流，有关共识写入重要多双边文件以及相关合作机制的成果文件。

在第七十六届联合国大会一般性辩论上，中方宣布，将完善全球环境治理，积极应对气候变化，构建人与自然生命共同体。同时，中国将争取2030年前实现碳达峰、2060年前实现碳中和。中国将积极支持发展中国家能源绿色低碳可持续发展，不再新建境外煤电项目。"退煤"承诺提出后，中国在政策和项目建设等各层面积极落实，已取得积极成效。2022年3月，国家发展改革委等四部委联发的《关于推进共建"一带一路"绿色发展的意见》，提出"全面停止新建境外煤电项目，稳慎推进在建境外煤电项目，推动建成境外煤电项目绿色低碳发展"。截至2022年6月，中国已与38个发展中国家签署43份合作公约，帮助有关国家提高应对气候变化的能力。

第三节　交流平台日益丰富

中国积极推进与共建国家的绿色交流合作平台建设，逐步形成协同增效效应，共促全球可持续发展，已成为中国参与全球生态环境治理的"国家名片"。

"一带一路"绿色发展国际联盟（以下简称"绿色联盟"）自2019年4月在第二届"一带一路"国际合作高峰论坛期间成立以来，围绕应对气候变化、生物多样性保护等全球重点议题开展专题研讨和联合研究，已吸引来自43个国家的150余个中外合作伙伴，包括26个共建国家的环境主管部门。绿色联盟在2019年联合国气候行动峰会等多个重要国际场合举办绿色"一带一路"主题活动，已成为中国积极参与全球绿色可持续发展的重要对话沟通平台。

聚焦共建国家后疫情时代经济复苏与绿色低碳发展需求，中国持续推动建设"一带一路"生态环保大数据服务平台、"一带一路"绿色发展国际研究院以及"一带一路"环境技术交流与转移中心，实施绿色丝路使者计划和"一带一路"应对气候变化南南合作计划。2017年6月，"一带一路"绿色供应链合作平台正式上线，此平台旨在联合国内外合作伙伴，共享资源，分享经验，紧密合作，互利共赢，共同推动区域绿色供应链合作，促进区域互联互通与绿色发展。2019年，在第二届"一带一路"国际合作高峰论坛上，"一带一路"生态环保大数据服务平台正式启动。该平台将30多个共建国家的基础环境信息、法规标准、管理体系等信息进行了收集整合，包含来自30多个国际权威平台公开的200余项指标数据。绿色联盟于2020年12月成立了"一带一路"绿色发展国际研究院，搭建推动"一带一路"绿色发展开放、包容的国际合作平台。中国不断深化与相关国家为全球后疫情时代经济复苏和可持续发展提供重要支撑。此外，中国还深入研究绿色投资、能源绿色低碳发展等共建国家关注的热点问题，发布《"一带一路"项目绿色发展指南》等系列研究报告。中国为近120个发展中国家培训了3000余名生态环境保护和应对气候变化领域的官员和技术人员，被联合国环境规划署誉为"南南合作典范"。通过绿色低碳可持续的技术、信息与产品服务作为桥梁，中国为共建国家应对环境气候挑战提供了积极有效的支持。

第四节　务实合作共谋发展

中国新能源发展助力全球低碳转型。中国持续深化可再生能源领域国际合作，光伏产业为全球市场供应了超过70%的组件。据工业和信息化部数据，2022年全年，中国光伏产品出口超512亿美元，光伏组件出口超153吉瓦，有效满足国内外光伏市场增长和全球新能源需求。从化石能源项目与可再生能源投资对比看，煤炭项目（包括煤电和煤矿）投资自2015年达到峰值以来一直呈下降态势，2021年上半年已降为零。相反，2017年中国"一带一路"可再生能源项目投资占能源总投资的比例为35%，此后逐年快速攀升，2020年达到56%，超过了化石能源项目。

近年来，中国在"一带一路"共建国家和地区实施了一批绿色、低碳、可持续的清洁能源项目，积极帮助有需要的国家和地区推广应用先进绿色能源技术，为高质量共建"一带一路"贡献绿色解决方案。老挝南欧江流域梯级水电站、巴基斯坦萨察尔风电站、巴基斯坦卡洛特水电站、阿拉伯联合酋长国宰夫拉太阳能电站、埃塞俄比亚阿达玛风电、马来西亚槟城太阳能电池生产等清洁能源项目为东道国提供了清洁低价电力。中老铁路成功避开各类自然保护区核心区和生态敏感点，充分保护了沿线亚洲象、热带雨林等自然资源。中蒙共建的乌兰巴托中央污水处理厂、中国与孟加拉国共建的达舍尔甘地污水处理厂、中国与巴布亚新几内亚共建的科科坡城镇污水项目处理厂等项目通过完善环境基础设施，有效改善了当地人居环境。蒙内铁路通过绕行红树林，在全线设置大型野生动物通道，在线路两侧设置了隔离栅栏，在横跨内罗毕国家公园的特大桥安装声屏障等举措，保护了野生动植物，降低了环境和噪音影响。

专栏 8-5

中泰合作水上光伏项目助力泰国迈向低碳社会

依托20世纪70年代建造的诗琳通大坝水电站，中泰两国联合修建的浮体光伏与水电综合能源项目巧妙地将两种可再生能源相结合，是截至2022年底泰国最大的浮体光伏项目，2021年10月投入商业运营。该项目可根据负荷变化调节水电和光伏发电，既可以白天光伏供电、夜间水电站供电，也能实现光伏和水电设施同时发电，使长时间稳定发电成为可能。

诗琳通大坝浮体光伏项目占水域面积约121公顷，相当于160个足球场大小，但仅占水库总面积的1%左右。浮体光伏项目共安装光伏组件14.4万余片，总装机容量58.5兆瓦，每年可以减少4.7万吨二氧化碳排放，助力泰国减少对高污染火力发电的依赖，实现到2037年可再生能源占比提高至35%的目标。

项目设计过程中充分考虑泰方对环境保护的要求。浮体是由高密度聚乙烯制成，与水源地用于供水的材料相同；采用水平定向钻技术在水底铺设电缆，避免破坏水下生态环境。为推广可再生能源理念，项目建成后，泰国电力局将其作为可再生能源学习中心，并将此地打造成新的旅游景点。通过专门修建的空中景观栈道和展示中心，游客可以驻足欣赏水库风光，眺望壮观的漂浮太阳能电池板。

2022年初，泰国电力局正式宣布推进第二个浮体光伏项目建设，选址位于东北部孔敬府乌汶叻大坝。新项目将纳入储能系统，进一步提升供电稳定性。

专栏8-6

巴基斯坦卡洛特水电站打造杰赫勒姆河上的"绿色明珠"

巴基斯坦卡洛特水电站是"一带一路"首个水电大型投资建设项目，也是"中巴经济走廊"首个水电投资项目，于2022年6月全面投入商业运营。该项目由中国三峡集团为主投资开发、长江设计集团勘察设计，位于巴基斯坦旁遮普省卡洛特地区，是杰赫勒姆河梯级水电规划的第四级。项目于2015年4月破土动工，总投资约17.4亿美元，总装机72万千瓦。

该水电站每年将向巴基斯坦提供32亿度廉价清洁电能，不仅能够满足当地500万人用电需求，缓解当地电力短缺局面，还将进一步优化巴基斯坦能源结构，每年预计可节省标准煤140万吨，降低二氧化碳排放约350万吨，在推动巴基斯坦能源建设和经济社会发展的同时，持续助力实现全球"碳中和"目标。

绿色理念贯穿电站建设过程的始终。项目组制订环境保护专项计划，进行生态环境和生物多样性保护活动。为对场区内珍稀植物或树木进行原位保护，成立了8个山谷保护委员会。深入在影响区开展生态环境保护宣传教育，制定明确的鱼类资源保护规范以维持大坝下游适宜的水生栖息地，当地特有的马哈西尔鱼、阿尔万雪鳟鱼得到有效保护。在建设过程中，施工区域被布置得格外紧凑，通过将施工占地面积压缩到最小，进一步节约了资源，减少了对周围环境的影响。

卡洛特项目在绿色可持续发展方面的实践，得到了国际社会的肯定。2021年9月，联合国《中国落实2030年可持续发展议程进展报告（2021）》中，《三峡巴基斯坦卡洛特水电项目：绿色能源合作提升民众获得感》入选。

在共建"一带一路"框架下，中国在共建国家建设了一批低碳绿色园区，为高质量共建"一带一路"提供绿色解决方案。《关于推进共建"一带一路"绿色发展的意见》中指出要"推进低碳示范区建设"。中国推动在"一带一路"共建国家建设的产业园区绿色化发展，加强园区的生态环境保护、产业结构优化、用能清洁化替代。相关研究表明，"一带一路"工业园区的工业能耗强度比东道国工业能耗强度总体低50%～60%①。以"炼化一体化"项目为主的文莱大摩岛石油炼化工业园，以"钢铁联合项目"为主的马中关丹产业园，以"镍铁＋不锈钢一体化"为主的印度尼西亚青山园区，基本实现了能源资源综合利用、绿色基础设施和公共服务、物料循环利用、环保、节水、清洁生产等一体化解决方案的构建。

专栏8-7

老挝万象赛色塔综合开发区：打造绿色低碳环保典范

赛色塔综合开发区由云南省建设投资控股集团有限公司与万象市政府共同投资开发，是中老两国政府共同确定的国家级合作项目。

万象赛色塔低碳示范区是中国在发展中国家开展的"10个低碳示范区"合作项目之一，是中老两国政府依托赛色塔综合开发区开展的应对气候变化的南南合作项目。该开发区始终以绿色低碳环保为规划建设理念，以碳达峰、碳中和为目标，积极推动低碳示范区建设，园区的新能源公交车、卡车以及太阳能路灯等都是低碳环保设计，绿化喷淋用水也均采用先进的水循环系统。

---

① 绿色低碳助推共建"一带一路"［EB/OL］.（2022-03-31）. http://ydyl.china.com.cn/2022-03/31/content_78140937.htm.

数字合作创造美好未来

　　"数字丝绸之路"，是中国在数字时代提出的推动建设人类命运共同体的新路径，将数字经济发展与共建"一带一路"倡议结合起来。秉承"一带一路"国际合作共商共建共享原则，数字丝绸之路以平等为基础，以开放为特征，以信任为路径，以共享为目标，助力缩小数字鸿沟，为世界经济发展提供新动能。

第一节　内涵导向不断丰富

　　中国在2016年担任二十国集团轮值主席国时，就将"数字经济"列为二十国集团创新增长蓝图中的一项重要议题，牵头制定和发布了全球首个由二十国集团领导人共同签署的数字经济政策文件《二十国集团数字经济发展与合作倡议》。习近平主席在首届"一带一路"国际合作高峰论坛开幕式演讲中提出，"我们要坚持创新驱动发展，加强在数字经济、人工智能、纳米技术、量子计算机等前沿领域合作，推动大数据、云计算、智慧城市建设，连接成21世纪的数字丝绸之路"。自此提出"数字丝绸之路"的概念。2019年第二届高峰论坛上指出要共同把握数字化、网络化、智能化发展机遇，建设数字丝绸之路，数字合作顶层设计与政策协调加快推进，成为共建"一带一路"新领域和新增长点。

2021年以来，习近平主席分别在博鳌亚洲论坛2021年年会开幕式、第四届中国国际进口博览会开幕式、第三次"一带一路"建设座谈会、第八届中非合作论坛部长级会议开幕式等重要场合强调发展丝路电商和丝绸之路建设，为推动构建数字合作格局指明方向。

第二节　合作机制日益完善

数字经济合作已被纳入大部分中国与共建国家的双边合作机制。2017年12月，《"一带一路"数字经济国际合作倡议》由中国、泰国、老挝、沙特阿拉伯、阿拉伯联合酋长国、塞尔维亚等国相关部门在第四届世界互联网大会上共同发起。截至2023年6月，中国与17个国家签署"数字丝绸之路"合作谅解备忘录，与29个国家签署电子商务合作谅解备忘录。中国已与俄罗斯、匈牙利、巴基斯坦等国签署数字经济领域投资合作备忘录，打造数字经济伙伴关系。

电子商务多边合作机制进一步完善，包括在金砖国家、上海合作组织、中国—中东欧国家、中国—中亚五国等框架下均有电子商务合作相关内容，联合开展了规划对接、产业促进、地方合作等多领域全方位的交流合作。中国与东盟国家联合举办中国—东盟数字部长会议和中国—东盟数字经济发展合作论坛，与非洲国家共同制定实施"中非数字创新伙伴计划"。中国积极推进中国—东盟自贸区3.0版谈判，打造数字经济新亮点。2022年5月发布的《金砖国家制造业数字化转型合作倡议》，就凝聚数字化发展理念和建设通达的数字基础设施等达成了10点共识。

为积极落实中国—中东欧国家领导人峰会成果，2022年6月，中国—中东欧国家"丝路电商"发展高峰论坛在中国宁波举办，中方与阿尔巴尼亚、匈牙利、黑山、塞尔维亚、斯洛文尼亚等5个有意愿的中东欧国家在现场共同启动了中国—中东欧国家电子商务合作对话机制，进一步搭建了中国与中东欧国家电子商务领域交流合作的平台，有利于共同探索互利共赢的合作新模式、共享数字经济发展红利。中国还分别与匈牙利、罗马尼亚、捷克等国成立贸易畅通工作组，与爱沙尼亚、匈牙利等国成立电子商务工作组，与捷克、塞尔维亚、阿尔巴尼亚、匈牙利等国成立投资合作工作组，政策沟通不断深化。

第三节　务实合作持续推进

2021年2月，习近平主席在中国—中东欧国家领导人峰会上提出"推动建立中国—中东欧国家电子商务合作对话机制"的倡议。中国企业积极在中东欧国家布局海外仓，推动跨境电商合作。速卖通位列波兰、斯洛伐克、罗马尼亚、克罗地亚、捷克最受欢迎电子商务平台前五名。匈牙利中欧商贸物流园与临沂、赣州等地跨境电商综合试验区开展"双区联动"合作，为电子商务企业合作提供便利。

中国积极发挥在5G基站、人工智能及互联网等领域基础设施建设，以及移动支付、跨境电商运营、商业模式创新等领域优势，推动"一带一路"共建国家提升数字基础设施互联互通水平，扩大数字经贸合作规模，创新数字金融服务业态，缩小数字发展鸿沟。截至2022年11月，中国企业累计建设34条跨境陆缆和10余条国际海缆；建设了非洲超半数的无线站点及高速移动宽带网络，累计铺设超25万公里光纤，帮助3000多万家庭实现宽带上网，服务超过10亿非洲民众。北斗三号系统短报文通信服务覆盖中国及周边国家和地区，北斗系统民用用户数量已经超过1亿，服务覆盖范围达到200余个国家和地区，日服务次数约2亿次，主要用于渔业、交通、森林防护、应急救援、军用等领域。在吉隆坡、雅加达、孟买、迪拜、伦敦、法兰克福等城市均有中国企业建设的云数据中心，中国—东盟信息港已发展成为面向东盟的国际通信网络体系和信息服务枢纽，中国和比利时共建的列日数字物流中枢已成为欧洲最大的智慧物流基础设施项目。

PEACE 国际海缆系统

海洋通信网络承载全球95%以上的国际跨洋信息通信传输，是全球最重要的国际通信网络基础设施。海洋通信的产业发展和资源布局，推动国家在国际互联通信能力、通信事业以及整体经济水平等方面的提升。PEACE 国际海缆系统（以下简称"PEACE"），构建亚非欧新路由，加快全球网络基础设施建设，助力网络空间命运共同体目标的实现。

PEACE，始于2018年，是由江苏亨通光电股份有限公司（以下简称"亨通"）投资、建设、运营的国际海底光缆通信系统，总投资超40亿元。PEACE线路连接法国、巴基斯坦、埃及、肯尼亚等国家，并向新加坡等东南亚国家以及南非延伸，总里程超25000公里，将登陆20余个国家，沿途覆盖超30个国家。截至2022年11月，已经完成海缆的铺设安装工作，PEACE实现了法国、埃及、巴基斯坦和肯尼亚的连接。

PEACE创新性地采用项目公司模式，以"产品＋工程＋服务"的全产业链模式，打破了传统的海缆项目联盟运作方式。在这种全新商业模式下，亨通实现了产业链的垂直整合，深入高端产品与服务应用领域，为全球海底光缆工程建设提供助力，加速互联互通。PEACE借助中巴陆地穿境光缆资源可实现与中巴经济走廊的信息互联互通。同时，PEACE向西接入欧洲主要数据节点——马赛后，具备了打通中国西部到欧洲，形成国际通信新路由的条件，能够为中国和共建国家提供良好的国际通信服务。

通过与沿途各国家登陆合作伙伴的密切合作，PEACE进一步实现了对亚洲、非洲以及欧洲内陆地区的广泛延伸与覆盖，涉及国家和地区的人口将超过20亿。PEACE将构建跨洲际线路上的国际信息大容量通道，优化国际通信网络结构，助力共建国家充分利用网络和信息通信技术，提升当地通信与经济发展水平，共享数字化发展机遇，构建网络空间命运共同体。

第四节 数字经济高速发展

据中国信息通信研究院《全球数字经济白皮书（2022年）》显示，2021年，美国数字经济规模为15.3万亿美元，蝉联世界第一；中国位居第二，规模为7.1万亿美元。中国发展数字贸易，基础实、前景好、潜力足。2022年，服务贸易中可数字化交付的规模达到2.5万亿元，比2017年增长了78.6%。

2022年，中国跨境电商进出口规模为2.1万亿元，同比增长30.2%。2021年，中国数字服务贸易进出口规模为2.31万亿元，占服务贸易总规模的50.6%；数字货物贸易按跨境电商计算，规模为1.69万亿元[1]。2021年，我国企业对外信息传输/软件和信息技术服务业以及科学研究和技术服务业的总投资达102.1亿美元，2013—2021年年均增速分别为17.6%和13.9%（见图8-1）。[2]

---

[1] 国家工信安全中心发布《2021年我国数字贸易发展报告》［EB/OL］.（2022-05-25）. http://chinawto.mofcom.gov.cn/article/ap/p/202205/20220503314178.shtml.

[2] 商务部，统计局，外汇管理局.2021年度中国对外直接投资统计公报［M/OL］.北京：中国商务出版社，2022. http://images.mofcom.gov.cn/fec/202211/20221118091910924.pdf.

（亿美元）

图 8-1　2013—2021 年信息传输／软件和信息技术服务业以及科学
研究和技术服务业对外投资流量

数据来源：《2021 年度中国对外直接投资统计公报》。

第五节　合作平台不断拓展

世界互联网大会、世界 5G 大会、世界人工智能大会等数字领域平台
不断拓展，中国与共建国家持续加强数字领域合作，开展多双边数字治理
合作，积极参与数字领域国际规则和标准制定。办好中国国际进口博览
会、中国国际服务贸易交易会、中国进出口商品交易会、中国国际投资贸
易洽谈会、中国国际数字经济博览会等展会、博览会平台，加速数字领域
高新产品、服务、技术、模式等在全球范围内高效配置，促进前沿思想、
管理理念、开放经验、治理模式等在参会各国政府、企业、智库及相关
机构交流碰撞。搭建"数字经济产业跨境投资促进平台"，持续集聚有
规模、高层次的境内外数字经济优质资源，推动境内外产业集群的精准
对接，赋能中国企业在数字基础设施、跨境电商等领域的创新和应用走
向世界。

跨境电商平台不断拓展、规则持续完善，跨境电商平台如阿里巴巴的
"全球速卖通平台""全球电子商务平台"（eWTP）以及京东的"京东售全

球"等在"一带一路"共建国家加快布局发展。跨境电商物流网络进一步完善,跨境电商与"中欧班列"进一步融合,跨境电商专列如"义新欧""苏新欧"等先后开通并常态化开行。

2017年11月,"一带一路"数字化经济战略联盟在济南成立。该联盟由浪潮集团发起,与思科、IBM、迪堡多富、爱立信4家全球科技巨头共同组成,中国进出口银行、中国国家开发银行、中国出口信用保险公司提供金融支持。作为中国首个企业发起成立的"一带一路"融合式平台,该联盟旨在为"一带一路"共建国家提供"数据中心+云服务"、智慧金融、智慧家庭、智慧税务、智慧城市等整体技术解决方案,以及完善的资金解决方案。

专栏8-9

世界互联网大会

2022年7月12日,世界互联网大会国际组织正式成立,由全球移动通信系统协会(GSMA)、国家计算机网络应急技术处理协调中心(CNCERT)、中国互联网络信息中心(CNNIC)、阿里巴巴(中国)有限公司、深圳市腾讯计算机系统有限公司、之江实验室等六家单位共同发起,总部设于中国北京。世界互联网大会国际组织将致力于全球互联网发展治理,与国际各方积极搭建全球互联网高端对话平台。

世界互联网大会乌镇峰会自2014年起已连续成功举办九年,每年都会吸引约80个国家和地区的千余名代表。2020年以来,每年新增线上参会嘉宾约1500人,来自全球政府部门、国际组织、互联网领军企业、行业协会和学术机构。

来自近20个国家的百家互联网领域的机构、组织、企业及个人加入,成为初始会员。其中,包括享誉全球的互联网领军企业、权威行业机构、互联网名人堂入选者等。大家作为全球互联网发展的亲历者、推动者、引领者和贡献者,将在世界互联网大会国际组织这个平台上发挥更加重要的作用。

第六节　规则标准探索构建

中国在推动数字经济有序开放和高水平"走出去"的同时,积极参与国际数字治理合作,推动构建数字领域互利共赢的国际规则体系。

中国推动美、欧等 WTO 成员启动与贸易有关的电子商务议题谈判,就电子签名和认证、在线消费者保护、非应邀商业电子信息、开放政府数据、电子合同、透明度、无纸贸易等 7 个议题达成原则共识。2021 年 2 月 21 日,《亚洲及太平洋跨境无纸贸易便利化框架协定》(以下简称《协定》)正式生效。《协定》由联合国亚洲及太平洋经济社会委员会倡导发起,是联合国框架下跨境无纸贸易领域的第一个多边协定,将推动亚太地区电子形式的贸易数据和文件的交换及互认,促进国家和次区域单一窗口与其他无纸贸易系统之间的兼容,营造良好的跨境无纸贸易法律规制环境,进一步提高国际贸易的效率和透明度。此外,《协定》还将进一步丰富"一带一路"贸易便利化领域合作,增强亚太地区贸易领域互联互通,为在后疫情时代加快经济复苏和发展作出贡献。

中国对接高标准国际经贸规则。中国与 28 个国家和地区签署的 21 个自贸协定中,有 13 个包含电子商务内容,其中 RCEP 纳入电子认证和签名、在线消费者保护、在线个人信息保护、网络安全等条款,其电子商务章节是覆盖区域最广、内容最全面的电子商务国际规则,为本地区电子商务和数字贸易的发展繁荣提供了重要规则保障。中国正积极申请加入 CPTPP、DEPA 等数字领域国际高标准经贸规则,在电子商务领域加大规则探索力度,开展跨境数据流动、数据存储本地化、数字产品非歧视性待遇、开放源代码等难点压力测试，推动制度型开放，为"一带一路"共建国家电子商务共同发展创造有利的环境。

📖 **专栏 8-10**

中国国际大数据产业博览会助力规则标准走出去

自 2015 年举办以来，中国国际大数据产业博览会（以下简称"数博会"）始终秉承"全球视野、国家高度、产业视角、企业立场"办会理念，充分展现了中国积极构建互联网治理体系、促进公平正义的责任担当。

作为全球首个大数据主题博览会，数博会一直致力于构建全球大数据统一规范、符合国际通用规则的多语种学术话语体系和术语标准体系。历届数博会先后发布了《数典》《大数据百科术语辞典》《大数据蓝皮书》等公益成果。其中《数典》作为全球首部多语种全面系统研究大数据标准术语的专业工具书，开创性地提供了汉语、阿拉伯语、英语、法语、西班牙语等 11 大语种，覆盖全球 6 大洲的 200 余个国家和地区的统一规范国际术语标准体系。《大数据百科术语辞典》是全球首套系统研究大数据术语的多语种智能化专业辞典，填补了世界大数据标准术语工具书的空白。同时，《块数据》《数权法》《主权区块链》"数字文明三部曲"英文、法文、德文版首发仪式在 2022 数博会举行。海内外出版方对外发布了《块数据 1.0—3.0》英文版，《数权法 3.0》法文版、德文版，《主权区块链 2.0》中文简体版、中文繁体版，《主权区块链 2.0》英文版，《主权区块链 1.0》《主权区块链 2.0》法文版、德文版，为理解数字文明时代奠定理论、价值和法理基础，为窥探数字文明图景提供了一个新视角，对提升中国大数据的国际话语权和规则制定权、加快大数据知识国际传播和普及应用，具有现实而深远的意义。

第九篇

地方篇

　　各地积极出台政策支持共建"一带一路"，明确共建"一带一路"的主要方向和重点任务，务实推进与共建国家的经贸合作，推进基础设施建设、搭建合作平台、创新发展模式、深化合作领域，不断取得丰硕成果，已成为共建"一带一路"的重要力量。

新疆：打造丝绸之路经济带核心区

新疆推动丝绸之路经济带核心区建设取得积极进展，聚焦"一港""两区""五大中心""口岸经济带"工作主线，推动实施一批交通、物流、能源、商贸等领域示范性、标志性工程，助力核心区高质量发展，为共建"一带一路"提供了新疆实践。

第一节　基本情况

新疆与"一带一路"沿线国家的贸易关系稳步发展，2023年上半年，新疆对沿线国家进出口1383亿元，较上年同期增长68.2%，增幅高于新疆外贸整体增速3个百分点，占新疆外贸总值的92.4%。其中，出口1179.8亿元，增长74.2%；进口203.2亿元，增长40.1%。截至2023年7月，新疆对外投资目的地已达60多个国家和地区，建成4个境外经贸合作园区。

新疆注重机制与规划体系建设，先后印发《2017新疆丝绸之路经济带核心区建设工作要点》《2020年自治区推进丝绸之路经济带核心区建设工作要点》《2021年自治区推进丝绸之路经济带核心区建设工作要点》等年度工作文件，出台《关于推进丝绸之路经济带核心区建设的实施意见》《关于印发推进新疆丝绸之路经济带核心区建设行动计划（2014—2020年）的通知》《丝绸之路经济带创新驱动发展试验区总体规划思路》《丝绸之路经济带创新驱动发展试验区总体规划纲要》《关于成立丝绸之路经济带创新驱动发展试验区建设领导小组的通知》《关于印发丝绸之路经济带核心区商贸物流中心建设规划（2016—2030年）的通知》《丝绸之路经济带创新驱动发展试验区建设方案》《丝绸之路经济带核心区区域金融中心建设规划（2016—2030年）》《自治区推进实施"一带一路"建设领导小组工作规则》《自治区推进实施"一带一路"建设领导小组办公室细则》《关于印发新时代扩大对外开放 加快推进丝绸之路经济带核心区建设的若干意见的通知》等文件。新疆注重在"一带一路"框架下与各方交流合作，签署了《推进丝绸之路经济带创新驱动发展试验区建设合作备忘录》《推进丝绸之路经济带核心区建设的合作备忘录》《乌鲁木齐海关 福州海关关于促进"一带一路"核心区建设合作备忘录》等一系列备忘录。

新疆深度挖掘独特区位优势，发挥向西开放重要窗口作用。新疆出台政策支持设施互联互通，发布《丝绸之路经济带核心区交通枢纽中心建设规划（2016—2030年）》《中欧班列（乌鲁木齐）集结中心建设方案（2020—2024年）》《霍尔果斯口岸货运通关效率提升作业方案》等一系列政策支持设施实现互联互通。作为我国向西开放的"桥头堡"，新疆得到中央的高度重视，被赋予了一系列优惠政策，"外引内联、东联西出、西来东去"的便利和"两种资源、两个市场"的优势不断彰显，新疆不断深化与中亚、南亚、西亚等国家之间的交流合作，形成丝绸之路经济带上重要的交通枢纽。新疆地处亚欧大陆腹地，位于新亚欧大陆桥、中蒙俄、中国—中亚—西亚、中巴经济走廊交汇处，与周边8国接壤，拥有经国家批准的对外开放口岸20个，其中17个陆路口岸、3个航空口岸。共建"一带一路"深入推进，新疆全力推进公路、铁路、航空、通信、管网"五位一体"，由边远地带变成一个核心地带、枢纽地带。新疆G7京新高速公路全线贯通，公路通道联通水平进一步提升。库尔勒—格尔木铁路全线贯通，联通国际陆海贸易新通道取得重要进展。于田万方机场通航，奇台、巴音布鲁克、巴里坤机场项目进展顺利，"疆内成网、东西成扇"

的航线布局加快构建。

新疆围绕"畅通道、优环境、促创新"不断改革创新，发挥政策红利，积极改善营商环境，2023年上半年，新疆AEO企业进出口贸易额在同期新疆外贸进出口总值中的占比达13.1%。乌鲁木齐海关在乌鲁木齐国际陆港区开展进口集装箱货物"直提直装"试点，有效提升便利化水平。不断拓展跨境电商新模式，推广"前店后仓+自定义快速配送"的跨境电商新模式，推动新疆跨境电商一般出口商品跨关区退货政策纳入海关总署试点。

第二节　特色与成效

新疆积极响应国家《推动共建丝绸之路经济带和21世纪海上丝绸之路的愿景与行动》规划，不断拓展国际交流合作的空间，不断提升贸易投资便利化水平。

新疆的重点开发开放平台建设落实有力、成效明显，为新疆开放型经济发展提供重要支撑。新疆以乌鲁木齐国际陆港区为龙头，加快霍尔果斯、喀什经济开发区和各综合保税区、沿边口岸建设，对外开放载体更加多元，区域经济不断拓展。截至2023年4月，新疆累计开行中欧班列6800列，累计发运国际公路货运4.1万车，21条班列线路通达欧亚19个国家和地区的26个城市。各口岸和乌鲁木齐国际陆港区之间的联动不断强化。2023年上半年，新疆铁路阿拉山口和霍尔果斯口岸进出境中欧（中亚）班列7160列、同比增长13.7%，过货量1230.1万吨、同比增长24%。中欧班列运载货物品类已达200余种，不仅有新疆本地的钢材、化工产品、农副产品，还有来自珠三角、长三角、京津冀等地的汽车配件、电子产品等。新疆全力推进中欧班列（乌鲁木齐）集结中心示范工程建设，统筹阿拉山口、霍尔果斯中欧班列综合枢纽能力提升工程、喀什国际多式联运物流中心等重点项目建设，全区中欧班列"一中枢、三支点"枢纽体系加快构建。

在共建"一带一路"的带动下，新疆一大批企业走出国门，拓展发展空间，造福共建国家和人民。新疆金风科技股份有限公司成为进入巴基斯坦的第一批中国风电制造商。截至2021年11月，金风科技已在巴基斯坦投运7个风电项目，每年可为当地提供绿色电力超过15亿度。中泰新丝路塔吉克斯坦农业纺织产业园已完成三、四期项目建设。

专栏9-1

特变电工为"一带一路"共建国家提供系统解决方案

特变电工股份有限公司（以下简称"特变电工"）为塔吉克斯坦、吉尔吉斯斯坦、乌兹别克斯坦等中亚地区国家电力基础设施建设贡献中国技术和中国智慧，建成和在建能源电力项目达数十个。

特变电工建设了500kV"南—北"输变电工程、吉尔吉斯斯坦南部电网改造项目和"达特卡—克明"500kV输变电工程、乌兹别克斯坦水电项目等一系列精品工程，改善能源结构和民生福祉，助力中亚国家社会经济发展。

特变电工具有知识产权的高新技术产品已成功进入70余个国家和地区，并为塔吉克斯坦、吉尔吉斯斯坦、安哥拉、孟加拉国等30多个"一带一路"共建国家提供了从勘测、设计、施工、安装、调试，到培训、运营、维护一体化的交钥匙工程及系统解决方案，推动了绿色高效电源电网建设，造福了当地民众，促进了当地社会经济发展。

新疆重视人文交流，搭建文化合作平台，促进对外交流创新发展，已同25个国家和国际组织签署了21项合作协议，缔结国际友好城市45对。在医疗卫生方面，新疆不断做强国际医疗服务，全区27所医院与3个周边国家的24所大型医院建立了跨境远程医疗服务平台。在科技合作方面，新疆加快推进丝绸之路经济带创新驱动发展试验区、乌昌石国家自主创新示范区建设，国际科技合作覆盖45个国家和地区（组织）、400多家科研机构。2022年新疆成功举办了"丝绸之路经济带核心区——产业振兴、创新发展"院士论坛、第七届中国—亚欧博览会等系列重大活动，推出10条丝路古道旅游线路，挂牌成立"丝绸之路创新发展研究院"。

福建：打造海上丝绸之路核心区

作为丝绸之路国内段和海上丝绸之路的交汇点，福建省立足自身优势，积极探索融入"一带一路"新路径，打造海上丝绸之路核心区。

第一节　基本情况

福建与"一带一路"沿线国家贸易额由2013年的3236.6亿元，增长到2022年的7332亿元，累计增长了126.5%。2022年，"一带一路"沿线国家和地区对福建投资增加153%。

福建积极对接"一带一路"方案，出台《福建省建设21世纪海上丝绸之路核心区实施方案》《福建省开展21世纪海上丝绸之路核心区创新驱动发展试验实施方案》《加快建设"海上福建"推进海洋经济高质量发展三年行动方案（2021—2023年）》，每年印发工作要点，明确工作目标和主要任务，持续推进海上丝绸之路核心区建设各项目标任务落地落实。此外，福建还抢抓RCEP政策红利机遇，出台《福建省全面对接〈区域全面经济伙伴关系协定〉行动计划》《福建省高质量实施〈区域全面经济伙伴关系协定〉的若干措施》和《关于金融支持福建全面对接〈区域全面经济伙伴关系协定〉的指导意见》，从贸易、投资、产业、新金融等多维度制定行动计划和措施。

2018年，"丝路海运"由中远海运集团、福建港口集团共同倡议发起成立，是中国首个面向"一带一路"的国际综合物流服务品牌和平台。同年，首条以"丝路海运"命名的集装箱航线开行。福建构建"丝路海运"与"中欧班列"无缝衔接、相得益彰的陆海内外联动、东西双向互济的国际贸易新通道，高质量融入"一带一路"建设。为支持"丝路海运"创新发展，推动高质量共建"一带一路"，福建印发《支持"丝路海运"发展政策措施》《福建省"丝路海运"港航发展专项资金管理暂行办法》等政策文件。出台扶持政策，每年安排2亿元专项资金支持"丝路海运"航线拓展、集装箱中转业务和铁海联运等发展建设。"丝路海运"地位不断提升，不仅被纳入交通强国建设试点，还被列入国家"十四五"规划及2035年远景目标纲要。"丝路海运"致力于消除物流行业的信息壁垒，减少航运市场的资源错配，实现产业链、供应链高效运转。在"丝路海运"联盟框架内，各成员单位可实现信息共享、优势互补，为产业链供应链提供有力保障。福建建立"丝路海运"信息化平台，实现港口、航商、贸易商等企业数据共享、信息互通，"丝路海运"订舱平台、"丝路海运"物流可视化平台等信息化平台也相继启动。福建已牵头举办三届"丝路海运"国际合作论坛，已签署18项战略合作协议；福州港、厦门港累计与马来西亚巴生港等18个港口结为友好港。

福建充分发挥资金杠杆作用，支持企业对"一带一路"沿线国家投资合作。福建发布《关于促进"丝路投资"高质量高水平发展若干措施的通知》《关于进一步推进"丝路投资"高质量发展若干措施的通知》，促进福建企业更加广泛深入参与全球产业分工和合作，进一步提高福建对外投资合作质量和水平，对在"一带一路"沿线国家和地区、RCEP成员国或使用人民币进行直接投资的项目给予奖励。厦门推出全国首个地方政府主导的海丝投资基金《厦门海丝投资基金管理办法》。该基金是经厦门市政府批准设立，吸引厦门自贸区产业引导基金共同参与，按照市场化方式运作的政策性基金，围绕厦门市现代产业体系建设，重点支持厦门市企业开展资源开发合作型、技术和品牌合作型、贸易带动型境外绿地投资或并购项目。在同等条件下，优先选择对"一带一路"沿线国家、对台的投资项目。

第二节　特色与成效

福建不断释放进一步扩大高水平对外开放的积极信号，强化经贸合作，为推动形成全面开放新格局、建设开放型世界经济发挥积极作用。

福建与"一带一路"沿线国家经贸合作密切，产业互补性强，产业链供应链融合式快速发展。机电产品是福建对"一带一路"沿线国家出口最主要产品，2023年上半年出口额790.5亿元，增长超过20%，其中自动数据处理设备的零部件、锂电池等中间产品出口分别增长了19.7倍、43.7%。福建与"一带一路"沿线国家能源和农产品合作持续深入。2023年上半年，福建自"一带一路"沿线国家进口能源产品869.8亿元，增长超过50%，其中煤、天然气、原油进口分别增长125%、45.9%、18.5%。进口农产品207.9亿元，涨幅近1/3。福建省对主要贸易伙伴进出口保持增长。2023年上半年，福建省对"一带一路"沿线最大贸易伙伴东盟进出口2029.9亿元，增长2%。对俄罗斯、阿拉伯联合酋长国进出口快速增长，增速分别达111.9%、63.5%。

福建加快开放通道建设，对外通道不断畅通，为推进"一带一路"倡议实施提供强大支撑。在海运通道方面，截至2023年4月，"丝路海运"联盟成员单位达304家，命名航线100条，通达43个国家和地区的117座港口；在陆路通道方面，新开行福州、龙岩中欧班列，全省开通中欧班列城市达到5个；在航空方面，福州长乐国际机场二期、厦门新机场、泉州晋江机场等项目加快推进；在网络通道方面，成功发射海丝一号、海丝二号系列遥感卫星，为"一带一路"沿线国家和地区灾情研判决策提供空间信息支持。

福建以"一带一路"沿线国家和地区为重点，积极开展国际经贸合作，支持有条件的企业布局海外，投资合作成绩斐然。十年来，福耀玻璃、紫金矿业、宁德时代、金龙客车等品牌企业国际影响力显著提升。中国—印度尼西亚经贸创新发展示范园区正式纳入中国与印度尼西亚政府间共建"一带一路"合作规划，中国—印度尼西亚经贸创新发展示范园区与中国—菲律宾经贸创新发展示范园区共同获得国务院批复设立，福建全力打造RCEP合作发展示范园区。福建迄今一次性投资最大的中外合资项目中沙古雷乙烯项目已经签约落地，该项目是中国和沙特阿拉伯两国产能与投资合作重要项目之一，也是全面践行中国"一带一路"倡议和沙特阿拉伯"2030愿景"对接的重要抓手，得到两国领导人的高度重视。

福建围绕高质量共建"一带一路"，利用数字中国建设峰会、投洽会、海交会等各类平台开展国际合作，积极邀请"一带一路"沿线国家和地区参展参会，向"一带一路"沿线国家和地区传播中国投资好声音、共享国际投资新机遇，持续拓展"一带一路"合作的深度和广度。

福建密切人文交流，深入实施"丝路伙伴"计划，该计划已被外交部写入关于福建外事工作的文件，被写入《福建省国民经济和社会发展第十四个五年规划和二〇三五年远景目标纲要》等系列重要文件，已经成为福建推动开放发展的重要品牌和抓手。此外，福建还不断激发闽籍侨胞和港澳同胞在推动海上丝绸之路核心区建设方面的独特作用，支持和鼓励闽籍侨胞和港澳同胞参与海上丝绸之路核心区建设，发挥闽籍侨胞和港澳同胞的桥梁纽带作用，积极与"一带一路"共建国家开展贸易投资合作和人文交流。

第三章

浙江：打造全球数字贸易中心

浙江深入贯彻习近平总书记关于共建"一带一路"的重要论述精神，作为全国改革开放先行地，向内辐射内陆腹地，向外拓展海洋空间，统筹推进共建"一带一路"。

第一节　基本情况

十年来，浙江与"一带一路"沿线国家货物贸易额从6271.7亿元增至17259.3亿元，年均增长11.9%。浙江对"一带一路"沿线国家进出口额占全省比重从30.1%升到36.9%，占全国"一带一路"进出口份额从9.7%提升至12.5%。浙江在"一带一路"沿线国家和地区累计投资593亿美元，年均增长8.77%，占浙江对外投资比重的51.5%。浙江现有省级以上境外经贸合作区达18家。

浙江建立高质量政策体系，贯彻落实共建"一带一路"高质量发展部署要求，打造了"1+N"政策体系。此外，浙江还建立高标准评估体系，连续四年对各地开展年度"一带一路"工作督查激励，2022年创新建立了"一带一路"年度工作评价机制，开展了首次工作评价。

浙江承担了诸多主场外交和重大合作交流活动，成功举办二十国集团峰会、世界互联网大会、中国—阿拉伯国家广播电视合作论坛、全球重要农业文化遗产大会等重大国际活动。浙江政府落实"一带一路"国际合作高峰论坛精神，举办两届浙江省推进"一带一路"建设大会，高质量完成"一带一路"国际合作高峰论坛配套活动等80余场次重要外交外事活动和大型国际会议的筹办及服务保障任务，共接待来自130多个国家重要团组1997批2.4万余人次。

浙江积极推进跨境电商高质量发展，率先实现跨境电商综合试验区省内全覆盖，推进"店开全球""品牌出海""独立站领航"三大行动，新增出口活跃网店2.8万家。浙江深入推进海外仓等国际营销网络建设，截至2023年5月，已建成省级公共海外仓52个，海外仓数量占全国总量1/3以上。海外智慧物流平台累计上线海外仓362个，覆盖全球50个国家196个城市。

浙江不断推动与"一带一路"共建国家互联互通合作，擦亮打造重要枢纽的鲜明标识。浙江高水平打造义甬舟开放大通道，"东向依港出海，西向依陆出境"的"两核一带两辐射"格局基本形成。2022年，义甬舟开放大通道"百项千亿"工程项目完成投资突破1100亿元，授牌了绍兴义甬舟嵊新临港经济区、衢州义甬舟西延开放枢纽两个综合性战略平台。浙江聚力打造世界级港口群，打造"一带一路"重要枢纽。浙江建成以宁波舟山港为主体，浙东南沿海港口和浙北环杭州湾港口为两翼，义乌陆港及其他内河港口联动发展的"一体两翼多联"发展格局。宁波舟山港货物吞吐量连续14年稳居全球第一，集装箱吞吐量连续5年居全球前三，成为全球第三个"3000万级集装箱大港"，跻身国际航运中心指数前十。宁波舟山港集装箱航线累计达120条，海运运力稳居全国第一，铁海联运年业务量超145万标箱创历史新高，居全国第二。2022年，宁波舟山港的"一带一路"航线集装箱量达1308万标箱，占比达39%。浙江累计开行义新欧班列突破6700列，2022年进口班列占比提升至39.3%。浙江开辟的首趟"义新欧＋粮食"回程班列，已成为全国市场化程度最高、竞争力最强的中欧班列之一。义新欧回程班列首次实现了与"义乌—宁波舟山港"海铁联运班列整列中转、国际中转。浙江开发上线"义新欧"数字服务在线平台，实现监测、分析、预警和高质量发展导向等核心业务功能。截至2023年1月，义新欧中欧班列已开通18个方向的点对点国际货运直达班列线路，可达101个境外站点，辐射亚欧大陆50多个国家和160多个城市，成功开辟亚欧大陆"从太平洋直达大西洋、波罗的海、里海、黑海，从义乌直达中亚、南亚、东南亚"的互联互通网络。

第二节 特色与成效

浙江持续发力高标准打造全球数字贸易中心，成功召开首届全球数字贸易博览会，创新推出了世界电子贸易平台（eWTP），探索形成了跨境电子贸易新规则，成功举办数字贸易规则标准高峰论坛，发布《数字贸易标准化白皮书》和《数字贸易通用术语》双团体标准两项重要成果。

浙江加快推进外贸转型升级，自主品牌出口取得积极成效。2022年，新增认定外贸转型升级基地10家，累计获批国家外贸转型升级基地70家（其中宁波19家），占全国总数的12.1%，居全国首位。持续推进自主品牌建设，累计培育"浙江出口名牌"超900个，自主品牌产品出口占全省出口产品比重达到14.5%。

浙江实施"丝路领航"行动，促进浙江本土民营跨国公司总部发展，新认定领航企业50家。"丝路护航"行动聚焦境外风险、合规经营、外派人员安全等主题，2022年开展相关活动15场，对600多家次企业进行重点国别风险提示，妥善处理20多起境外突发事件。浙江还联动12家金融、保险、律所、安保等专业机构发布77项举措，助力本土跨国公司培育。温州、湖州、嘉兴等地开展合格境外有限合伙人（QFLP）试点，宁波成为全省唯一同时开展QFLP和合格境内有限合伙人（QDLP）试点的城市。浙江先后出台了"一带一路"和义甬舟金融专项、海外仓金融专项等支持举措。浙江推出"Alipay+"打造全球统一的跨境移动支付技术和营销解决方案，已联手印度、巴基斯坦、孟加拉国等9个国家和地区当地合作伙伴建设了本地钱包；助力全球商家与移动时代消费者建立广泛连接，截至2022年，

"Alipay+"已覆盖全球超过250万商户。

浙江不断凝聚商会、侨团、智库、金融机构等多方合力，构筑多元主体协同共建服务体系，形成倍增裂变效应。2022年11月，浙江省"一带一路"综合服务联盟成立，是首个聚焦服务参与共建"一带一路"企业的公益性服务平台。该联盟成员既有省级相关事业单位，也有浙江省"一带一路"研究智库联盟等相关行业协会、商会等，还有银行、人力、会计等金融机构，以及参与"一带一路"投资建设的重点企业。

浙江加大对外投资力度，服务"走出去"的浙江企业，助推企业在"一带一路"沿线开辟海外市场，开创经贸合作新局面。实施"丝路领航""丝路护航"行动，促进浙江本土民营跨国公司总部发展，保障企业海外安全发展。

专栏 9-2

"浙商优势＋市场导向"推动"一带一路"走深走实

发挥浙商优势，坚持市场导向，一批企业不断推进在"一带一路"共建国家投资，打造了一批浙江共建"一带一路"的标志性成果。

在浙江的民营企业中，海亮集团是较早走出国门的企业之一。2013年以来，海亮集团全面启动国际化战略布局，积极共建"一带一路"。海亮集团已在12个国家和地区进行产业布局，拥有泰国、越南、美国、墨西哥等10个境外生产基地，与127个国家或地区近万家客户建立了长期合作关系。

浙江的绍兴布婷纺织品有限公司（以下简称"布婷"）将纺织品带入"一带一路"沿线国家，布婷以土库曼斯坦为起点，将纺织外贸"朋友圈"不断扩大。许多"一带一路"沿线国家都有布婷的面料在销售，布婷逐步扩大在"一带一路"沿线国家面料市场的影响力。

浙江企业加速在"一带一路"沿线国家布局境外经贸合作区,境外经贸合作区成为浙江提升全球资源配置能力、参与共建"一带一路"的重要载体。截至2021年底,浙江境外经贸合作区达16家,建区企业累计投资额177亿美元,共有入园企业640家,累计投资额134亿美元,在东道国年纳税额约5亿美元,为东道国提供就业岗位5.85万个。印尼青山产业园区成为国内民营企业境外投资的最大产业园区。恒逸文莱石化项目成为国内民营企业最大的海外投资项目。泰中罗勇工业园目前正在积极建设二区项目,规划建成智慧的绿色产业生态园。

海南：依托自贸港筑梦
"一带一路"建设

海南地处南海之中，是中国与南亚、东南亚、中东地区开展贸易往来的重要门户，海南深入参与共建"一带一路"，与共建国家在贸易、投资、农业等领域开展了大量卓有成效的合作。自2018年习近平总书记宣布"党中央决定支持海南全岛建设自贸试验区，支持海南逐步探索、稳步推进中国特色自由贸易港建设，分步骤、分阶段建立自由贸易港政策和制度体系"以来，海南将"一带一路"建设与自由贸易港建设有机结合，持续推进高水平对外开放，成为推动建设21世纪海上丝绸之路重要战略支点。

第一节 基本情况

2013—2022年，海南进出口贸易总额10399.3亿元，年均增速8.9%。2022年，海南实际对外投资18.95亿美元，同比增长137.46%。主要流向制造业、采矿业、批发和零售业、交通运输/仓储和邮政业。其中，对"一带一路"国家投资10.61亿美元，同比增长172.75%。对东盟国家实际投资9.78亿美元，同比增长299.18%。主要投向印度尼西亚、新加坡、越南、马来西亚等国。资金主要流向制造业、采矿业、教育业。

海南推出贸易便利化措施,为企业营造良好的营商环境。"一线"放开、"二线"管住的进出口管理制度在海南自由贸易港(以下简称"海南自贸港")洋浦保税港区落地实施,大幅简化通关手续,货物存储与流转更加自由便利。2020年,海南国际投资"单一窗口"上线,优化畅通办事流程,提升企业体验。2022年,中国国际贸易"单一窗口"门户网站海南自贸港服务专区上线,设立"零关税"、离岛免税、物流协同、公服平台、智慧关务五个栏目,为企业提供"一站式"服务。在一系列措施的促进下,海南对"一带一路"沿线国家贸易保持较快增长。2018年,海南对"一带一路"沿线国家进出口总额为319.1亿元,到2022年,这一数值实现翻一番,达到752.4亿元。

海南打造多层次的交流平台,搭建企业与共建国家贸易往来的桥梁。一是政府间交流持续开展。海南举办"中国—东盟省市长对话会",释放中国—东盟地方政府合作潜力,推动将中国—东盟战略伙伴关系提升至新水平。为宣传推介海南自贸港政策,海南先后组织人员赴新加坡、马来西亚、印度尼西亚、泰国、菲律宾、斯里兰卡、以色列、土耳其、波兰、捷克、罗马尼亚等国家开展经贸交流,与各国政府有关部门、行业商协会、重点企业、当地华商、侨领等展开广泛交流,建立联系沟通渠道。二是举办以"一带一路"为主题的博览会、论坛等文化活动,掀起一波又一波"中国热""海南热",为海南企业提供深度参与共建"一带一路"的平台。海上丝绸之路文化遗产保护论坛、中国(海南)—东盟智库论坛等特色文化交流活动推动文化遗产保护、文化交流向前发展。海南岛国际电影节、21世纪海上丝绸之路合唱节等促进海南与"一带一路"共建国家文化艺术互鉴互赏、碰撞融合。截至2023年5月,海南共举办7届三亚国际文化产业博览交易会,吸引众多"一带一路"共建国家参展,推动一系列项目签约。2021年,海南举办首届中国国际消费品博览会,依托和发挥自贸港独特的区位优势及政策优势,吸引众多国家参展,为各国消费品进入中国市场搭建展销平台,也为中国商品销往世界创造条件。

海南持续加强对"走出去"企业规避海外风险的监督和指导，推动有效市场和有为政府更好结合。举办全省对外投资合作业务培训班，提高企业海外投资风险防范能力。建立及时、有效的风险预警机制，以灵活多样的方式向企业发布境外安全形势和安全风险预警。督促企业制定完善境外安保工作方案、突发事件应急处置预案及高危情况下人员转移或撤回方案，帮助企业规避风险，推进各类项目稳步顺利推进。海南加强与我国驻外使（领）馆经济商务机构及境外中资企业商（协）会的沟通和联系，充分调动各方能力和资源，帮助"走出去"企业规范海外经营行为、提升安全风险防范能力。

第二节　特色与成效

海南以海南自贸港建设为依托，持续提升港口辐射能力，构筑与"一带一路"共建国家重要的互联互通平台，打造面向太平洋和印度洋的重要开放门户。

海南"四方五港"建设步伐加快，港口整体竞争力不断提升。截至2021年底，海南开通的国际集装箱班轮航线已达17条，开通的内贸集装箱班轮航线数量超20条，形成覆盖全国沿海各主要港口，连接东南亚，辐射欧洲的外贸航线布局[①]。其中，海南洋浦港建设成效尤为突出。2018年，洋浦经济开发区国际港务小铲滩码头发运中远海运"海南—东盟（新加坡）"班轮，西部地区通过洋浦南行至新加坡的直航通道被打通，为沿海港口货物至东南亚增添了运输线路新选择[②]。2019年，洋浦港实现对东南亚国家主要港口全覆盖，进一步提升海南在"一带一路"建设中的作用[③]。截

---

① 海南交通基础设施建设投资创建省以来新高［EB/OL］.（2022-04-18）. http://www.chinadevelopment.com.cn/news/zj/2022/04/1774164.shtml.

② 建设西部陆海新通道航运枢纽 洋浦如何发力［EB/OL］.（2020-12-28）. https://www.hainan.gov.cn/hainan/sxian/202012/501f66b7bd8b4d249ca36c553c821a49.shtml.

③ 洋浦港外贸航线实现东南亚主要港口全覆盖［EB/OL］.（2020-02-28）. https://www.ndrc.gov.cn/fggzz/dqjj/sdbk/202002/t20200228_1221747.html.

至2023年8月，洋浦港内外贸航线达43条，构筑"兼备内外贸、通达近远洋"的航线网络①。

海南大力推动新航线布局，持续提升海南自贸港的吸引力和辐射力，激发临空经济发展活力。美兰机场发挥海南自贸港政策优势，先后开通联通俄罗斯、德国、法国、印度尼西亚、新加坡、意大利、澳大利亚、韩国、菲律宾等国家及中国香港地区的货运航线，赋能空中走廊建设。海南深化与国际航空公司合作，不断加密航空运输线路，搭建高效的空中桥梁。开通海南自贸港首条定期洲际货运航线"海口—巴黎"航线、海南自贸港首条第五航权航线"雅加达—新加坡—海口"航线，搭建经贸往来的"空中桥梁"。

海南不断探索，大胆试验，推进海南自贸港建设，促进共建"一带一路"取得更多新进展。海南国际旅游消费中心建设加快推进，高端购物、医疗、教育成为自贸港的三大消费"金字招牌"。自2020年7月1日海南离岛免税新政实施至2023年6月30日，海口海关共监管离岛免税购物金额1307亿元、购物旅客1767万人次、销售件数约1.8亿件，分别较2017年7月至2020年6月上升279%、92.6%、272%②。截至2023年3月，博鳌乐城国际医疗旅游先行区引进使用的特许药械产品已超300种，陵水黎安国际教育创新试验区6所中外合作办学机构（项目）获批并正式招生开学③。借助海南自贸港建设，海南进一步拉紧与全球经贸伙伴的合作纽带，2020年6月—2023年5月，海南共与208个国家和地区开展进出口贸易，与"一带一路"共建国家经贸合作水平持续提升。2022年海南货物、服务进出口分别较上年增长36.8%、22.9%。经济外向度达34.7%，较2021年提高7.6个

---

① 洋浦港口4月份货物吞吐量突破500万吨［EB/OL］.（2023-06-02）. https://info.chineseshipping.com.cn/cninfo/TodayTop News/202306/t20230602_1377577.shtml.

② 海南离岛免税新政实施三周年销售额超1300亿元［EB/OL］.（2023-07-01）. https://www.chinanews.com/shipin/cns-d/ 2023/07-01/news963460.shtml.

③ 海南自贸港建设蓬勃兴起［EB/OL］.（2023-03-31）. https://www.hnftp.gov.cn/xwzx/ywsd/2023 03/t20230331_ 3390717.html.

百分点[①]。

　　海南是中国主要的热区之一，热带、亚热带经济作物和农作物品种繁多，海南与共建国家开展广泛的农业合作，推广热带特色农业。一系列论坛促进农业交流合作。海南举办首届中非热带农业科技合作论坛、第二届"一带一路"热带农业科技合作论坛，推动在"一带一路"框架下开辟中非热带农业科技合作的新格局。海南以椰子、橡胶、胡椒等热带特色农业品种为纽带，与柬埔寨、泰国、缅甸、斯里兰卡等国开展农业合作，推动柬埔寨—中国热带生态农业合作示范区、琼海农业对外开放合作试验区建设。海南在琼海打造综合农业科技示范基地——"世界热带水果之窗"，广泛引入选育优良品种并推广种植。截至2021年4月，基地已引进名优热带水果400余种，成功选育燕窝果、巧克力布丁果、手指柠檬等150多个特色品种，产业化推广50个优选品种[②]。基地坚持"引进来""走出去"两手抓，将已有成果推向更广阔的世界。借助消博会平台，基地向越南、泰国、柬埔寨等东盟国家输出优质种苗数千亩，与"一带一路"共建国家共享优质品种和先进农业技术。

专栏 9-3

海南橡胶解"胶"虑

　　天然橡胶是重要的工业原料，但长期以来，中国严重依赖橡胶进口，海南天然橡胶产业集团股份有限公司（以下简称"海南橡胶"）肩负使命，不断提升在橡胶领域的核心竞争力，有力保障了全国橡胶供应量。

　　海南橡胶增强在橡胶种植、加工、贸易等环节的综合实力，打造世界一流的天然橡胶全产业链科技集团，巩固中国在全球天然橡胶产业链

---

　　① 2022年海南省国民经济和社会发展统计公报［A/OL］.（2023–02–17）. http://en.hainan.gov.cn/hainan/ndsj/202302/ca8dec78f2394f1c906d6cdf8984662a.shtml.

　　② 农业对外开放合作结"新果"：探访海南"世界热带水果之窗"［EB/OL］.（2021–04–10）. http://www.xinhuanet.com/local/2021–04/10/c_1127315626.htm.

中的地位和行业话语权。海南橡胶并购全球知名的天然橡胶贸易商新加坡R1公司,借助R1公司全球化的橡胶生产、采购、销售渠道,海南橡胶的全球产业链不断拓展①。海南橡胶收购全球天然橡胶龙头企业——新加坡合盛农业有限公司(以下简称"合盛农业")股权,成为合盛农业第一大股东。截至2023年5月,海南橡胶占全球天然橡胶资源的10%,境外产量占该集团天然橡胶产量的2/3,极大提升了中国在全球橡胶资源配置体系中的作用。

---

① 加强央地协同 海南橡胶与中化国际共同打造世界一流天然橡胶全产业链科技集团[EB/OL].(2022-11-18). http://www.sasac.gov.cn/n2588025/n2588129/c26513600/content.html.

上海：建设"丝路电商"合作先行区

上海作为改革开放的排头兵和创新发展的先行先试者，在"一带一路"倡议提出后，积极响应号召，在建立广泛深入国际合作关系的基础上，建设"丝路电商"合作先行区，打造"一带一路"建设的"桥头堡"。

第一节　基本情况

十年来，上海与"一带一路"沿线国家货物贸易进出口总额从5492.2亿元增长到9513.3亿元，翻了近一番，其中马来西亚、越南、印度尼西亚、新加坡和泰国是"一带一路"沿线主要的贸易合作伙伴。上海企业在"一带一路"沿线国家设立18个海外仓，总面积达52.63万平方米。截至2022年，"一带一路"沿线国家和地区累计在上海投资设立企业6492家，占同期上海新设外资企业数量的12.3%，主要来自新加坡、马来西亚、俄罗斯等国。累计有"一带一路"沿线国家的47家企业在上海设立地区总部。上海对"一带一路"沿线国家非金融类对外直接投资项目累计1086个，投资额累计289.23亿美元，占全市总额16.2%，主要投向印度尼西亚、新加坡和越南等国。十年来，上海在"一带一路"沿线国家新签对外承包工程合同额累计693.22亿美元，占全市总额65.2%；完成营业额578.68亿美元，主要国别为印度尼西亚、新加坡和马来西亚。

上海利用优势资源积极搭建各类平台，深化"一带一路"共建国家间经贸合作，为"一带一路"建设作出了重要贡献。上海发挥中国国际进口博览会溢出带动效应，将举办好进博会作为上海提升城市能级和形象的重大机遇，依托进博会的国际采购、投资促进、人文交流、开放合作四大平台功能，持续放大溢出带动效应。第五届中国国际进口博览会意向成交金额达735.2亿美元，其中来自53个"一带一路"沿线国家的580家企业参展。上海与长三角企业共同开发线上线下融合的云上会展新业态，虹桥进口商品保税展示交易中心、"一带一路"国别汇、中东欧16国国家商品馆等高水平经贸载体相继设立，"一带一路"共建国家特色产品进入中国市场更为便捷。推动乌克兰、阿拉伯联合酋长国、斯洛文尼亚、土耳其、波兰、泰国、马来西亚等"一带一路"共建国家近20个服装服饰品牌参加上海时装周，并进行作品首发。2017—2019年及2021年，上海成功举办"一带一路名品展·上海"展会，展览规模近10000平方米，通过线上、线下贸易配对，各国名优品牌进入中国市场。举办2022上海"进口嗨购节"国别商品文化缤纷月活动，绿地全球商品贸易港与外高桥集团等"6+365"交易服务平台举办涉及叙利亚、巴基斯坦等10个"一带一路"共建国家共计5场专题与综合性国别主题活动。推动"上海国际友城港"入驻虹桥进口商品展示中心，绿地全球商品贸易港集聚"一带一路"沿线市场国家馆累计达到41个，占比68.8%。

上海对外投资合作亮点频现，一系列重点项目不断落地实施。上港集团以色列海法新港码头正式开港；上海电气在巴拿马、迪拜、印度、巴基斯坦等建立多个超级工程，推动了一批电力、能源等基础设施领域的合作；上海建工集团竣工的援津巴布韦议会大厦项目是中国在南部非洲的最大援助项目；国家级境外经贸合作区印尼青山产业园入园项目协议投资总额超过150亿美元，园区及入园企业已完成总投资额约80亿美元，员工总数超7万人。

第二节 特色与成效

上海是全球最大的贸易口岸城市、全国消费规模最大的国际消费中心城市、全国最大的进口消费品集散地、国际品牌进入中国市场的首选地，上海正在深入贯彻落实习近平总书记关于创建"丝路电商"合作先行区重要讲话精神，积极争创全国首个"丝路电商"合作先行区，建设各具特色的"丝路电商"国际合作功能载体，不断扩大"丝路电商"朋友圈。上海推进开放举措先行先试，打造合作先行区核心功能区，澳大利亚、智利、瓦努阿图、萨摩亚等4个"丝路电商"国家馆已入驻。上海的电子商务交易规模全国领先，集聚了一批国际国内知名的电子商务龙头企业。2023上海"丝路电商云品海购"活动，是商务部"双品网购节"和上海"五五购物节"的重要专题活动。这是上海首次举办的"丝路电商"主题促消费系列活动，活动时间为2023年5月10日—5月20日，创新地推出了泰国、新西兰、中亚、智利、意大利等5个国别主题日活动和一批精彩纷呈的重点企业活动。活动不断丰富"丝路云品"供给，将"一带一路"共建国家特色产品、餐饮美食、旅游专线、当地文化引入国内市场，让消费者不出国门便可享受"丝路云品"。活动创新"丝路云品"消费场景，通过线上主题直播推新、线下风土人情品鉴、丝路商户点榜打卡，让广大消费者零距离体验"丝路国家"的独特魅力。活动不断促进"丝路云品"商贸对接，将发挥进博会溢出带动效应，加快电商平台与"一带一路"共建国家的企业开展品牌合作、供应链合作和技术合作，进一步提升电子商务国际合作交流水平。

作为国际金融中心，上海着力加快金融市场与"一带一路"共建国家和地区的双向开放及互联互通，推动金融改革创新，为共建"一带一路"提供重要支撑。上海着力扩大金融业对外开放，不断完善服务共建"一带一路"的金融市场体系。十年来，共建国家在上海设立数十家外资法人银行、分行和代表处，吸引全球资源要素，增强国内国外两个市场两种资源联动效应。不断扩大自由贸易账户服务，促进实体经济发展。自由贸易账户的参与主体数量与资金流动规模不断扩大，融资功能日益显现。截至2021年末，上海63家各类金融机构共为3.8万家境外及区内企业开立自由贸易账户超13万个，年末余额折合人民币超4000亿元，较2020年末增长约14%。持续推动与境外金融市场互联互通。上海黄金交易所、上海票据交易所、上海期货交易所及上海国际能源交易中心国际化水平显著提升。截至2022年12月，上海国际能源交易中心的国际化期货期权品种达5个，已经形成了一定规模的产品池，良好的流动性吸引了众多外资企业和机构。

专栏 9-4

上海推动构建"一带一路"质量认证合作机制

上海不断加快与"一带一路"国际市场质量认证领域的合作，构建"一带一路"质量认证合作机制，为企业营造良好营商环境。

上海先后推动成立上海自贸区"一带一路"技术交流国际合作中心、中沙进出口商品合格评定工作站，并在沙特阿拉伯、新加坡等国家建立中东、东南亚海外分中心等服务平台，推动认证结果采信，服务企业走出去。

上海与沙特阿拉伯标准、计量和质量组织（SASO）、沙特阿拉伯食品药品管理局（SFDA）、俄罗斯联邦工商会"检验鉴定联盟"（SOEX）等建立联系，就服务"一带一路"建设、共创良好营商环境、搭建合作平台等方面达成共识，签订合作备忘录，促进认证检测机构的"走出去"和"引进来"。

上海整合推动区域内资源，与区域内24家国际国内权威认证检测机构，共同组建长三角"一带一路"国际认证联盟。

上海不断丰富"走出去"公共信息服务，通过"走出去服务港"微信公众号及时推送境内外法律法规、产业政策和安全形势等动态信息。上海每年常态化举办各类投资促进和培训活动，如上海企业对外投资发展系列圆桌对话会、上海企业"走出去"系列沙龙、助力高质量"走出去"公益培训、疫情防控和安全防范专题培训等。上海商务委还定期发布《上海对外投资合作年度发展报告》《上海"走出去"企业创新发展与风险防范案例集》《对外投资合作合规指南》等公共服务成果报告。遴选一批具备丰富实务经验的企业高管以及专业机构、智库、高校等专家成立上海市"走出去"专家库。上海的15家律师事务所在新加坡、越南、柬埔寨、乌兹别克斯坦等国家或地区设立27家分支机构，为中国企业"走出去"提供一站式法律服务。

重庆：推动共建陆海新通道 打造 "一带一路"建设新高地

重庆贯彻落实习近平总书记对重庆"在推进共建'一带一路'中发挥带动作用"的殷殷嘱托，坚持从全局谋划一域、以一域服务全局，加大力度推进政策沟通、设施联通、贸易畅通、资金融通、民心相通，为建设国家重要先进制造业中心、西部金融中心、国际消费中心城市、国际性综合交通枢纽和国际门户枢纽提供有力支撑，助推重庆在西部地区带头开放、带动开放。

第一节 基本情况

2013—2022年，重庆进出口贸易总额8718.5亿美元，年均增速6.7%。2022年，重庆对"一带一路"共建国家进出口额2214亿元，较2021年增长0.3%，占重庆全市进出口总额的比重接近30%。其中，对RCEP成员国进出口额为2585.3亿元，同比增长9.2%。

重庆积极拓展与"一带一路"共建国家沟通交流渠道，夯实合作基础。2021年4月，商务部发布《重庆市服务业扩大开放综合试点总体方案》，要求重庆探索建设中西部国际交往中心。重庆积极响应，整合拓展外事优势资源，深化与世界各国合作关系。截至2023年5月，重庆有53个国际友好城市、116个国际友好交流城市，设有13个外国领事机构。其中，重庆与"一带一路"共建国家的31个城市建立国际友好城市关系、77个城市建立国际友好交流城市关系。在渝设立的外国领事机构有8家属于"一带一路"共建国家。

十年来，重庆通过建立形式多样的交流平台，为共建"一带一路"提供广阔舞台。一方面，持续推进科技合作。截至2021年底，已有20多个国际科技合作示范基地在重庆落地，扩大重庆科技对外影响力。重庆邮电大学获批"中国—韩国工业物联网'一带一路'联合实验室"，为区域科技创新合作提供有力支撑。重庆扎实推进高校国际化特色项目建设，推动部分高等院校加入"一带一路"高校联盟、"长江—伏尔加河"高校联盟等学术交流机构，与"一带一路"共建国家共享资源，深化教育交流与合作。另一方面，推动文化交流活动绽放异彩。重庆先后在俄罗斯、日本、法国、白俄罗斯推介"山水之都，光影重庆"电影宣介品牌，扩大中国文化影响力。

重庆推进建设西部首个国家营商环境创新试点城市，努力营造更加友好的营商环境，提升企业运行效率。重庆率先实现"十七税"合并申报，扩大了"多税合一"申报的税种数量和应用范围，减少了企业申报不同税种时切换模块花费的时间，让申报更简洁、办税更方便。重庆与四川启动成渝地区双城经济圈税收协定待遇协同管理工作机制，实现"工作一地开展、结果两地互认"，大大简化企业办事流程。

作为陆海新通道物流和运营组织中心，重庆高水平推进国际陆海贸易新通道（以下简称"陆海新通道"）建设，推动凝聚各方共建大通道、大枢纽、大口岸、大物流、大平台的强大合力，助力共建"一带一路"跑出发展"加速度"。2017年，按照"统一品牌、统一规则、统一运作"原则，重庆牵头会同陆海新通道共建省区市设立跨区域综合运营平台——陆海新通道运营有限公司，提供国际贸易服务、跨区域物流信息服务和跨境物流金融服务，搭建"物流、贸易、产业、金融、数据"为一体的生态圈。重庆按照《西部陆海新通道总体规划》要求，于2020年6月批准设立西部陆海新通道物流和运营组织中心，作为陆海新通道统筹协调机构，推进陆海新通道建设国际合作、省际合作等事项，推动国家政策在共建省区市落地生效。此后，重庆牵头建立陆海新通道省际协商合作联席会议制度，逐渐形成"13+2"省区市共建格局，为共商共建陆海新通道搭建了桥梁。

依托陆海新通道建设，重庆持续推进"一单制"推广运用，畅通铁路、公路、水运及航空等不同运输方式之间的信息交换。2022年，重庆印发《重庆市推进多式联运发展优化调整运输结构工作方案（2021—2025年）》，促进各种交通运输方式深度融合，进一步优化运输结构，提升综合运输效率，助力重庆进一步融入"一带一路"建设。

重庆加强与各类跨国金融机构和中介机构合作，推动全国首单非银金融机构借款及结汇、中新机构间首笔再保险、中越铁路首笔"一单制"数字提单融资等相继落地。2022年，重庆跨境融资共计14亿美元，累计超过190亿美元，累计服务其他省区市企业赴东盟融资65亿美元；出口信用保险服务支持重庆企业出口超80亿美元，其中涉及"一带一路"共建国家出口22亿美元，同比增长25%；涉及RCEP成员国出口8亿美元，同比增长34%。

第二节　特色与成效

重庆持续优化交通网络格局，高水平建设陆海新通道这一连接"一带"和"一路"的国际物流通道，绘就"通道带物流、物流带经贸、经贸带产业"的工笔画，促进区域经济发展迈上新台阶。

重庆坚持把基础设施"硬联通"作为重要共建方向，逐步将重庆建立成交通运输的活力之泵。向东，重庆以长江黄金水道为主干畅通国际物流通道"主动脉"。依托长江黄金水道，开通"沪渝直达快线"，形成江海联运网络。向西，重庆全面建成中欧班列"3+7+N"集结分拨体系。截至2021年7月，重庆已有31条成熟运行的中欧班列线路，辐射亚欧26个国家40余个城市[①]。向南，建设陆海新通道，连接"一带"和"一路"。向北，重庆依托渝满俄班列与蒙古国和俄罗斯等国家联通。2022年，西部陆海新通道铁海联运班列开行2530列，同比增长22%；运输集装箱约12.7万标箱，同比增长23%；运输货值约185亿元，同比增长34%。中欧班列（成渝）开行超5000列，重庆成为全国首个重箱折列开行量超1万列的城市；江北机场新开通国际和地区航线3条，累计达109条。

在重庆的积极推进和各共建省区市通力合作下，陆海新通道由"线"到"网"，由"通"到"畅"。截至2023年9月，陆海新通道辐射国内18个省区市61个城市124个站点，通达全球120个国家和地区的465个港口。陆海新通道为我国西部地区的物流难题找到了破解方案，全国货物拥有了出口线路新选择。

重庆发展多式联运的优势突出，是全国唯一拥有"水陆空三型"国家物流枢纽的城市，依托陆海新通道建设，重庆推进多式联运发展，提供物流新选择，破解运输堵点，促进共建"一带一路"迸发活力。通过多式联运，西部陆海新通道、中欧班列（渝新欧）、渝满俄国际铁路班列等在果园港与长江黄金水道衔接，"一带一路"与长江经济带实现贯通融合发展，既吸引来自四面八方的货源，也为国内货物出口提供更多样的运输选择，有力推动了贸易发展。

---

① 人民日报 | 重庆已有31条中欧班列,辐射亚欧26个国家40余个城市［EB/OL］.（2021-07-27）. http://sww.cq.gov.cn/zymyq/ywxx/dtyw/202107/t20210727_9508740.html.

陕西：打造内陆开放高地

陕西是古丝绸之路的起点，东西方文明交汇之处，开展丝路贸易的历史悠久。十年来，陕西承载历史重托，以开放促改革、促发展，勇立潮头、抢抓机遇，打造内陆改革开放高地。

第一节　基本情况

陕西与"一带一路"沿线国家进出口额由2013年的247.5亿元增加到2022年的1128.9亿元，年均增长18.4%。2013—2022年，陕西累计对"一带一路"沿线国家投资12.4亿美元，占全省同期对外投资总额的23.8%。对"一带一路"沿线国家承包工程完成营业额135.7亿美元，占同期总额的52.6%。

陕西积极探索贸易发展新路径，培育跨境电商等新业态，促进外贸高质量发展，打开与"一带一路"共建国家合作的广阔天地。截至2023年5月，陕西已培育跨境电商企业1500余家，在"一带一路"沿线国家布局19个"海外仓"。陕西多措并举深化服务贸易创新发展，探索服务贸易自由化便利化新路径。陕西5个全面深化服务贸易创新发展试点实践案例被评为全国服务贸易创新发展试点"最佳实践案例"，彰显了陕西服务贸易创新发展的潜能。

陕西将发挥产业优势与满足"一带一路"共建国家发展需求结合起来，不断拓展境外投资领域，提升在全球产业链中的参与度。2015年，西安陕鼓动力股份有限公司收购捷克EKOL汽轮机公司75%股权，加强全产业链建设。陕西汽车控股集团有限公司在"一带一路"倡议提出之后，加速构建完善的国际市场营销网络和标准化的全球服务体系，其产品远销非洲、东南亚、中亚、中南美洲等的130多个国家和地区，并在墨西哥、尼日利亚等多个国家和地区实现了本地化生产[①]。

📖 **专栏9-5**

爱菊集团绘就"一带一路"农业合作动人画卷

哈萨克斯坦农业发展潜力巨大，是世界主要粮食出口国之一。西安爱菊粮油工业集团有限公司（以下简称"爱菊集团"）积极响应"一带一路"倡议，推进与哈萨克斯坦农业合作，奏响互利共赢的华美乐章。

2016年，爱菊集团开始在哈萨克斯坦修建爱菊农产品物流加工园区，截至2021年4月，园区已建成可年加工30万吨油料的油脂厂、仓容5万吨的粮库和4条铁路专用线[②]。

园区的建立让当地百姓的生活得到了改善。爱菊集团联合西北农林科技大学、哈萨克斯坦国立大学、哈萨克斯坦当地农场建立"政府+银行+企业+农场主+高校"新型订单农业合作社，以订单收购的方式指导当地农户进行多样化和定量化种植，和爱菊集团合作的哈萨克斯坦农民不再为农产品运输困难和销路不足发愁。同时，闲置的土地也被充分利用起来，创造出实实在在的经济价值。

除了为哈萨克斯坦人民带去真真切切的好处，爱菊集团还通过建立中国与"一带一路"共建国家之间的物流供应链，为"双循环"注入"陕西

① 融入"一带一路"陕西精彩无限［EB/OL］.（2022-08-08）. http://www.shaanxi.gov.cn/xw/sxyw/202208/t20220808_2233934_wap.html.

② 【中国有约】吹响中欧班列"集结号"古都西安展新貌［EB/OL］.（2021-04-22）. http://world.people.com.cn/n1/2021/ 0422/c1002-32085163.html.

动能"。爱菊集团建成以哈萨克斯坦爱菊农产品物流加工园区为集结中心、新疆阿拉山口爱菊农产品物流加工园区为中转分拨中心、西安国际港务区爱菊农产品物流加工园区为集散中心的"三位一体"优质跨国粮食大物流、大加工体系，国内外优质农产品可通过这一体系实现高效便捷的流通。

截至2022年底，爱菊集团累计从哈萨克斯坦进口小麦、面粉、食用油等农产品近30万吨，丰富了中国百姓的消费选择。爱菊集团还将麦香味浓郁的"笑脸"饼干、有机蜂蜜、奶油味十足的威化饼干、麦汁浓度更高的啤酒等在哈萨克斯坦本地广受欢迎的产品引入陕西，让中国老百姓在家门口买到更多更实惠的中亚国家产品。

陕西推动开展全方位、多层次、宽领域的技术交流合作，促进"一带一路"发展成果惠及各方。截至2022年8月，陕西国际科技合作基地联盟与43个国家和地区建立了合作关系，设立19个国家级、64个省级国际科技交流合作基地[①]。陕西积极推进上海合作组织农业技术交流培训示范基地建设，推进上海合作组织成员国在现代农业领域的合作。截至2023年5月，陕西依托上海合作组织农业技术交流培训示范基地，已对近60个"一带一路"沿线国家的2000余名农业官员及技术人员提供援外培训。

第二节　特色与成效

陕西依托中欧班列、航空网络建设等，加强构建东西互济、联南撑北的国际物流枢纽。大力推动制度型开放，拓展对外开放领域，激发了与"一带一路"共建国家经贸往来和产业合作的动能。

陕西推动中欧班列（西安）集结中心建设，推动西安成为辐射全国、连

---

① 陕西起舞"一带一路"［EB/OL］.（2022-08-08）. http://www.shaanxi.gov.cn/xw/sxyw/202208/t20220808_2233921_wap.html.

通欧亚的货物集散中转枢纽，带动交通、物流、商贸、产业、金融等发展，擘画共建"一带一路"新图景。"武西欧""十西欧""安西欧""粤陕"等国际班列开行，截至2023年1月，"＋西欧"集结线路达18条，中欧班列（西安）集结中心实现"织线成网"[①]。截至2022年11月，已有29省的货源在西安国际港站集散分拨[②]。中欧班列（西安）运输的货物品类也由最初的机械设备增加至机电设备、电子产品、纺织制品、汽车整车及配件等多个品类。新冠疫情期间，中欧班列（西安）经受住原本依靠海运、空运的货物向铁路转移的巨大压力，成为稳定国际产业链供应链的重要载体。

十年来，陕西积极搭建航空运输网络，吸引西部地区的货源到西安集散，推动临空经济做大做强。截至2021年底，陕西累计开通全货运航线38条，其中国际航线19条，覆盖13个国家的18座城市[③]。西安空港型国家物流枢纽成功获批，成为西北地区唯一的空港型国家物流枢纽。西安咸阳国际机场航线实现"跨越五大洲、连接中东欧"的战略目标，成为助推陕西乃至西北地区实现更宽领域、更高层次开放的重要支撑，构建起"一带一路"航空大通道。2020年7月，西安咸阳国际机场三期扩建工程开工，加快构建"丝路贯通、欧美直达、五洲相连"的国际航空枢纽。2021年，陕西开通莫斯科—西安—阿拉木图第五航权货运航线，为中国、俄罗斯、哈萨克斯坦三国之间的经贸往来搭建了便捷顺畅的"空中桥梁"，使陕西以及我国中西部地区到中亚及东欧国家的货物运输时间缩短3～5天，大幅提高了货物运输效率。

陕西企业承建诸多优质海外工程，重大工程项目建设硕果累累，展现了良好的中国企业形象。陕西建筑行业龙头企业陕西建工集团有限公司与27个国家和地区开展业务合作，承接了吉尔吉斯斯坦奥什医院、巴基斯坦M4

① 首列"粤陕"国际班列迎新启航［EB/OL］.（2023-01-01）. http://www.news.cn/politics/2023-01/01/c_1129249166.htm.
② "长安号"乘风破浪 谱写高质量发展新篇章［EB/OL］.（2022-11-27）. https://hs.china.com.cn/m/gd/62260.html.
③ 地方参与共建"一带一路"实践之十三：陕西加快推进"一带一路"重要节点建设［EB/OL］.（2021-12-30）. https://www.ndrc.gov.cn/fggz/qykf/xxjc/202112/t20211230_1311099_ext.html.

高速公路等海外重点项目，连续获得5项"境外建筑工程鲁班奖"，展现陕西企业的雄厚实力。

陕西自贸试验区先行示范作用日渐凸显，自2017年4月1日揭牌以来，165项试点任务基本完成，累计形成创新案例725项，34项改革创新成果在全国复制推广，83项在全省复制推广，新增企业数是自贸试验区设立前的3.78倍。截至2023年5月，入选全国自贸试验区最佳实践案例的"通丝路"跨境电子商务人民币结算服务平台，已经吸引300余家外贸企业入驻，跨境人民币结算额突破5000万元①。

---

① 深度融入共建"一带一路"大格局 自贸试验区助力西安高水平对外开放［EB/OL］.（2023-05-18）. http://epaper.xiancn.com/newxawb/pc/html/202305/18/content_146802.html.

第八章

河南：打造物流通道枢纽

河南推进中欧班列发展，做强"空中丝绸之路"，发展跨境电商，建设立足中部、辐射全国、通达全球的物流通道枢纽，开辟繁荣发展之路。

第一节　基本情况

2013—2022年，河南进出口贸易总额56869.9亿元，年均增速9.7%。2022年，河南对"一带一路"沿线国家进出口总额2228.9亿元，同比增长23%，占全省总额的26.1%，占比较2021年提高3.9个百分点；对"一带一路"沿线国家实际投资2.1亿美元，增长795.2%。

河南搭建国际经贸交流合作平台，帮助企业与"一带一路"共建国家深化经贸合作。河南高水平高质量举办中国河南国际投资贸易洽谈会，吸引众多海内外客商参会，签约了一大批带动能力强、促进作用大的重点项目，推进高质量发展不断迈出新步伐。河南对接港澳台经贸合作平台丰富多样。举办2022豫台食品加工业和食品机械制造业交流合作对接会，充分发挥台商资源优势，促进新技术嫁接、新模式提质、新链条重塑、新品牌培育，持续拓展豫台经贸合作空间。举办四届海峡两岸暨港澳物流业协同创新论坛，深化高校、科研院所、物流企业在本领域的交流与合作，推进现代物流业高质量发展，奠定贸易高质量发展基础。

专栏 9-6

"一带一路"上的"绿色使者"

郑州宇通集团有限公司（以下简称"宇通"）是以客车、卡车为主业的大型商用车集团，产品覆盖客车、卡车、专用车辆、环卫设备及工程机械，是全球最大的新能源商用车企业。宇通积极推进绿色"一带一路"建设，向共建国家输出低碳产品、技术、标准和理念，促进绿色交通发展，闯出一条"中国制造""走出去"的阳光大道。

随着全球碳排放要求不断提高，"一带一路"共建国家积极开启交通能源转型升级。宇通敏锐捕捉市场需求，在"一带一路"共建国家推广新能源产品，传播全球领先的新能源技术。2023年3月，宇通向乌兹别克斯坦交付800辆客车，这个订单是中国对乌兹别克斯坦最大的客车出口订单，展现出中国客车品牌强大的竞争力。此次交付的客车中有300辆是新能源客车，这是乌兹别克斯坦首次大批量引入新能源客车，为推动乌兹别克斯坦客车从"传统燃油"向"节能环保"转型提供了助力。

河南通过完善惠企制度，鼓励进一步扩大对外开放。河南修订《河南省省级招商引资专项资金管理办法》，通过规范项目支持类型、提高专项奖励标准、引入团队激励机制等措施，提高外资利用效率，促进经济社会发展。印发《关于鼓励跨国公司设立地区总部和功能性机构的暂行规定》，调整奖励条件，提高奖励标准，鼓励跨国公司在河南设立地区总部和功能性机构，提高外资利用水平。

河南以政策制定、机构设立等方式维护外商投资企业合法权益，营造良好投资环境，促进外商投资健康发展。河南修订《河南省外商投资企业投诉工作办法》，制定《河南省人民政府外商台商投诉权益保护中心办事指南》，为依法保护外资企业合法权益、健全外资企业投诉处理工作机制保驾护航。河南基本建立省市县三级外商投诉权益保护机构。河南自贸试验区郑州片区人民法院金融岛人民法庭正式揭牌成立，成立国际商事争端预防调解中心，推进营造法治化、国际化、便利化的贸易环境。

河南把握RCEP机遇，引导企业用好各项政策红利，赋能共建"一带一路"。印发《建设河南省RCEP示范区工作方案》（以下简称"方案"），借力河南自贸试验区的开放载体优势和制度创新优势，在郑州片区打造河南首个RCEP示范区，吸引RCEP成员的优势企业和优质项目落地河南[①]。河南在中国新闻网、《河南日报》、河南新闻联播、地级市日报等各类主流媒体对RCEP进行解读，梳理印发RCEP经贸规则政策应知应会手册，开办RCEP政策解读暨国际贸易实务培训班，帮助企业了解规则、提前布局，用好用足RCEP红利。制定《RCEP项下河南出口潜力商品清单》和《RCEP项下河南进口潜力商品清单》两个货物贸易潜力商品清单，为企业开拓RCEP市场指明方向。依托河南国际贸易"单一窗口"和河南进出口企业服务平台，搭建RCEP货物贸易大数据服务专区，免费为企业提供RCEP贸易规则、重点成员国贸易风险分析报告、协定关税查询等服务，营造良好的RCEP落地环境，推动河南对外开放全面提档升级。

第二节　特色与成效

河南推动中欧班列发挥更大效用，做大做强"空中丝绸之路"。结合省情特色，融通新形势新趋势，形成电子商务发展独特优势，发掘"丝路电商"新机遇。

河南推动中欧班列通道网络逐步完善，实现了从"点对点"到"枢纽对

---

① 河南省出台方案打造首个RCEP示范区［EB/OL］.（2023-01-31）. https://www.henan.gov.cn/2023/01-31/2681107.html.

枢纽"的转变,初步形成"连通境内外,辐射东中西"的格局。截至2022年8月,中欧班列(中豫号)开通17条国际直达线路,铺设了覆盖欧盟、中亚及亚太地区30多个国家、130多个城市的业务网络,初步搭建起"多站点多口岸"国际物流网络和"1+N"境内外物流枢纽体系,持续提升河南开放水平。中欧班列(中豫号)的市场化程度、可持续发展能力全国领先[①],推动河南企业走向世界,深度融入全球产业分工体系。

中欧班列的发展带来贸易的繁荣,丰富了河南人民、"一带一路"共建国家人民的消费选择。俄罗斯牛奶、法国红酒、比利时巧克力、德国啤酒均可通过中欧班列进入河南市场。河南在全国设立郑欧进口商店100多家,进口商品达630种,年销售额10亿余元,形成"以运带贸、以贸促运"的良性发展局面[②]。截至2022年7月,1800余种河南制造的商品可搭乘中欧班列销往海外[③]。中欧班列将河南的信阳毛尖、南阳香菇、商丘棉花等特色产品运往"一带一路"共建国家,在扩大本地产品销路的同时,也让更多国家人民品尝到河南"特色"。新冠疫情期间,中欧班列(郑州)为新乡长垣等地的医疗设备企业搭建"绿色通道",运输防疫物资,助力疫情防控。

河南坚决扛稳"空中丝绸之路"建设重任,探索内陆地区开放发展新路子。河南持续深化"郑州—卢森堡"双枢纽合作,提升郑州机场和卢森堡芬德尔机场货运能力,增强"空中丝绸之路"辐射力。2019年,河南民航发展投资集团重组成立中原龙浩航空有限公司,加快郑州—卢森堡"双枢纽"和"空中丝绸之路"建设。中原龙浩航空有限公司与国内外多家航空公司开展中转合作,增开国际航线,拓展"东进、南至"空中走廊建设。2022年上半年,中原龙浩航空有限公司新开6条国际航线,增

---

① 中欧班列(中豫号)综合运营能力居全国"第一方阵"[EB/OL].(2022-08-23).https://www.henan.gov.cn/2022/08-23/2565428.html.

② 2021年中欧班列(郑州)"运贸一体化"成绩单公布 班列拉出来10亿元消费市场[EB/OL].(2022-01-18).https://www.henan.gov.cn/2022/01-18/2384156.html.

③ 逾1800种河南造商品搭乘中欧班列从郑州走出国门[EB/OL].(2022-07-20).https://www.henan.gov.cn/2022/07-20/2490637.html.

开4条国内航线，织密与RCEP成员国间的空中交通网络，进一步促进河南融入共建"一带一路"[①]。郑州机场和卢森堡芬德尔机场开通全货机国际航线，截至2022年11月，航线实现对全球主要经济体全覆盖[②]。疫情期间，郑州—卢森堡"空中丝绸之路"不停飞、不断航，架起空中生命线。

河南不断加强与电商企业合作，巧借"东风"谋发展，借助各大平台优势，提升河南跨境电商竞争力。2019年，河南省政府与阿里巴巴集团签署战略合作协议，设立阿里巴巴中原区域中心，在河南培育电商生态，助力河南打造中国数字经济强省。2020年，河南省政府与苏宁控股集团签署战略合作协议，在智慧零售、智慧物流、普惠金融、工业互联网创新及产业助农等领域展开深入合作。2022年，河南南阳与京东集团签署战略合作协议，商定在商贸流通、现代物流、数字经济、智慧城市等领域开展广泛合作。河南跨境电商在合作中不断发展，2022年，跨境电商交易额达到2209.2亿元，同比增长9.5%，"网上丝路"发展水平居全国第3位，为全国跨境电商发展提供"河南方案"[③]。

河南积极搭建电商发展平台，推动跨境电子商务在河南经济转型升级中发挥重要作用，助力"一带一路"建设。从2017年开始，河南连续举办7届全球跨境电子商务大会。2023年5月，第七届全球跨境电子商务大会在郑州举行，吸引国际组织代表、外国驻华使节、专家学者、知名商协会和跨境电商企业代表等700余人参加，各方共同交流推进跨境电商发展的经验和智慧，助力河南不断深化跨境电商的业态创新、模式创新和制度创新，推动形成"买全球、卖全球"的贸易新格局。

---

① 郑卢"空中丝路"开航8年 卢森堡货航在郑运营5319班［EB/OL］.（2022-07-20）. http://www.ha.chinanews.com.cn/news/hncj/2022/0720/43255.shtml.

② 郑州：蓝天白云间的丝路通途［EB/OL］.（2022-11-16）. https://www.henan.gov.cn/2022/11-16/2640255.html.

③ 2022年河南电子商务稳定增长［EB/OL］.（2023-02-15）. https://www.henan.gov.cn/2023/02-15/2689574.html.

第十篇

展望篇

　　历史上的丝绸之路驼铃阵阵，响彻千年商路；新时代的"一带一路"交流互鉴，一路生花。经过十年发展，共建"一带一路"在提升全球互联互通水平、释放经贸投资合作潜能、拓展国际合作发展空间、增进共建国家民生福祉等方面不断取得积极成效，已成为开放包容、互利互惠、合作共赢的国际合作平台和深受国际社会普遍欢迎的全球公共产品。十年征程再启航，共建"一带一路"将继续以"五通"为指引深化国际合作走深走实，在携手共建中彰显推动全球发展与繁荣的世界性意义。

世界经济政治形势分析

在百年未有之大变局下，世界经济政治秩序加速重构。经济全球化逆风而行，全球价值链分化重组，经济增长困难重重，地缘政治风险上升，全球治理深陷困境，"世界又一次站在历史的十字路口"①。

第一节　全球经济增长前景依然趋弱

后疫情时代，世界经济面临着前所未有的挑战。在多重风险因素相互交织影响下，全球经济格局加速重构，世界经济增速明显放缓，全球性经济衰退或将成为世界经济复苏前的必经阶段。

一、全球经济增速呈整体下滑态势

展望世界经济，联合国（UN）、世界贸易组织（WTO）、世界银行（WB）、国际货币基金组织（IMF）以及经济合作与发展组织（OECD）等国际组织纷纷同步下调2023年及中长期全球经济增长预期，预测主要经济体普遍面临增速下滑甚至陷入长期衰退局面。

---

① 高举中国特色社会主义伟大旗帜 为全面建设社会主义现代化国家而团结奋斗：在中国共产党第二十次全国代表大会上的报告［R/OL］.（2022–10–25）. http://www.gov.cn/xinwen/2022–10/25/content_5721685.htm.

　　UN在2023年1月发布的《2023年世界经济形势与展望》中警示世界，全球经济受到多重冲击，世界产出增长预计将从2022年的约3%降至2023年的仅1.9%，这是近几十年来最低的增长率之一。^①在多重风险因素影响下，2023年世界经济将继续承压。WB在2023年6月发布《全球经济展望》报告中预测，全球增长预计将从2022年的3.1%放缓至2023年的2.1%。^②IMF在2023年7月发布《世界经济展望》报告预计，全球经济增速将从2022年3.5%降至2023年和2024年的3.0%，以历史标准衡量其仍然疲弱。^③同时预警，"更严重的金融动荡将打击全球经济增长，要避免因地缘政治导致的经济和贸易体系分裂"。^④

　　在诸多风险因素中，通货膨胀将成为世界经济面临的主要挑战。"全球通胀问题对世界经济复苏产生严重负面影响。美国货币政策重大调整将扰动全球金融市场，尤其会使新兴经济体面临资本外流、货币贬值及股市债市下挫等风险，给全球经济金融市场造成严重隐患。"^⑤IMF报告分析指出，如果通胀使利率在更长时间内保持较高水平并放大金融风险，全球经济将出现"硬着陆"。^⑥"如果通胀不能在短时期内大幅度下降，则相对高通胀的预期将提升降低通胀的难度，那就需要更为持久的高利率水平才能有效遏制通胀。世界经济将在更高的利率水平上陷入更深的增速下降过程甚至衰退之中，金融市场和外汇市场也将出现进一步的动荡，世界经济离一次新的经济危机也许已

① World Economic Situation and Prospects 2023［EB/OL］.（2023-01）. https://desapublications. un.org/sites/default/files/publications/2023-01/WESP2023ExecutiveSummaryE.pdf.

② Global Economic Prospects［EB/OL］.（2023-06）. https://www.worldbank.org/en/publication/ global-economic-prospects.

③ Near-Term Resilience, Persistent Challenges［EB/OL］.（2023-07）. https://www.imf.org/en/ Publications/WEO/Issues/2023/07/10/world-economic-outlook-update-july-2023.

④ A Rocky Recovery［EB/OL］.（2023-04）. https://www.imf.org/en/Publications/WEO/ Issues/2023/04/11/world-economic-outlook-april-2023.

⑤ 国际形势和中国外交蓝皮书：2021/2022［M/OL］.北京：世界知识出版社，2022. https://www. ciis.org.cn/yjcg/zzybg/202204/t20220415_8517.html.

⑥ A Rocky Recovery［EB/OL］.（2023-04）. https://www.imf.org/en/Publications/WEO/ Issues/2023/04/11/world-economic-outlook-april-2023.

◆ 第十篇 展望篇 │

经不太远。"①OECD在2023年3月发布的《中期经济展望》报告中指出，"核心通胀仍将持续，并遭受服务价格上涨和劳动力市场紧张带来的成本压力，许多中央银行或将高水平政策利率维持到2024年"。②

二、全球经济体增长前景广泛下调

WB在2023年1月发布的《全球经济展望》报告中预测，95%的发达经济体与近70%新兴市场和发展中经济体的2023年经济增长都将较之前有所下调。③6月WB发布报告再次预测，发达经济体的增速将从2022年的2.6%降至2023年的0.7%（见表10-1）。除中国外，新兴市场和发展中经济体的增长率预计将从2022年的4.1%降至2023年的2.9%，这些最新预测反映出对全球经济体增长前景的广泛下调。④

表 10-1 《全球经济展望》增速预测

单位：%

	2020	2021	2022e	2023f	2024f	2025f
世界	-3.1	6.0	3.1	2.1	2.4	3.0
发达经济体	-4.3	5.4	2.6	0.7	1.2	2.2
新兴市场和发展中经济体	-1.5	6.9	3.7	4.0	3.9	4.0
东亚太平洋地区	1.2	7.5	3.5	5.5	4.6	4.5
欧洲中亚地区	-1.7	7.1	1.2	1.4	2.7	2.7
拉美加勒比地区	-6.2	6.9	3.7	1.5	2.0	2.6
中东北非地区	-3.8	3.8	5.9	2.2	3.3	3.0
南亚地区	-4.1	8.3	6.0	5.9	5.1	6.4
撒哈拉以南非洲地区	-2.0	4.4	3.7	3.2	3.9	4.0

数据来源：WB 2023 年 6 月发布《全球经济展望》报告。

---

① 姚枝仲.2022 年世界经济形势：从动荡中涌起的全球通胀潮［N/OL］.光明日报，2022-12-28（12）.https://news.gmw.cn/2022-12/28/content_36262074.htm.

② A Fragile Recovery［EB/OL］.（2023-03）.https://www.oecd.org/economic-outlook/march-2023/.

③ Global Economic Prospects［EB/OL］.（2023-01）.https://www.worldbank.org/en/publication/global-economic-prospects.

④ Global Economy on Precarious Footing Amid High Interest Rates［EB/OL］.（2023-06）.https://www.worldbank.org/en/news/press-release/2023/06/06/global-economy-on-precarious-footing-amid-high-interest-rates.

但新兴市场和发展中经济体的经济增长前景将大体保持稳定态势，整体表现优于发达经济体。IMF在《世界经济展望》报告中指出，新兴市场和发展中经济体的经济增速预计将大体稳定在2023年的4.0%和2024年的4.1%（见表10-2）。[①]

表 10-2 《世界经济展望》增速预测

单位：%

	2022	2023	2024
世界	3.5	3.0	3.0
发达经济体	2.7	1.5	1.4
美国	2.1	1.8	1.0
欧元区	3.5	0.9	1.5
日本	1.0	1.4	1.0
英国	4.1	0.4	1.0
加拿大	3.4	1.7	1.4
其他发达经济体	2.7	2.0	2.3
新兴市场和发展中经济体	4.0	4.0	4.1
亚洲新兴市场和发展中经济体	4.5	5.3	5.0
欧洲新兴市场和发展中经济体	0.8	1.8	2.2
拉美和加勒比地区	3.9	1.9	2.2
中东和中亚	5.4	2.5	3.2
撒哈拉以南非洲地区	3.9	3.5	4.1

数据来源：IMF 2023年7月发布《世界经济展望》报告。

而发达经济体的经济增长放缓将尤为明显（见图10-1），IMF预计2023年发达经济体的增速将从2022年的2.7%降至2023年的1.5%。[②]高盛研究（GSR）表示，新兴经济体，尤其是亚洲的经济强国，预计将继续追赶较富裕国家。[③]

---

① Near-Term Resilience, Persistent Challenges［EB/OL］.（2023-07）. https://www.imf.org/en/Publications/WEO/Issues/2023/07/10/world-economic-outlook-update-july-2023.

② Near-Term Resilience, Persistent Challenges［EB/OL］.（2023-07）. https://www.imf.org/en/Publications/WEO/Issues/2023/07/10/world-economic-outlook-update-july-2023.

③ The Global Economy in 2075: Growth Slows as Asia Rises［EB/OL］.（2022-12）. https://www.goldmansachs.com/insights/pages/the-global-economy-in-2075-growth-slows-as-asia-rises.html.

值得注意的是，在经济复苏过程中，结构性风险将给新兴市场和发展中经济体带来挑战。在IMF看来，"基于地缘政治因素形成的对立性质的经济集团，将加剧地缘经济的碎片化风险，分裂世界贸易体系，给全球经济，特别是新兴市场和发展中经济体造成巨大损失"。①

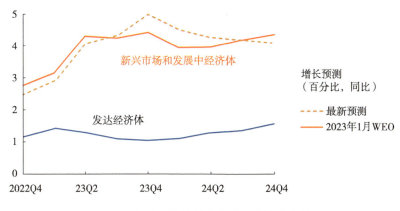

图10-1　经济增长放缓在发达经济体尤为明显
图片来源：IMF 2023年4月发布《世界经济展望》报告。

第二节　全球贸易投资前景仍不明朗

展望全球贸易，联合国贸易和发展会议（UNCTAD）在2023年3月发布的《全球贸易更新》报告中分析认为，地缘政治局势持续紧张，通货膨胀阴影笼罩，大宗商品尤其是能源、粮食和金属价格高企，高利率和公共债务风险犹存等诸多负面因素会使得2023年全球贸易前景承受重压。②WTO在2023年4月发布的《全球贸易展望与统计》报告中指出，受乌克兰危机、居高不下的通货膨胀、货币政策收紧和金融市场不确定性的影响，预计2023年全球货物贸易量将增长1.7%，而2022年的增长为2.7%。③IMF在2023年7月发布的《世界经济展望》报告中分析认为，世界贸易增速预

① A Rocky Recovery［EB/OL］.（2023-04）. https://www.imf.org/en/Publications/WEO/Issues/2023/04/11/world-economic-outlook-april-2023.

② Global Trade Update［EB/OL］.（2023-03）. https://unctad.org/publication/global-trade-update-march-2023.

③ Global Trade Outlook and Statistics［EB/OL］.（2023-04）. https://www.wto.org/english/res_e/publications_e/trade_outlook23_e.htm.

计将从2022年的5.2%下降至2023年的2.0%。①在不确定性因素持续增多背景下，这些重要国际组织也同时对全球贸易前景中的向好迹象作出了研判。UNCTAD报告认为，尽管全球贸易前景仍具不确定性，但积极因素有望抵消负面趋势，可能会在2023年的全球贸易中占上风，预计2023年上半年全球贸易或停滞不前，但全球贸易低迷的情况可能会在下半年有所好转。②WTO在报告中也指出，2024年国际贸易量增速或将提升至3.2%。③IMF也预计，世界贸易增速将在2024年上升至3.7%，但这远低于2000年至2019年4.9%的平均水平。④

前瞻全球投资，全球跨境投资将继续面临下行压力，并在发达经济体与新兴市场和发展中经济体间出现明显分化。UNCTAD在《2023年世界投资报告》中指出，2023年国际商业和跨境投资的全球环境仍然充满挑战，预计2023年全球外国直接投资的下行压力将继续存在。⑤WB在2023年1月发布的《全球经济展望》报告中全面评估了新兴市场和发展中经济体的中期投资增长前景，指出2022—2024年，这些经济体的总投资估计年均增长约3.5%，不到此前20年普遍增幅的一半。⑥其中，食品、能源和其他投入品价格的上涨以及货币政策的进一步收紧会抑制2023年的经济活动，尤其会抑制投资。⑦从地区层面来看，WB报告分析认为，东亚和太平洋地区在基础设施刺激

① Near-Term Resilience, Persistent Challenges［EB/OL］.（2023-07）. https://www.imf.org/en/Publications/WEO/Issues/2023/07/10/world-economic-outlook-update-july-2023.

② Global Trade Update［EB/OL］.（2023-03）. https://unctad.org/publication/global-trade-update-march-2023.

③ Global Trade Outlook and Statistics［EB/OL］.（2023-04）. https://www.wto.org/english/res_e/publications_e/trade_outlook23_e.htm.

④ Near-Term Resilience, Persistent Challenges［EB/OL］.（2023-07）. https://www.imf.org/en/Publications/WEO/Issues/2023/07/10/world-economic-outlook-update-july-2023.

⑤ World Investment Report 2023［EB/OL］.（2023-07）. https://unctad.org/publication/world-investment-report-2023.

⑥ Global Economic Prospects［EB/OL］.（2023-01）. https://www.worldbank.org/en/publication/global-economic-prospects.

⑦ Global Economic Prospects［EB/OL］.（2023-01）. https://www.worldbank.org/en/publication/global-economic-prospects.

措施和房地产业逐步复苏的支持下，预计2023年投资增长将温和回升。[①]非洲投资增长将继续疲软。WB在《非洲脉搏》报告中指出，新冠疫情和乌克兰危机产生的经济影响导致非洲地区借贷成本上升，投资水平大幅下降。[②]

第三节　全球债务风险保持高位运行

UN在2023年7月发布的《世界债务报告》中指出，高债务将导致"全球繁荣面临日益严重的负担"。[③]在全球利率上升的背景下，全球经济增长已大幅放缓，新兴市场和发展中经济体将面临更加严峻的金融压力风险。[④]IMF报告分析认为，全球融资环境收紧可能会加剧债务困境。同时预测全球约15%的低收入经济体已陷入债务困境，另有45%的低收入经济体和约25%的新兴市场经济体存在陷入债务困境的较高风险。[⑤]OECD报告称，各国央行货币政策变化的总体影响难以衡量，可能继续暴露金融和银行业的脆弱性，并使一些新兴经济体更难偿还债务。[⑥]UNCTAD在2023年4月发布的《全球贸易和发展报告》中指出，全球大部分地区经济增速将低于疫情前水平，将对发展中国家经济产生潜在负面影响，债务困境将导致增长放缓和不平等加剧。[⑦]此外，IMF还预计，更多经济体可能会陷入主权债务困境。[⑧]

① Global Economic Prospects ［EB/OL］.（2023-06）. https://www.worldbank.org/en/publication/global-economic-prospects.

② Africa's Pulse ［EB/OL］.（2023-04）. https://www.worldbank.org/en/publication/africa-pulse.

③ A World of Debt: A Growing Burden to Global Prosperity ［EB/OL］.（2023-07）. https://unctad.org/publication/world-of-debt.

④ Global Economic Prospects ［EB/OL］.（2023-06）. https://www.worldbank.org/en/publication/global-economic-prospects.

⑤ Inflation Peaking amid Low Growth ［EB/OL］.（2023-01）. https://www.imf.org/en/Publications/WEO/Issues/2023/01/31/world-economic-outlook-update-january-2023.

⑥ A Fragile Recovery ［EB/OL］.（2023-03）. https://www.oecd.org/economic-outlook/march-2023/.

⑦ Trade and Development Report Update ［EB/OL］.（2023-04）. https://unctad.org/publication/trade-and-development-report-update-april-2023.

⑧ Near-Term Resilience, Persistent Challenges ［EB/OL］.（2023-07）. https://www.imf.org/en/Publications/WEO/Issues/2023/07/10/world-economic-outlook-update-july-2023.

第四节　国际政治复杂严峻风险延续

在百年未有之大变局下，全球地缘政治变乱动荡，世界安全风险不断攀升，国际关系形势错综复杂，共建"一带一路"在波涛汹涌中破浪前行。

一、乌克兰危机复杂难解加剧传统安全形势

乌克兰危机作为2022年影响世界局势的最大"灰犀牛"，其溢出效应已波及全球，引发全球多重安全危机，加剧全球传统安全形势。乌克兰危机的态势走向直接关系着世界政治经济格局的深刻调整。IMF在《世界经济展望》报告中分析指出，"在乌克兰危机等地缘政治紧张局势中，世界经济分裂成若干集团的当前风险可能性上升，这将对贸易（特别是重要矿产等战略物资）、资本、技术和工人的跨境流动，以及国际支付造成更多限制"。[①]若危机持续升级，将进一步加大全球产业链供应链断裂风险，阻碍世界经济复苏进程。这将成为共建"一带一路"高质量发展进程中最大潜在的风险和挑战。

二、美国加强升级对"一带一路"的战略制衡

拜登政府上台后全面沿袭上届政府遏制中国的"印太战略"，更加强化对华竞争的战略内涵，不断升级对"一带一路"倡议的战略制衡。在"四方安全对话""五眼联盟"以及"印太经济框架"基础上，美国加紧采取新的遏华战略步骤，与印度启动"关键和新兴技术"倡议，与印度、以色列和阿拉伯联合酋长国组建I2U2集团，不断强化印太战略协作体系，重点对"一带一路"倡议形成多重战略对冲，各有侧重地对华进行围堵遏制。美国"无底线"对华延续遏制战略将成为共建"一带一路"的最大风险源。

此外，美国企图撬动越南、马来西亚、印度尼西亚以及印度等这些正在快速增长的新兴经济体，重塑中国周边环境，形成地缘战略围堵，共建"一

---

① Near-Term Resilience, Persistent Challenges［EB/OL］.（2023-07）. https://www.imf.org/en/Publications/WEO/Issues/2023/07/10/world-economic-outlook-update-july-2023.

带一路"由此面对的地缘竞争态势将更为严峻。

三、共建国家政局危机不断推升地缘政治风险

共建国家的政局危机是共建"一带一路"难以回避的地缘政治风险。在全球经济下行影响下，许多处于社会转型期的国家频繁更迭国家政权，社会矛盾激烈交织，推升了共建"一带一路"的地缘政治风险。例如，斯里兰卡政府破产后国家危机尚未解除；巴基斯坦政局动荡下经济难题和债务危机或将继续恶化；阿富汗、缅甸、叙利亚、也门、苏丹等国尚未解决的内部冲突都将成为搅动地区局势的不稳定因素。东南亚、南亚、中亚以及中东等共建"一带一路"重点区域的国别安全风险仍在上升。

此外，全球能源危机、世界粮食安全、国际恐怖主义、民族分离主义、宗教极端势力、跨国组织犯罪等非传统安全问题夹杂在传统安全问题中不断显现蔓延，传统安全与非传统安全的交织共振将长期影响共建"一带一路"的深入推进。

四、美西方加紧舆论攻势对"一带一路"造成实质性伤害

良好的国际舆论环境是推动共建"一带一路"高质量发展的必要条件。当前，推进"一带一路"建设面临的国际舆论环境依旧错综复杂，美西方国家掀起新一轮对"一带一路"倡议的舆论攻势，其蓄意抹黑行径势必影响共建"一带一路"的推进与发展。

在中美博弈持续升级背景下，美国联合盟友国家再次加大力度组织发动攻击"一带一路"倡议的舆论战，将"一带一路"倡议抹黑成中国"扩大影响力"的手段，负面宣传"一带一路"推动基础设施互联互通存在政治目的，兜售"一带一路"风险论。美西方的舆论抹黑攻势严重影响了部分共建国家对"一带一路"的认知，部分共建国家对"一带一路"倡议越来越持谨慎态度，同时也进一步加深了周边国家对"一带一路"倡议的质疑。此外，气候变化、数字技术、健康卫生等具有"国际规则制定"意义的全球性议题已成

为美西方对"一带一路"展开重点舆论攻击的"新靶子"。中国须清醒认知当前共建"一带一路"所面临的国际舆论形势，美西方对"一带一路"倡议的舆论打压将长期存在，对"一带一路"的抹黑、质疑和污名化仍将持续，国际舆论风险将是共建"一带一路"推进过程中不可避免的主要障碍。

第五节　中国是全球经济增长关键引擎

回首2022年，在新冠疫情反复冲击、地缘冲突持续升级以及全球经济增长前景趋弱背景下，中国经济顶住巨大压力，以共建"一带一路"为不确定的世界注入了中国之确定性，为世界经济发展持续注入有益增量。展望未来，中国将迈向更高水平对外开放，发展更高层次开放型经济，推动世界经济走上复苏轨道。中国已发布《扩大内需战略规划纲要（2022—2035年）》，坚定着力扩大内需，以自身稳定发展应对全球经济衰退的风险挑战，为世界经济复苏注入强劲动能。IMF报告预计，2023年中国经济增速为5.2%，对全球经济将产生积极助推作用。[1]OECD在报告中，也将中国2023年经济增长预期从4.6%上调至5.3%。[2]迈入高质量发展阶段的"一带一路"倡议将继续打造促进共建国家经济发展的动力引擎，稳步引领区域经济复苏进程，推动世界经济实现突破与增长。一个更加开放的中国将在带动全球经济增长、构建新型世界经济体系中扮演越来越重要的角色，成为全球繁荣发展的稳定力量和动力之源。

---

　　① A Rocky Recovery［EB/OL］.（2023-04）. https://www.imf.org/en/Publications/WEO/Issues/2023/04/11/world-economic-outlook-april-2023.

　　② A Fragile Recovery［EB/OL］.（2023-03）. https://www.oecd.org/economic-outlook/march-2023/.

第二章

共建"一带一路"前景展望

在百年未有之大变局激烈演进背景下,共建"一带一路"顺应和平、发展、合作、共赢的时代潮流,符合人类可持续发展的共同利益,持续展现出强大韧性和旺盛活力,通过加强与更多国家和国际组织开展高水平共建合作、拓展更广阔合作领域、推动更深层密切合作、织就更紧密合作纽带,筑牢更稳固安全屏障,稳步迈入高质量发展新阶段。未来,更多的"连心桥""繁荣港""幸福路"将在"一带一路"共建国家铺展开来,这项宏大的世纪工程将不断造福亿万民众,永续共建美好世界。

第一节 开展更高水平共建合作

共建"一带一路"的生命力在于不断赋能打造高质量伙伴关系。迈入高质量发展新阶段,共建"一带一路"将继续丰富伙伴关系理念内涵,完善多层次的合作机制,夯实伙伴关系合作根基,与更多国家和国际组织开展高水平共建合作。

一、丰富伙伴关系理念内涵

丰富和深化共建伙伴关系理念内涵是强大"一带一路"理论根基的重要内容。在新的发展征程上,共建"一带一路"将继续秉持共商共建共享的全球治理观，坚定支持与捍卫多边主义，推动广大发展中国家参与全球治理改革，共同推动构建公平正义的全球治理体系。加强创新伙伴关系合作模式，推动以"嵌入式"合作参与多边合作机制，扩大共建伙伴合作范围，持续赋能伙伴关系建设。推动伙伴关系形态多样发展，形成全方位、多层次、立体化的全球伙伴关系网络，以高质量伙伴关系推进构建人类命运共同体。

二、完善多层次的合作机制

迈入高质量发展阶段，中国将继续完善多层次多元化的共建合作机制，充分发挥现有双边合作机制，依托上海合作组织、中国—东盟"10+1"、亚太经合组织等多边合作机制，运用"线上"或"线上+线下"多样化方式打造国际论坛、展会、博览会等文化交流平台。同时，推动"一带一路"国际合作高峰论坛与世界银行、国际货币基金组织、联合国开发计划署、联合国工业发展组织以及联合国贸易和发展会议等进行高水平、实质性、可持续合作。在战略目标与规划上，注重与联合国《2030年可持续发展议程》、《东盟互联互通总体规划2025》、《亚太经合组织互联互通蓝图》、非盟《2063年议程》以及欧盟"容克计划"等全球或区域层面的发展战略规划对接实效。

三、夯实伙伴关系合作根基

夯实伙伴关系合作根基是高质量共建"一带一路"的重要前提。继续夯实中国与欧亚国家双边伙伴关系基础，重点提升政治互信、务实合作、民心相通水平，完善中欧、中亚运输班列体系，提高欧亚地区国际贸易物流通道畅通度，释放共建"一带一路"贸易通道潜能。继续拉紧中国与东盟利益纽带，共享RCEP发展红利，深耕数字经济、绿色低碳、科技创新等重点合作领域，推动中国和东盟开创共建"一带一路"新局面。继续将聚焦基础设施建设作为中国与拉美国家共建"一带一路"的重点领域和优先方向，拓展新型基建合作领域，推动绿色发展成为中拉务实合作新动能。抓住中国与西亚国家外交大幅跃升的关键机遇期，挖掘非石油领域广阔合作空间，加大在数字经济、人工智能、生物医药、可再生能源等新兴领域的合作力度，推动中国与西亚国家自由贸易区等制度性建设，促进中国与西亚国家形成共建"一带一路"多元化发展格局。

第二节　拓展更广领域互惠合作

高质量共建"一带一路"的动能在于持续拓展更广阔合作领域。在新征程上，共建"一带一路"将通过聚焦合作新发力点、培育合作新增长点，不断深化中国与世界的互动和联结。

一、数字经济领域

数字经济作为共建"一带一路"合作的关键领域，是推动共建"一带一路"高质量发展的重要引擎。在新征程上，中国将继续与共建国家一道聚焦数字经济，共同把握数字化、网络化、智能化发展新机遇，加快打造"数字丝绸之路"，构建数字合作新格局。

在数字基建方面，继续加强数字基础设施建设，着力与共建国家开展跨境光缆建设合作，保障网络基础设施互联互通。推动在网络信息、大数据、人工智能、区块链、云计算终端、云平台等软件信息设施方面的技术开发合作，促进共建国家在数字技术软硬件方面的信息共享与合作研发。

在数字产业方面，持续加强数字产业链强链补链举措，完善5G、集成电路、新能源汽车、人工智能、工业互联网等重点产业供应链体系，加快贸易全链条数字化赋能。深化同共建国家在数字产业化、产业数字化方面的国际合作，打造具有国际竞争力的数字产业集群。

在数字生态方面，继续深化共建国家间数字经济政策交流和对接，建立多边数字经济合作伙伴关系，推动构建健康有序的数字命运共同体，共建更加安全可信的数字生态，助力发展中国家融入数字化浪潮，共同弥合数字鸿沟，让数字经济发展成果造福各国人民。

二、绿色发展领域

迈入高质量发展新阶段，中国将继续与共建国家同行，以绿色基建、绿色能源、绿色建筑、绿色金融、绿色技术创新等重要方向为发力点，推动实现"绿色联通"，积极抓住绿色投资和气候转型的发展机遇期，着力建设高质量绿色发展伙伴关系，携手共建国家推动世界经济"绿色复苏"，为世界绿色发展注入新动能。

在绿色能源方面，继续发挥新能源技术装备产业优势，加速在重点区域和重点国家完善新能源投资布局，巩固和拓展与共建国家绿色发展战略对接，加快推进绿色能源合作项目建成落地，助力全球能源结构实现绿色低碳转型。

在绿色技术方面，大力推动绿色技术"引进来""走出去"，鼓励共建国家展开联合研发活动，加强开展环境治理技术和知识交流，推广技术创新在绿色发展中的应用，提升绿色全要素生产效率，助推共建国家实现绿色经济的可持续发展。

在绿色规范方面，积极落实《联合国气候变化框架公约》，发挥中国—东盟"10+1"、国际城市可持续发展高层论坛、澜沧江—湄公河环境合作圆桌对话等多边合作机制，推进共建国家在多双边对话机制中融入环境议题，加强绿色低碳发展信息共享，深化全球生态环境治理合作。

三、科技创新领域

新一轮科技革命和产业变革正加速重构全球创新版图，科技创新及其扩散与流动深度重塑着全球经济结构。科技创新不仅是百年未有之大变局中的关键变量，而且成为引领共建"一带一路"高质量发展的第一动力。

迈向新征程，中国将继续携手共建国家深化"一带一路"创新驱动合作，以扩大开放激发科技创新巨大潜能，着力建设高质量科技创新合作伙伴关系，推动共建国家在数字信息、人工智能、生命科学、元宇宙等前沿技术领域的科技创新合作，共同探索全球性问题的解决方案。大力推动北斗系统、风云气象卫星、航空航天等科技创新成果在共建国家的应用合作。携手共建国家实施好科技创新行动计划，在科技人文交流、共建联合实验室、科技园区、技术转移平台等方面持续展开合作，促进科技资源开放共享。深化知识产权领域国际合作，促进全球科技发展释放更多正向效应，共享科技创新进步红利。

四、海洋合作领域

21世纪是海洋世纪，海洋是共建"一带一路"的重要载体。构建海洋命运共同体是构建人类命运共同体的重要组成部分，是深化"一带一路"建设海上合作实践的行动指南。拓展蓝色领域、发展蓝色经济是高质量共建"一带一路"的应有之义。

迈入新发展阶段，中国将继续根据《"一带一路"建设海上合作设想》的发展要求，以《蓝色伙伴关系原则》为基础，着力推动共建国家增进蓝色经济合作共识，加强在保护海洋生态、防治海洋污染、可持续利用海洋资源、保护生物多样性等领域展开务实合作，以共建海洋产业链供应链为主线促进海洋资源合作开发。积极拓展在海洋微塑料污染的防治、海洋生物多样性的养护和管理、废物和污染物全球运输的监管、沿海国家和岛屿国家海洋空间规划以及蓝色经济发展能力建设等新兴领域的合作内容。持续探索蓝色经济合作新模式，推进"物联网＋海洋渔业"绿色转型。共建共享智慧海洋应用平台，加强智慧海洋领域5G技术创新应用，共同开发海洋可再生资源，深化打造以海洋可持续发展为目标的蓝色伙伴关系，共筑和繁荣21世纪海上丝绸之路。

五、医疗健康及制造业领域

健康是共建"一带一路"高质量发展的关键词。在新的发展征程上，中国将继续携手共建国家促进医疗健康领域创新合作，着力打造互联网医疗合作、卫生健康教育合作、中医药国际交流合作新亮点。在病毒溯源、药物研发、传染病防治等方面开展联合研究，加强同WHO的沟通交流，致力于提升医疗卫生领域能力建设，共同推动全球公共卫生治理，构建人类卫生健康共同体。

制造业是高质量共建"一带一路"的又一关键领域。中国将继续推进与共建国家在制造业方面的分工与合作，充分发挥好企业、协会、园区、政府等多方作用，引导更多企业到共建国家投资兴业，建立高水平的研发中心、制造基地和工业园区，不断推进与共建国家在智能制造、工业互联网、5G、车联网、中小企业、民用航空、网络安全等领域的交流合作，促进研发、咨询、金融服务、物流等制造业产业链上游和下游的现代服务业国际合作，加强深化中国与共建国家在制造业方面的开放合作。

第三节　推动更深层次共赢合作

高质量共建"一带一路"的关键在于持续推动更深层次的共赢合作。随着"一带一路"互联互通架构的基本形成，中国将继续深化与共建国家间的务实合作，稳步推进制度型开放，推动共建"一带一路"实现更高水平的互利共赢。

一、持续深化务实合作

深化务实合作是高质量共建"一带一路"的核心内容。迈入高质量发展阶段，中国将继续以共商共建共享为原则，深化在经贸发展、项目工程、文化交流等重要领域的务实合作。

在经贸发展上，继续深化贸易畅通，扩大同共建国家贸易规模，推动贸易自由化便利化，鼓励进口更多优质产品。提升服务贸易开放程度和国际合作水平，推动外贸结构优化转换。加强深化双向投资结构，积极引导外资投向先进制造、现代服务、科技创新等领域，持续加大高技术产业引资力度。

在项目工程上，推进共建"小而美"的民生工程，关注交通基础设施、农业、能源、医疗等重点合作领域，优先推进共建国家人民减贫、粮食、就业、教育、卫生、用水用电等"急难愁盼"领域项目，提升共建国家民众的参与感、获得感和幸福感。

在文化交流上，提升民间外交在人文交流中的柔性作用，在医疗援助、教育文化、科学研究、环境保护、防震减灾、人员往来等方面加强对话交流，鼓励青少年、青年科研人员、科学家发挥中外人文交流"使者"作用，共同走好融通互济的文明之路，以文明交流互鉴促进共建国家民心交融相通，为构建人类命运共同体夯实基础。

二、稳步推进制度型开放

制度型开放是推动共建"一带一路"高质量发展的必由之路。迈向新的发展阶段，中国将积极推进自贸协定扩圈升级，促进规则标准深度链接，推动共建"一带一路"迈向更深层次的发展合作。

在自贸协定方面，以共建"一带一路"与RCEP为双轮驱动，发挥RCEP多重红利集成效用，推动与更多有意愿的共建国家商签自贸协定，升级自贸"朋友圈"，加快建设覆盖"一带一路"的自贸区网络。同时，积极推进加入CPTPP和DEPA，持续推进中国—东盟自贸区3.0版等自贸谈判和升级谈判进程。加大对自贸协定的宣介推广，通过实施好自贸协定，助力维护区域和全球产业链供应链稳定。

在规则对接方面，继续推动与共建国家在基础设施建设、交通、金融、数字等关键领域规则体系的高标准衔接，根据共建国家的不同国情、特点以及诉求，灵活、有序、分阶段推进规则标准对接互认和深度融合，将已有项目做深做实，把未来项目做精做细。坚决维护《联合国宪章》宗旨和原则，加强对接联合国《2030年可持续发展议程》，积极参与全球贸易投资规则改革。持续挖掘数字技术领域的发展优势，重点推动数字经济、数字货币、金融科技等领域的制度型开放。充分发挥自贸试验区和自由贸易港改革开放综合试验平台的作用，对接高标准经贸规则。高度关注绿色经贸规则的发展与制定，积极推动共建国家绿色低碳贸易规则的对接。

第四节　织就更紧纽带互利合作

高质量共建"一带一路"的动力在于织就更紧密的合作纽带。在新的征程上，中国将继续擘画共建"一带一路"新蓝图，通过探索新业态新模式、拓展新方式新渠道、织密共建合作网络，携手共建国家畅通合作道路，提升合作水平，放大合作效应，推动共建"一带一路"高质量发展迈上新台阶。

一、探索新业态新模式

积极探索新业态新模式是高质量共建"一带一路"的必然要求。迈入高质量发展阶段，中国将继续深耕跨境电商"新蓝海"，与"一带一路"共建国家电子商务集聚区、产业园区等开展对接合作，共同建设"一带一路"电子商务大市场。依托跨境电商综合试验区推进"跨境电商＋产业带"发展，推动特色企业和品牌"扬帆出海"。积极培育数字领域合作新业态新模式，发展数字服务和数字贸易，深化"丝路电商"合作建设，创建"丝路电商"合作先行区。

二、拓展新方式新渠道

高质量共建"一带一路"还要持续拓展新的合作方式。在此方面，中国将积极推动外贸、外资、外经、外包、外智"五外"融合联动发展，充分利用国内国际两种资源和两个市场，促进外经贸结构调整，全面提高对外开放的层次和水平，实现对外开放可持续发展。推动贸易与投资、贸易与产业融合发展，以外资促外贸，通过产业链精准招商稳链固链强链，加强外商投资促进和服务，吸引更多外资项目落地。以对外投资合作促外贸，提高对外投资合作水平，完善境外生产服务网络，大力发展对外承包工程，带动商品、服务、技术和标准出口。持续深耕第三方市场合作，优化第三方市场共赢模式，拓展第三方市场合作领域，建立健全第三方市场合作机制和平台，开展从政策到项目的一揽子合作，共同打造稳定开放的产业链供应链体系。聚焦搭建产业合作平台，建设境外经贸合作区，打造产业协同发展集群。

三、织密共建合作网络

织密共建合作网络是共建"一带一路"高质量发展的关键环节。在此方面，中国将通过加强国际贸易大通道建设，扎实产业链供应链合作基础，深度参与国际分工合作，为共建"一带一路"构建起更紧密的合作网络。

在国际贸易大通道建设方面，持续推动中蒙俄、新亚欧大陆桥、中国—中亚—西亚、中国—中南半岛、中巴和孟中印缅等六大国际经济走廊建设，高水平推进陆海贸易新通道、东北陆海新通道等建设，打造经贸合作新通道，加快商品、资本、技术、人才、信息等生产要素在共建国家间自由流动。

在扎实产供链合作基础方面，不断助力企业"走出去"，深度参与全球产业分工合作，推动国际贸易网络多元化。依托大数据、区块链等新技术，推动产业合作精细化、智能化和数字化，增强产业链条融合度和适配性，提升共建国家产业链供应链韧性。积极推进与共建国家商建自由贸易区，利用投资贸易的便利性打造产业链集群，强化共建国家产业链供应链关联。

推动金融合作走向纵深。持续夯实金融共享平台，优化投融资合作模式，健全跨境金融生态圈，为共建国家提供更高水平跨境金融服务。建设创新型联合投融资合作机制，加强丝路基金与亚洲基础设施投资银行、金砖国家新开发银行等多边金融机构的协作配合，促进共建"一带一路"资金融通合作渠道多元化发展。强化绿色金融合作，加强与共建国家在绿色投融资标准和绿色金融市场方面的深度衔接。

第五节　筑牢更稳屏障防范风险

高质量共建"一带一路"的保障在于筑牢稳定坚实的风险屏障。百年未有之大变局的风险延续，共建"一带一路"将坚持统筹发展与安全，全面强化风险防控意识与能力，扎实推动共建"一带一路"行稳致远。

在风险防控理念上，坚持发展与安全的共建逻辑。以《全球安全倡议》和《全球发展倡议》为遵循，着力打造共商共建共享的安全发展格局，携手共建国家走上安全发展轨道。坚持底线思维，探索构建与国际高标准规则相衔接的风险防控制度和监管体系。以开放促发展强安全，着力提升产业链供应链韧性和安全水平，强化区域产业链供应链合作，统筹发展与安全。

在风险防控能力上，强化风险评估监测处置能力。提高风险责任意识，建立健全海外风险预警机制，增强同共建国家在海外利益保护、金融风险、国际反恐等方面的协同协作。定期发布共建国家地缘政治、社会经济以及安全风险评估，精准债务可持续性分析，做好项目发起、进展、效果的全方位跟踪。加强海外经贸利益保护的政策法规体系建设，提高海外经贸利益维护能力。强化合规风险意识，重视企业海外合规与风险防控问题。

参考文献

［1］国家发展改革委，外交部，商务部.推动共建丝绸之路经济带和21世纪海上丝绸之路的愿景与行动［A/OL］.（2017-02-07）.https://www.yidaiyilu.gov.cn/wcm.files/upload/CMSydylgw/201702/201702070519013.pdf.

［2］推进"一带一路"建设工作领导小组办公室.共建"一带一路"倡议：进展、贡献与展望［R/OL］.（2019-04-22）.https://www.gov.cn/xinwen/2019-04-22/content_5385144.htm.

［3］推进"一带一路"建设工作领导小组办公室.共建"一带一路"：理念、实践与中国的贡献［R/OL］.（2017-05-11）.https://www.gov.cn/xinwen/2017-05-11/content_5192752.htm#1.

［4］孙玉琴，常旭.中国对外贸易通史（第一卷）［M］.北京：对外经济贸易大学出版社，2018.

［5］国务院新闻办就2023年一季度进出口情况举行发布会［EB/OL］.（2023-04-13）.https://www.gov.cn/lianbo/2023-04-13/content_5751295.htm.

［6］6城市获批开展服务业扩大开放综合试点［EB/OL］.（2022-12-20）.https://www.gov.cn/zhengce/2022-12/20/content_5732796.htm.

［7］商务部等27部门关于推进对外文化贸易高质量发展的意见［EB/OL］.（2022-07-30）.https://www.gov.cn/zhengce/zhengceku/2022-07-30/content_5703621.htm.

［8］商务部 中央宣传部等17部门关于支持国家文化出口基地高质量发展若干措施的通知：商服贸函［2021］519号［A/OL］.（2021-10-25）.http://www.mofcom.gov.cn/article/zwgk/gkzcfb/202110/20211003211152.shtml.

［9］中华人民共和国商务部.2022年度中国对外直接投资统计公报［R］.北京：中国商务出版社，2022.

［10］中华人民共和国商务部.中国服务贸易发展报告2021［R］.2023.

［11］吴婷婷，张玉雷."一带一路"背景下人民币国际化的影响因素及对策研究：基于货币结算的视角［J］.金融理论与教学，2022,（06）：10-19.

［12］马晨.推进"一带一路"建设的国际金融创新合作机制［J］.银行家，2017,（10）：56-59.

［13］马艳.我国与"一带一路"国家金融合作历史、现状及对策研究［J］.金融经济，2022,（12）:39-45.

［14］Asian Infrastructure Investment Bank. Auditor's Report and Financial Statements for the Year Ended Dec.31, 2022［R］.2022.

［15］国家开发银行.2022年年度报告［R/OL］.https://www.cdb.com.cn/bgxz/ndbg/ndbg2022/.

［16］张晓君，侯姣.数字贸易规则："美式模板"与"中国—东盟方案"构建策略［J］.学术论坛，2022（04）：83-92.

［17］【奋进新征程 建功新时代·非凡十年】交通强国建设蹄疾步稳［EB/OL］.（2022-08-23）. http://www.ce.cn/xwzx/gnsz/gdxw/202208/23/t20220823_38047568.shtml.

［18］贡献中国力量 共谱丝路华章［EB/OL］.（2022-08-10）. http://finance.people.com.cn/n1/2022/0810/c1004-32498708.html.

［19］"一带一路"交通互联互通稳步推进［EB/OL］.（2021-12-03）. https://www.gov.cn/xinwen/2021-12/03/content_5655542.htm.

［20］"一带一路"建设成果丰硕 推动全面对外开放格局形成：党的十八大以来经济社会发展成就系列报告之十七［R/OL］.（2022-10-09）. https://www.gov.cn/xinwen/2022-10/09/content_5716806.htm.

［21］六大经济走廊［EB/OL］.（2018-07-20）. https://www.yidaiyilu.gov.cn/p/60644.html.

［22］项目成果"沉甸甸"，中俄能源合作谱新篇［EB/OL］.（2022-11-30）. http://obor.nea.gov.cn/pictureDetails.html?id=3159.

［23］经贸务实合作为中俄关系发展注入强劲动力［EB/OL］.（2023-03-22）. https://china.chinadaily.com.cn/a/202303/22/WS641a5bdaa3102ada8b234ac4.html.

［24］2022年蒙古国国民经济运行情况［EB/OL］.（2023-02-02）. http://file.mofcom.gov.cn/article/zwjg/zwxw/zwxwyz/202302/20230203382052.shtml.

［25］中俄双边贸易额再创新高，合作深度和广度将持续扩大［EB/OL］.（2023-01-13）. https://sputniknews.cn/20230113/1047112148.html.

［26］俄总理签令，批准关于俄通过远东路线向中国输送天然气的协议［EB/OL］.（2023-05-14）. http://news.china.com.cn/2023-05/14/content_85304758.shtml.

［27］俄气与中石油签署使用本币结算对华供应天然气的过渡协议［EB/OL］.（2022-09-26）. https://sputniknews.cn/20220906/1043740100.html.

［28］黑龙江：向北开放立潮头［EB/OL］.（2023-06-24）. http://hlj.people.com.cn/n2/2023/0624/c220024-40468328.html.

［29］瞭望 | 从连云港到鹿特丹［EB/OL］.（2023-01-28）. http://m.news.cn/xj/2023-01/28/c_1129316677.htm.

［30］新华全媒+ | 中欧平均每分钟贸易往来超160万美元［EB/OL］.（2023-05-05）. http://www.news.cn/2023-05/05/c_1129592449.htm.

［31］畅通亚欧经贸循环的"大动脉"：新亚欧大陆桥跨境运输30年［EB/OL］.（2022-12-08）. http://ydyl.jiangsu.gov.cn/art/2022/12/8/art_76281_10701686.html.

［32］继往开来，中欧班列在变局中谋新局：《中欧班列发展报告（2021）》解读之一［EB/OL］.（2022-08-22）. https://www.ndrc.gov.cn/fggz/fgzy/xmtjd/202208/t20220822_1333541.html.

［33］国家发展和改革委举行《中欧班列发展报告（2021）》发布会［EB/

OL］.（2022-08-18）. http://www.scio.gov.cn/xwfbh/gbwxwfbh/xwfbh/
fzggw/Document/ 1728858/1728858.htm.

［34］中国—东盟自贸区 3.0版瞄准前沿领域，泰媒：它的升级将
产生显著效果［EB/OL］.（2023-06-27）. http://www.cciserv.com/
content/2023-06/27/content_10550796.htm.

［35］中国—中南半岛经济带：贸易和投资加速推进［EB/OL］.（2017-
04-29）. http://news.china.com.cn/world/2017-04/29/content_40718661_2.htm.

［36］山不再高、路不再长！中老铁路为老挝打开通向世界的大门
［EB/OL］.（2021-12-09）. http://news.china.com.cn/txt/2021-12/09/con
tent_77920868.htm.

［37］共建"一带一路"的典范：中巴经济走廊建设成果丰硕［EB/
OL］.（2022-03-21）. https://m.gmw.cn/baijia/2022-03-21/35599554.html.

［38］国新办举行第7届中国—南亚博览会及中国与南亚经贸合作新闻
发布会［EB/OL］.（2023-07-25）. http://www.scio.gov.cn/xwfbh/xwbfbh/
wqfbh/49421/50243/index.htm.

［39］中国同巴基斯坦的关系［EB/OL］.（2023-07）. https://www.mfa.
gov.cn/gjhdq_676201/gj_ 676203/yz_676205/1206_676308/sbgx_676312/.

［40］驻巴基斯坦大使农融出席使馆举办的2022年度中巴经济走廊项
目优秀巴方员工颁奖仪式［EB/OL］.（2023-01-03）. http://russiaembassy.
fmprc.gov.cn/web/wjdt_674879/zwbd_674895/202301/t20230103_11000117.
shtml.

［41］中国同印度的关系［EB/OL］.（2023-07）. http://www.fmprc.gov.
cn/gjhdq_676201/gj_676203/yz_676205/1206_677220/sbgx_677224/.

［42］瞭望 | 建设孟中印缅经济走廊［EB/OL］.（2023-01-29）. http://
lw.news.cn/2023-01/29/c_1310693386.htm.

［43］2022年西部陆海新通道班列开行 8800列 同比增长 44%［EB/OL］.
（2022-12-31）. http://news.cnr.cn/native/gd/20221231/t20221231_526110526.

shtml.

［44］25000列！西部陆海新通道海铁联运班列开行数量新突破 ［EB/OL］.（2023-03-24）. http://gx.news.cn/newscenter/2023-03-24/ c_1129459513.htm.

［45］2022年西部陆海新通道铁海联运班列累计发送货物75.6万标 箱［EB/OL］.（2023-01-01）. http://news.cnr.cn/local/dftj/20230101/ t20230101_526111552.shtml.

［46］西部陆海新通道川渝总运量突破60万标箱［EB/OL］.（2023-01- 30）. https://www.ndrc.gov.cn/fggz/dqjj/sdbk/202301/t20230130_1347546_ext. html.

［47］习近平主持中俄蒙三国元首第三次会晤［EB/OL］.（2016-06- 24）. http://fj.people.com.cn/GB/339045/340945/376787/index.html.

［48］习近平出席中俄蒙元首第六次会晤［EB/OL］.（2022-09-16）. http://www.news.cn/mrdx/2022-09/16/c_1310663455.htm.

［49］中俄经贸合作广度深度不断拓展（专家解读）［EB/OL］.（2023- 04-03）. http://world.people.com.cn/n1/2023/0403/c1002-32656601.html.

［50］中亚天然气管道今年向我国输气超400亿方［EB/OL］.（2022-11- 28）. http://m.news.cn/xj/2022-11/28/c_1129167789.htm.

［51］王毅同伊朗外长阿卜杜拉希扬举行会谈［EB/OL］.（2022-01- 15）. http://www.news.cn/2022-01/15/c_1128264751.htm.

［52］王林.中国—中亚深化能源全产业链合作［N/OL］.中国能源 报，2023-05-29. http://www.cnenergynews.cn/zhiku/2023/05/29/detail_ 20230529133230.html.

［53］国家发展改革委与吉尔吉斯斯坦交通和通信部、乌兹别克斯坦交通 部签署中吉乌铁路相关合作文件［EB/OL］.（2023-05-19）. https://www. ndrc.gov.cn/fzggw/wld/zsj/zyhd/202305/t20230519_1355981.html.

［54］四大机遇与四项措施，挖掘中国—东盟金融合作新潜能［EB/

OL］.（2023-05-13）. https://world.gmw.cn/2023-05/13/content_36558722. htm.

［55］商务部：中国在南亚地区累计投资接近150亿美元［EB/OL］. （2023-07-25）. http://www.chinanews.com.cn/cj/2023/07-25/10049631.shtml.

［56］中缅油气管道累计向中国输送原油超5000万吨［EB/OL］.（2022-07-27）. http://www.chinanews.com.cn/cj/2022/07-27/9813504.shtml.

［57］十年来中欧班列已通达欧洲208个城市，累计开行突破6.5万列［EB/OL］.（2023-03-16）. https://www.bjnews.com.cn/detail/167894575014685.html.

［58］推进"一带一路"建设工作领导小组办公室发布《中欧班列发展报告（2021）》［EB/OL］.（2022-08-18）. https://www.ndrc.gov.cn/fzggw/jgsj/kfs/sjdt/202208/t20220818_1333112.html.

［59］中欧班列的"朋友圈"为何越来越广？［EB/OL］.（2022-05-18）. https://www.yidaiyilu.gov.cn/p/244349.html.

［60］中国—东盟多式联运发展论坛在南宁成功举办［EB/OL］. （2022-12-24）. https://gx.chinadaily.com.cn/a/202212/24/WS63a6d1dda3102ada8b22829d.html.

［61］"十四五"规划《纲要》名词解释之216："六廊六路多国多港"［EB/OL］.（2021-12-24）. https://www.ndrc.gov.cn/fggz/fzzlgh/gjfzgh/202112/t20211224_1309483.html?state=123&state=123.

［62］加强天然气产供储销体系建设，推动能源高质量发展："北气南下"东部能源通道全面贯通实现俄气入沪［EB/OL］.（2022-12-30）. https://www.ndrc.gov.cn/fggz/jjyxtj/mdyqy/202212/t20221230_1345055.html.

［63］俄罗斯《2024年前远东发展国家纲要及2035年远景目标》基本情况［EB/OL］.（2020-10-28）. http://oys.mofcom.gov.cn/article/oyjjss/ztdy/202010/20201003011224.shtml.

［64］中国"一带一路"携手蒙古国"草原之路"［EB/OL］.

（2016-07-14）. http://www.scio.gov.cn/31773/35507/35513/35521/Document/1533061/1533061.htm.

［65］俄副总理：2022 年俄罗斯经"西伯利亚力量"管道对华供气量创新高［EB/OL］.（2023-01-17）. https://www.mzfxw.com/e/action/ShowInfo.php?classid=15&id=171387.

［66］商务部：2022年中欧贸易额8473亿美元 平均每分钟160万美元贸易往来［EB/OL］.（2023-05-05）. https://www.chinanews.com/cj/shipin/cns-d/2023/05-05/news958477.shtml.

［67］习近平在中阿合作论坛第六届部长级会议开幕式上讲话［EB/OL］.（2014-06-05）. https://www.gov.cn/govweb/xinwen/2014-06-05/content_2694830.htm.

［68］迎接建党百年华诞中哈合作成果巡礼之十五：中色股份倾力打造中哈矿业合作精品工程［EB/OL］.（2021-07-20）. http://kz.mofcom.gov.cn/article/todayheader/202107/20210703177290.shtml.

［69］第九届泛北部湾经济合作论坛举行发布《中国—中南半岛经济走廊建设倡议书》［EB/OL］.（2016-05-27）. http://www.xinhuanet.com/politics/2016-05-27/c_129019345.htm.

［70］启动十年 中巴经济走廊释放多重发展红利［EB/OL］.（2023-08-01）. http://ydyl.jiangsu.gov.cn/art/2023/8/1/art_76283_10969480.html.

［71］"一带一路"孟加拉湾发展综述：多个重大项目落地生根［EB/OL］.（2018-01-05）. https://www.yidaiyilu.gov.cn/p/42612.html.

［72］七国铁路部门签署深化中欧班列合作协议 助推"一带一路"［EB/OL］.（2017-04-23）. https://www.yidaiyilu.gov.cn/p/11581.html.

［73］西部陆海新通道铁海联运班列从0到20000的跃升［EB/OL］.（2022-09-15）. http://www.cq.xinhuanet.com/2022-09-15/c_1129003099.htm.

［74］共同推动！各部门谈《中新（重庆）战略性互联互通示范项目"国际陆海贸易新通道"合作规划》如何实施［EB/OL］.（2022-06-08）.

https://app.cqrb.cn/html/2022-06-08/1235846_pc.html.

［75］助推重庆从内陆腹地到开放高地［EB/OL］.（2022-01-02）. http://cq.cqnews.net/html/2022-01/02/content_929926730516852736.html.

［76］中国商务部亚洲司与新加坡贸工部东北亚司召开陆海新通道中新高官会第三次会议［EB/OL］.（2022-04-18）. http://sg.mofcom.gov.cn/article/dtxx/202204/ 20220403305800.shtml.

［77］习近平出席"一带一路"高峰论坛开幕式并发表主旨演讲［EB/OL］.（2017-05-14）. https://www.gov.cn/xinwen/2017-05/14/content_5193658.htm.

［78］习近平在第二届"一带一路"国际合作高峰论坛开幕式上的主旨演讲［EB/OL］.（2019-04-26）. https://www.gov.cn/xinwen/2019-04/26/content_5386544.htm.

［79］王毅：以习近平外交思想为引领 不断开创中国特色大国外交新局面［EB/OL］.（2019-01-01）. https://www.gov.cn/xinwen/2019-01/01/content_5353914.htm.

［80］《新时代的中国国际发展合作》白皮书［EB/OL］.（2021-01-10）. https://www.gov.cn/zhengce/2021-01/10/content_5578617.htm.

［81］关于国务院机构改革方案的说明［EB/OL］.（2018-03-14）. https://www.gov.cn/guowuyuan/2018-03/14/content_5273856.htm.

［82］商务部援外司负责人详解"一带一路"合作发展项目［EB/OL］.（2017-05-15）. https://www.gov.cn/xinwen/2017-05/15/content_5194160.htm.

［83］中国—东盟合作事实与数据：1991—2021［A/OL］.（2021-12-31）. http://new.fmprc.gov.cn/web/wjb_673085/zzjg_673183/yzs_673193/xwlb_673195/202201/t20220105_10479078.shtml.

［84］王毅：中国已向东盟十国提供1.9亿多剂疫苗［EB/OL］.（2021-08-03）. http://www.xinhuanet.com/world/2021-08/03/c_1127726775.htm.

［85］习近平在上海合作组织成员国元首理事会第十五次会议上的

讲话［EB/OL］.（2015-07-11）. https://news.12371.cn/2015/07/11/ARTI1436544269766792.shtml?from=singlemessage.

［86］习近平在上海合作组织成员国元首理事会第二十一次会议上的讲话（全文）［EB/OL］.（2021-09-17）. https://www.gov.cn/xinwen/2021-09/17/content_5638055.htm.

［87］张蕴岭等.世界大势：把握新时代变化的脉搏［M］.北京：中共中央党校出版社，2021：143.

［88］国新办举行我国抗疫援助及国际发展合作发布会［EB/OL］.（2021-10-26）. http://www.scio.gov.cn/xwfbh/xwbfbh/wqfbh/44687/47280/.

［89］人类减贫的中国实践［A/OL］.（2021-04-06）. http://www.scio.gov.cn/ztk/dtzt/44689/45216/index.htm.

［90］联合国秘书长："一带一路"为应对全球性挑战提供新机遇［EB/OL］.（2017-05-12）. http://news.china.com.cn/2017-05/12/content_40799485.htm.

［91］习近平在博鳌亚洲论坛2021年年会开幕式上发表主旨演讲［EB/OL］.（2021-04-20）. https://www.gov.cn/xinwen/2021-04-20/content_5600759.htm.

［92］为有源头活水来：记中国援建坦桑尼亚桑给巴尔血吸虫病防治供水工程落成［EB/OL］.（2019-12-06）. http://www.xinhuanet.com/world/2019-12/06/c_1125316632.htm.

［93］湖南人编的课本走进非洲，"南苏丹模式"获国际点赞！［EB/OL］.（2019-08-24）. https://moment.rednet.cn/pc/content/2019/08/24/5832089.html.

［94］罗照辉谈中国国际发展合作与世界人权［EB/OL］.（2022-12-30）. http://www.cidca.gov.cn/2022-12/30/c_1211713729.htm.

［95］2022"发现中国之旅"活动在京启动［EB/OL］.（2022-07-19）. http://ent.people.com.cn/n1/2022/0719/c1012-32479277.html.

［96］亚洲国家首次签署《关于协同开展"亚洲文化遗产保护行动"的联合声明》［EB/OL］.（2021-05-11）. https://www.gov.cn/xinwen/ 2021-05/11/content_5605839.htm.

［97］以史鉴今,"一带一路"文化交流历久弥新［EB/OL］.（2022-11-25）. http://ydyl.china.com.cn/2022-11/25/content_78536739.htm.

［98］教育部：全面推进共建"一带一路"教育行动［EB/OL］.（2019-02-20）. https://www.gov.cn/xinwen/2019-02-20/content_5367017.htm.

［99］教育部等八部门印发意见：加快和扩大新时代教育对外开放［EB/OL］.（2020-06-23）. http://www.moe.gov.cn/jyb_xwfb/s5147/202006/t20200623_467784.html.

［100］"一带一路"卫生合作暨"健康丝绸之路"北京公报发布［EB/OL］.（2017-08-18）. http://jiankang.cctv.com/2017/08/18/ARTIcr dhXiIKpK0MBXrWkKO7170818.shtml.

［101］李克强在第22次中国—东盟领导人会议上的讲话［EB/OL］.（2019-11-04）. https://www.gov.cn/guowuyuan/2019-11-04/content_5448249.htm.

［102］习近平出席二十国集团领导人应对新冠肺炎特别峰会并发表重要讲话［EB/OL］.（2020-03-27）. https://www.gov.cn/xinwen/2020-03-27/content_5496108.htm.

［103］团结合作战胜疫情,共同构建人类卫生健康共同体［EB/OL］.（2020-05-18）. https://www.gov.cn/gongbao/content/2020/content_5515270.htm?ivk_sa=1024609v.

［104］《新时代的中国绿色发展》白皮书［EB/OL］.（2023-01-19）. http://www.scio.gov.cn/zfbps/ndhf/49551/202303/t20230320_707652.html.

［105］国家发展改革委等部门关于推进共建"一带一路"绿色发展的意见［EB/OL］.（2022-03-28）. https://www.ndrc.gov.cn/xxgk/zcfb/tz/202203/t20220328_1320629.html.

［106］国际观察：中国为共建绿色一带一路提供强大动能［EB/OL］. （2023-02-22）. http://world.people.com.cn/n1/2023/0222/c1002-32628858.html.

［107］《"一带一路"数字经济国际合作倡议》发布［EB/OL］. （2018-05-11）. http://www.cac.gov.cn/2018-05/11/c_1122775756.htm.

［108］中国数字贸易发展报告2021［R/OL］. （2022-12）. http://images.mofcom.gov.cn/fms/202301/20230117111616854.pdf.

［109］商务部，统计局，外汇管理局.2021年度中国对外直接投资统计公报［M/OL］.北京：中国商务出版社，2022. http://images.mofcom.gov.cn/fec/202211/20221118091910924.pdf.

［110］"数字丝路"建设将成全球发展新引擎［EB/OL］. （2019-09-09）. https://www.gov.cn/xinwen/2019-09/09/content_5428411.htm.

［111］中国推动"一带一路"信息化基础设施互联互通［EB/OL］. （2021-03-16）. http://ydyl.china.com.cn/2021-03/16/content_77312056.htm.

［112］国家工信安全中心发布《2021年我国数字贸易发展报告》［EB/OL］. （2022-05-25）. http://chinawto.mofcom.gov.cn/article/app/202205/20220503314178.shtml.

［113］海南交通基础设施建设投资创建省以来新高［EB/OL］. （2022-04-18）. http://www.chinadevelopment.com.cn/news/zj/2022/04/1774164.shtml.

［114］建设西部陆海新通道航运枢纽 洋浦如何发力［EB/OL］. （2020-12-28）. https://www.hainan.gov.cn/hainan/sxian/202012/501f66b7bd8b4d249ca36c553c821a49.shtml.

［115］洋浦港外贸航线实现东南亚主要港口全覆盖［EB/OL］. （2020-02-28）. https://www.ndrc.gov.cn/fggz/dqjj/sdbk/202002/t20200228_1221747.html.

［116］洋浦港口4月份货物吞吐量突破500万吨［EB/OL］. （2023-06-02）. https://info.chineseshipping.com.cn/cninfo/TodayTopNews/202306/t20230602_1377577.shtml.

［117］海南离岛免税新政实施三周年销售额超1300亿元［EB/OL］.

（2023-07-01）. https://www.chinanews.com/shipin/cns-d/2023/07-01/news963460.shtml.

［118］海南自贸港建设蓬勃兴起［EB/OL］.（2023-03-31）. https://www.hnftp.gov.cn/xwzx/ywsd/202303/t20230331_3390717.html.

［119］2022年海南省国民经济和社会发展统计公报［A/OL］.（2023-02-17）. http://en.hainan.gov.cn/hainan/ndsj/202302/ca8dec78f2394f1c906d6cdf8984662a.shtml.

［120］农业对外开放合作结"新果"：探访海南"世界热带水果之窗"［EB/OL］.（2021-04-10）. http://www.xinhuanet.com/local/2021-04-10/c_1127315626.htm.

［121］加强央地协同 海南橡胶与中化国际共同打造世界一流天然橡胶全产业链科技集团［EB/OL］.（2022-11-18）. http://www.sasac.gov.cn/n2588025/n2588129/c26513600/content.html.

［122］人民日报|重庆已有31条中欧班列，辐射亚欧26个国家40余个城市［EB/OL］.（2021-07-27）. http://sww.cq.gov.cn/zymyq/ywxx/dtyw/202107/t20210727_9508740.html.

［123］融入"一带一路"陕西精彩无限［EB/OL］.（2022-08-08）. http://www.shaanxi.gov.cn/xw/sxyw/202208/t20220808_2233934_wap.html.

［124］【中国有约】吹响中欧班列"集结号"古都西安展新貌［EB/OL］.（2021-04-22）. http://world.people.com.cn/n1/2021/0422/c1002-32085163.html.

［125］陕西起舞"一带一路"［EB/OL］.（2022-08-08）. http://www.shaanxi.gov.cn/xw/sxyw/202208/t20220808_2233921_wap.html.

［126］首列"粤陕"国际班列迎新启航［EB/OL］.（2023-01-01）. http://www.news.cn/politics/2023-01/01/c_1129249166.htm.

［127］"长安号"乘风破浪 谱写高质量发展新篇章［EB/OL］.（2022-11-27）. https://hs.china.com.cn/m/gd/62260.html.

［128］地方参与共建"一带一路"实践之十三：陕西加快推进"一带一路"重要节点建设［EB/OL］.（2021-12-30）. https://www.ndrc.gov.cn/fggz/qykf/xxjc/202112/t20211230_1311099_ext.html.

［129］深度融入共建"一带一路"大格局 自贸试验区助力西安高水平对外开放［EB/OL］.（2023-05-18）. http://epaper.xiancn.com/newxawb/pc/html/202305/18/content_146802.html.

［130］河南省出台方案打造首个RCEP示范区［EB/OL］.（2023-01-31）. https://www.henan.gov.cn/2023/01-31/2681107.html.

［131］中欧班列（中豫号）综合运营能力居全国"第一方阵"［EB/OL］.（2022-08-23）. https://www.henan.gov.cn/2022/08-23/2565428.html.

［132］2021年中欧班列（郑州）"运贸一体化"成绩单公布 班列拉出来10亿元消费市场［EB/OL］.（2022-01-18）. https://www.henan.gov.cn/2022/01-18/2384156.html.

［133］逾1800种河南造商品搭乘中欧班列从郑州走出国门［EB/OL］.（2022-07-20）. https://www.henan.gov.cn/2022/07-20/2490637.html.

［134］郑卢"空中丝路"开航8年 卢森堡货航在郑运营5319班［EB/OL］.（2022-07-20）. http://www.ha.chinanews.com.cn/news/hncj/2022/0720/43255.shtml.

［135］郑州：蓝天白云间的丝路通途［EB/OL］.（2022-11-16）. https://www.henan.gov.cn/2022/11-16/2640255.html.

［136］2022年河南电子商务稳定增长［EB/OL］.（2023-02-15）. https://www.henan.gov.cn/2023/02-15/2689574.html.

［137］地方参与共建"一带一路"实践之六：海南在建设21世纪海上丝绸之路重要战略支点上迈出坚实步伐［EB/OL］.（2021-12-29）. https://www.ndrc.gov.cn/fggz/qykf/xxjc/202112/t20211229_1310677.html.

［138］地方参与共建"一带一路"实践之十二：重庆努力在推进共建"一带一路"中发挥带动作用［EB/OL］.（2021-12-30）. https://www.ndrc.

gov.cn/fggz/qykf/xxjc/202112/t20211230_1311098.html.

［139］高举中国特色社会主义伟大旗帜 为全面建设社会主义现代化国家而团结奋斗：在中国共产党第二十次全国代表大会上的报告［R/OL］.（2022-10-25）. http://www.gov.cn/xinwen/2022-10/25/content_5721685.htm.

［140］国际形势和中国外交蓝皮书：2021/2022［M/OL］.北京：世界知识出版社，2022. https://www.ciis.org.cn/yjcg/zzybg/202204/t20220415_8517.html.

［141］姚枝仲.2022年世界经济形势：从动荡中涌起的全球通胀潮［N/OL］.光明日报，2022-12-18（12）. https://news.gmw.cn/2022-12/28/content_36262074.htm.

［142］Near-Term Resilience, Persistent Challenges［EB/OL］.（2023-07）. https://www.imf.org/en/Publications/WEO/Issues/2023/07/10/world-economic-outlook-update-july-2023.

［143］A World of Debt: A Growing Burden to Global Prosperity［EB/OL］.（2023-07）. https://unctad.org/publication/world-of-debt.

［144］A Rocky Recovery［EB/OL］.（2023-04）. https://www.imf.org/en/Publications/WEO/Issues/2023/04/11/world-economic-outlook-april-2023.

［145］Africa's Pulse［EB/OL］.（2023-04）. https://www.worldbank.org/en/publication/africa-pulse.

［146］Global Economic Prospects［EB/OL］.（2023-01）. https://www.worldbank.org/en/publication/global-economic-prospects.

［147］Global Economic Prospects［EB/OL］.（2023-06）. https://www.worldbank.org/en/publication/global-economic-prospects.

［148］Global Economy on Precarious Footing Amid High Interest Rates［EB/OL］.（2023-06）. https://www.worldbank.org/en/news/press-release/2023/06/06/global-economy-on-precarious-footing-amid-high-interest-rates.

［149］Global Trade Update［EB/OL］.（2023－03）. https://unctad.org/publication/global−trade−update−march−2023.

［150］Global Trade Outlook and Statistics［EB/OL］.（2023－04）. https://www.wto.org/english/res_e/publications_e/trade_outlook23_e.htm.

［151］Inflation Peaking amid Low Growth［EB/OL］.（2023−01）. https://www.imf.org/en/Publications/WEO/Issues/2023/01/31/world−economic−outlook−update−january−2023.

［152］OECD Economic Outlook, Interim Report March 2023: A Fragile Recovery［EB/OL］.（2023−03）. https://www.oecd.org/economic−outlook/march−2023/.

［153］World Investment Report 2023［EB/OL］.（2023−07）. https://unctad.org/publication/world−investment−report−2023.

［154］World Economic Situation and Prospects 2023［EB/OL］.（2023−01）. https://desapublications.un.org/sites/default/files/publications/2023−01/WESP2023ExecutiveSummaryE.pdf.

［155］Trade and Development Report Update［EB/OL］.（2023−04）. https://unctad.org/publication/trade−and−development−report−update−april−2023.

［156］The Global Economy in 2075: Growth Slows as Asia Rises［EB/OL］.（2023−12）. https://www.goldmansachs.com/insights/pages/the−global−economy−in−2075−growth−slows−as−asia−rises.html.

［157］苗圩：深化制造业开放合作 促进全球经济包容性增长［EB/OL］.（2018−04−20）. https://wap.miit.gov.cn/jgsj/zfs/zcyj/art/2020/art_1e5353f902a448b58eca090e6a773e7f.html.

编写组介绍

　　商务部国际贸易经济合作研究院（简称"商务部研究院"）是2015年中央确立的首批国家高端智库建设单位之一。商务部研究院集经贸研究、信息咨询、新闻出版、教育培训、人才培养于一体，是一所综合性、多功能社会科学研究咨询机构，为党中央、中央决策部门提供经济外交和商务发展领域的咨政报告和决策建议，为党中央、国务院政策出台和实施提供调研评估和分析咨询，为地方决策部门对外开放和创新发展提供战略规划和实施方案。商务部研究院以建设国内一流、国际知名的研究机构为目标，锐意进取、开拓创新，已成为中国商务领域功能齐全、实力雄厚、成果丰硕的权威科研机构和国家级高端智库。商务部研究院将加强与国内外组织和机构以及专家学者交流，开展形式多样的研究合作，为促进中国与世界各国的经贸交往携手同行，共同进步。

　　"一带一路"经贸合作研究所致力于对共建"一带一路"经贸合作形势、经贸战略对接、国际产能合作、"一带一路"与全球经济治理、对外投资合作、承包工程、境外经贸合作区建设等问题的研究。代表性研究成果包括《"一带一路"高质量发展报告》《"一带一路"经贸合作高质量发展报告》《中国"一带一路"贸易投资发展报告》《对外投资合作中长期发展规划》《中国与阿拉伯国家产能合作发展报告》等。整理我国对外投资合作数百个典型项目素材，研究分析项目成功经验和面临的挑战，为各级政府、园区、企业参与"一带一路"建设提供实证参考。已编辑出版"一带一路"故事丛书《共同梦想》第一、第二、第三、第四辑，包括中、英、西、俄、法、阿多语种版本，在学习强国平台、商务部网站设有专题，点击量超过2.2亿次。对"一带一路"共建国家重点合作领域开展针对性研究，已完成数十个国别营商环境报告，为企业提供"一带一路"发展战略和规划咨询。

后　记

2023年是"一带一路"倡议提出十周年。十年来，中国与共建各方秉持共商共建共享原则，加强发展战略对接，扩大开放合作共识，促进政策沟通、设施联通、贸易畅通、资金融通和民心相通，持续注入健康、绿色、数字、创新等元素。十年来，共建"一带一路"从谋篇布局的"大写意"到精谨细腻的"工笔画"，再到持续推进的"高质量发展"，促进经济要素有序自由流动、资源高效配置和市场深度融合，推动各方实现经济政策协调，开展更大范围、更高水平、更深层次合作，共同打造开放、包容、平衡、普惠、共赢的经济合作架构。

商务部国际贸易经济合作研究院"一带一路"经贸合作研究所（简称"商务部研究院'一带一路'所"）多年来持续跟踪共建"一带一路"经贸合作发展动态，整理研究我国在共建国家数百个典型项目素材，分析项目成功经验和面临的挑战，为各级政府、园区、企业参与"一带一路"建设提供实证参考。自共建"一带一路"五周年之际发布《中国"一带一路"贸易投资发展报告（2013—2017）》以来，商务部研究院"一带一路"所连续发布年度报告，总结共建"一带一路"年度建设成果，展望发展前景，积累了十年来共建"一带一路"经贸合作的丰富素材和分析经验。

值此共建"一带一路"十周年之际，商务部研究院"一带一路"所在以往研究基础上，广泛收集资料，分析海量数据，调研各地商务机构和典型企业，按照"十年十篇"的架构，通过丰富意涵、历史渊源、贸易往来、双向投资、金融合作、通道建设、人文交流、创新领域、地方参与和前景展望等篇章，全景式展现共建"一带一路"的历史经纬和经贸合作的丰硕成果。我们怀着对共建"一带一路"伟大工程的敬仰、自豪之情，秉持经贸合作研究的专业精神和职业素养，力求事实表述客观、数据准确无误、领域全面覆盖、全文可读性强。

全书由商务部研究院顾学明院长、张威副院长全程指导和严格把关，得到商务部研究院原副院长陈文敬的指点和帮助，由"一带一路"所所长祁欣做执行总编，宋琍琍统筹协调，全所同事共同完成。第一篇总论篇由宋琍琍和胡超元编写，第二篇机制篇由苑希编写，第三篇贸易篇、第四篇投资篇由孟寒编写，第五篇金融篇由肖雨濛编写，第六篇通道建设篇由孙腾飞编写，第七篇人文合作篇由刘娴、耿泽群编写，第八篇新领域合作篇由耿泽群编写，第九篇地方篇由苑希、杨田力编写，第十篇展望篇由邱实编写。每一篇都倾注着编写者的心血和付出。由于编写时间有限，难免出现纰漏，欢迎社会各界批评指正。

本书在编写过程中，得到许多领导的关心指导，得到各地方商务部门的大力支持，得到众多企业的积极配合，得到中国商务出版社编辑和我院博士后王韩的全力相助……在此，致以衷心感谢！

"万物得其本者生，百事得其道者成。"共建"一带一路"，顺应经济全球化的历史潮流，顺应全球治理体系变革的时代要求，顺应各国人民过上更好日子的强烈愿望，成为深受欢迎的国际公共产品和国际合作平台。关于共建"一带一路"的研究须与时俱进，推动形成兼具中国特色和全球共识的"一带一路"理论体系。作为共建"一带一路"的参与者、贡献者、受益者、见证者，编写组将与每一位读者一道，共同为推动这一终将改写人类历史的伟大事业贡献力量。